AF322834

The Body / Le Corps

The Body / Le Corps

Zeitgenössische Kunst aus Kanada

Contemporary Canadian Art

Art contemporain canadien

Herausgegeben von / Edited by / *Edité par*
Hans-Michael Herzog

Text / Texts / *Textes*
Hans-Michael Herzog, Peter Weiermair, Erhard U. Heidt

*E*DITION *S*TEMMLE

Inhalt / Contents / *Table de matière*

Die Erkenntnis, daß unser traditionelles Weltbild mit seinem letztlich linear und oftmals noch positivistisch ausgerichteten Denken heute nurmehr höchst bedingt als Erklärungsmodell der Welt anwendungsfähig ist, führte zu einer unaufhaltsamen «Dekonstruktion» herkömmlicher Denkschemata und zu einer fortschreitenden Fragmentierung dieses Weltbildes. Die hieraus resultierende, grundsätzlich veränderte Wahrnehmung der Welt zog zwangsläufig auch eine veränderte Wahrnehmung des Körpers nach sich – der selbst wiederum das eigentliche Instrument unserer Wahrnehmung ist. Mit der Überprüfung gewohnter Wahrnehmungsmuster ursächlich verbunden ist eine neue Anschauung des Körpers – sowohl als wahrnehmendes Subjekt wie auch als wahrgenommenes Objekt – und seines Verhältnisses zum Geist. Die holzschnittartige Vorstellung von Geist und Körper als sich komplementär zueinander verhaltenden Entitäten muß verabschiedet werden.

Dieses dualistische Prinzip, das schon von den Griechen (Sokrates, Platon, Aristoteles, Epiktet), von Descartes und in entscheidendem Maß von der christlichen Kirche als Erklärungsmodell entwickelt wurde, beeinflußt unser abendländisches Denken nachhaltig und entscheidend. Bezeichnenderweise benützen wir Propositionen, wenn wir von unserem Verhältnis zu unserem Körper sprechen: wir leben *in* ihm oder *mit* ihm; wir haben, wir besitzen ihn. Wir trennen zwischen dem (unter nicht geringer Mithilfe des Körpers!) sich selbst denkenden *Ich,* für welches wir Begriffe wie Seele, Geist, Bewußtsein benützen, und dem Körper, den wir lediglich als eine Art stofflicher Hülle ansehen, welcher wir, rein für sich betrachtet, nur einen geringen Materialwert zubilligen. Wir denken und spüren unseren Körper als eine fast von uns losgelöste Einheit, von der wir gleichermaßen aber auch völlig abhängig sind: Die Folge ist ein gespaltenes Verhältnis zum Körper. In unserem christlich geprägten Kulturbereich mußte der Körper unter der Voraussetzung der Unsterblichkeit der Seele zwangsläufig im Verhältnis zu ihr eine Abwertung erfahren. Im Gegensatz zu der von Zeit und Raum unabhängig gedachten Seele unterliegt der Körper allzu offensichtlich den Bedingungen zeitlicher und räumlicher Begrenztheit.

Der Körper (und damit auch seine Seele) ist also unmittelbar mit dem Begriff des Lebens verknüpft bzw. mit der Definition von dessen Anfang und Ende (Tod). Keinesfalls nur spekulatives, metaphysisches, philosophisches Denken wird hier angesprochen, vielmehr geraten wir in einen Strudel gesellschaftspolitischer und ökonomischer Zusammenhänge. Das soziale und ethische Problem der Abtreibung erfordert eine genaue Definition desjenigen Momentes, in welchem Leben (=Physis und Psyche) als solches in Erscheinung tritt; ebenso stellt sich die Frage nach dem Eintreten des Todes (als Ende der Existenz von Physis und Psyche), die für mögliche Organ-Entnahmen von Bedeutung ist. Inwieweit sind Eingriffe der staatlichen Obrigkeit in unsere Physis (und damit auch Psyche) statthaft (Prügel- oder gar Todesstrafe, Verbot von Abtreibung – selbst nach Vergewaltigung – wie in Irland)? Gesetzt den Fall, wir könnten das unversehrt gebliebene Gehirn eines Unfallopfers in den ebenfalls heil gebliebenen Körper eines zweiten Opfers einsetzen: um wen handelte es sich nun? Anders formuliert: welche Eingriffe am und im Körper ziehen einen Identitätsverlust nach sich? Wo überhaupt liegt unser Identitätsbewußtsein? Neueren Untersuchungen zufolge ist unser Körper auf der Hirnrinde «abgebildet»: ein Gegenbeweis für den Dualismus?

The Body / Le Corps

Hans-Michael Herzog

The realization that our traditional world picture, with its ultimately linear, and often still positivist tendency of mind, is now of extremely limited application as a model whereby to explain the world, has led to an inexorable *deconstruction* of previous thought patterns and to the progressive fragmentation of this world picture. The fundamentally altered perception of the world which was the result of this, inevitably led to a changed perception of the body, which is in turn our true instrument of perception. Causally connected with the examination of habitual modes of perception is a new way of looking at the body – as much as a subject which perceives as an object which is perceived; and at its relationship with the spirit. The wood cut - like idea of the body and spirit existing as two complementary entities must be rescinded.

This dualistic principle, already developed as a model for explanation by the Greeks (Socrates, Plato, Aristotle, Epictetus), Descartes, and to a considerable degree by the Christian church, has lastingly and decisively influenced the European mind. Note for example, how we use prepositions when speaking of our relationship to our bodies: we live *in* it or *with* it; we have it, we own it. We distinguish (with more than a little help from the body) between the thinking *I*, which we term soul, spirit, or consciousness, and the body, which we tend to regard as a kind of material container, granting it, upon its own merits, little material value for all that. We feel and think our body to be practically an entity free of ourselves, upon which, equally, we are totally dependent. The result is a split relationship to the body. In the cultural sphere, moulded by Christianity, it was inevitable that the body, under the premise of the immortality of the soul, should be devalued. By contrast to the soul, regarded as being independent of time and space, the body is all too obviously subject to temporal and spacial limits.

The body (and its soul, too) is therefore directly associated with the idea of life, and with the definition of its beginning and end (death). In no way is only speculative, metaphysical, philosophical thought addressed here; we find ourselves rather, in a whirlpool of sociopolitical and economic contexts. The social and ethical problem of abortion necessitates an exact definition of the moment life (= physis and psyche) becomes apparent. In the same way, the question of the occurrence of death arises (as the end of the existence of physis and psyche), – necessary for the extraction of organs. How far may one sanction the state's intrusion (in corporal punishment or death sentence, the outlawing of abortion - even in rape cases, as in Ireland) into our physis and, therefore into our psyche? Imagine a situation where a brain might be removed, unscathed, from an accident victim and placed in the intact body of a second accident victim. Who would then be the transplant patient? Formulated differently: what kinds of operations upon and into the body result in a loss of identity? Where indeed does our conscious identity lie? The latest research has shown that the body is "depicted" upon the cerebral cortex: evidence counter to the duality of body and soul?

It has been established that the body is as much the subject as the object of its own perception. We are forced to perceive, imagine, think ourselves - in ourselves, by ourselves, with ourselves and through ourselves. Yet only the fact that consciousness and body do work as *two*, albeit in tandem, causing a distancing of the psychological system from the

Notre image traditionnelle du monde, avec sa pensée linéaire et souvent encore positiviste, ne peut plus être appliquée comme modèle d'explication, aujourd'hui, que sous de très grandes réserves. Cette constatation a conduit à une déconstruction irrésistible des schémas de pensée classiques et à une fragmentation avancée de cette image du monde. La modification fondamentale de notre perception du monde en résultant entraîne obligatoirement une modification de notre perception du corps qui, d'autre part, est le véritable instrument de notre perception. La révision des modèles habituels de perception est corrélative à une nouvelle vision du corps - aussi bien comme objet percevant que comme objet perçu - et de son rapport à l'esprit. Il faut prendre congé de l'idée sommaire de l'esprit et du corps entendus comme des entités complémentaires.

Ce principe dualiste, déjà développé comme modèle d'explication par les Grecs (Socrate, Platon, Aristote, Epictète), par Descartes et surtout par l'église, influence notre pensée occidentale d'une manière durable et déterminante. Il n'est pas innocent que nous employions des prépositions quand nous parlons du rapport à notre corps: nous vivons dans lui ou avec lui; nous l'avons, nous le possédons. Nous faisons la distinction entre le moi se pensant lui-même (avec l'aide conséquente du corps!) pour lequel nous utilisons des termes comme âme, esprit, conscience, et le corps que nous considérons comme une sorte d'enveloppe matérielle à laquelle nous n'accordons qu'une faible valeur. Nous pensons et sentons notre corps comme une unité presque détachée de nous dont, cependant, nous sommes tous entièrement dépendants. La conséquence est un rapport ambigüe au corps. Dans notre culture chrétienne, le corps mortel s'est vu forcément dévalué par rapport à l'âme immortelle. Contrairement à l'âme, émancipée du temps et de l'espace, le corps subit par trop manifestement les lois de cette limite temporelle et spatiale.

Le corps (et ainsi son âme également) est directement lié à la notion de vie et à la définition de son début et de sa fin (mort). Loin de n'aborder, ici, que la pensée spéculative, métaphysique et philosophique, nous sommes davantage pris dans le tourbillon de corrélations socio-politiques et économiques. Le problème social et éthique de l'avortement exige une définition exacte de ce moment où la vie (= physique et psychique) apparaît comme telle; la même question se pose pour la survenance de la mort (à la fin de l'existence du physique et du psychique) qui est déterminante pour le prélèvement possible d'organes. Dans quelle mesure les atteintes du pouvoir d'Etat à notre physique (et ainsi à notre psychique) sont-elles légitimes (peine corporelle ou même de mort, interdiction de l'avortement - même après un viol - comme en Irlande)? Admettons que nous puissions greffer le cerveau resté intact d'un accidenté sur un corps également intact d'une autre victime: de qui s'agit-il maintenant? En d'autres termes: quelles interventions sur le corps entraînent une perte d'identité? Où se trouve au juste la conscience de notre identité? Selon les dernières études, notre corps est «reproduit» sur le cortex: un mauvais coup pour les tenants du dualisme?

Il est établi que le corps est à la fois sujet et objet de sa perception. Nous sommes contraints de nous percevoir, de nous imaginer et de nous penser nous-même, dans nous, sur nous, avec nous et par nous-même. Seule une indifférence fonctionnelle du corps et de la conscience, entraînant une distanciation du système psychique du mécanisme organique du

Fest steht, daß der Körper Subjekt wie auch Objekt seiner
Wahrnehmung ist. Wir sind gezwungen, uns in uns, an uns, mit
uns, durch uns selbst wahrzunehmen, vorzustellen, zu denken.
Allein eine funktionale Indifferenz von Körper und Bewußtsein,
die eine Distanzierung des psychischen Systems von den organischen Körperabläufen mit sich bringt, ermöglicht es uns, Gedanken über den Körper zu formulieren. Aus diesem zirkulären Kreis-
lauf – wir sind (in) unser(em) Körper – gibt es kein Entrinnen. Seit
jeher problematisieren Philosophen und Naturwissenschaftler
diese aller menschlichen Wahrnehmung zugrunde liegende
selbstbezügliche Geschlossenheit des Denkens, die zu einer
unauflösbaren Aporie führt.

Das Sujet des Körpers in der Kunst ist so alt wie die Kunst
selbst. Doch hat sich das Bild des Körpers durch alle Jahrhunderte und Gesellschaften beständig verändert: Immer war es als
Spiegel der betreffenden Gesellschaft zu lesen.

Die rasante technische Entwicklung unserer Zeit drängt das
Individuum in allen Bereichen immer mehr zurück. Weltum-
spannende Kommunikationsnetze ermöglichen den totalen
Informationsaustausch. Topographische Unterschiede spielen
kaum eine Rolle mehr, spezifische charakterliche Merkmale werden als den ungebremsten Fortschritt hemmend eingestuft. So
wie beim forcierten Zusammenwachsen einzelner Nationalstaa-
ten plötzlich wieder verstärkt lokale Autonomiebestrebungen
und Abspaltungsprozesse auftreten, so besinnt sich auch der
Mensch in Anbetracht des drohenden Verlustes seiner individuellen Merkmale wieder auf sich selbst. Wo er aufgrund alter und
neu hinzugekommener Bedrohungen Gefahr läuft, sich zu ver-
lieren, ist er in verstärktem Maß genötigt, darüber nachzuden-
ken, was er eigentlich ist und was ihn ausmacht. «In einer immer
mehr entsinnlichten Gesellschaft wird der Körper durch die ihm
zugeschriebene ‹Natürlichkeitsqualität› zu einer wichtigen Sinn-
instanz.»[1]

Während in der ersten Hälfte dieses Jahrhunderts Künstler
(-Fotografen), die sich dem Körper ausschließlich und auf unkonventionelle Art und Weise annäherten, eher als Außenseiter
galten (Ill.1), tritt seit den 70er Jahren der Körper immer stärker
in den Blickpunkt künstlerischen Interesses und erlebt in den
letzten Jahren einen internationalen Aufschwung.[2] Auffallend
an der kanadischen Kunstszene ist, daß sich dort zahlreiche und
in hohem Maße ausgereifte künstlerische Positionen in der Auseinandersetzung mit dem Thema Körper finden lassen, die einen
eigenwilligen und singulären Umgang mit diesem Thema pfle-
gen, wie wir ihn hier nicht kennen.[3]

Der Mensch und seine psycho-physische Befindlichkeit steht
im Mittelpunkt des Interesses der hier vorgestellten neun kanadischen Künstler. Sie thematisieren nicht nur ihren eigenen Körper, sondern stellen auch die Frage nach dessen sozialer
Bestimmtheit sowie nach der Verfaßtheit unserer Gesellschaft.

Der Körper wird somit der privaten Sphäre, in welcher er tra-
ditionell angesiedelt war, enthoben. Als öffentlicher, *gesell-
schaftlicher* Körper gewinnt er in den getroffenen künstlerischen
Aussagen überindividuelle Relevanz. Die am Körper vollzogene
Recherche führt zu einer neuen Bewertung herkömmlicher
Begrifflichkeiten. Als grundlegend für unsere Kultur geltende
Parameter werden in Frage gestellt.

Einen geistreichen Tausch der Geschlechterrollen vollzieht
Chuck Samuels in seiner Fotoserie *Before the Camera*. Ober-
flächlich an die *appropriation art* von Elaine Sturtevant oder
Sherrie Levine erinnernd, blättert er doch ein ganz anderes Kapi-

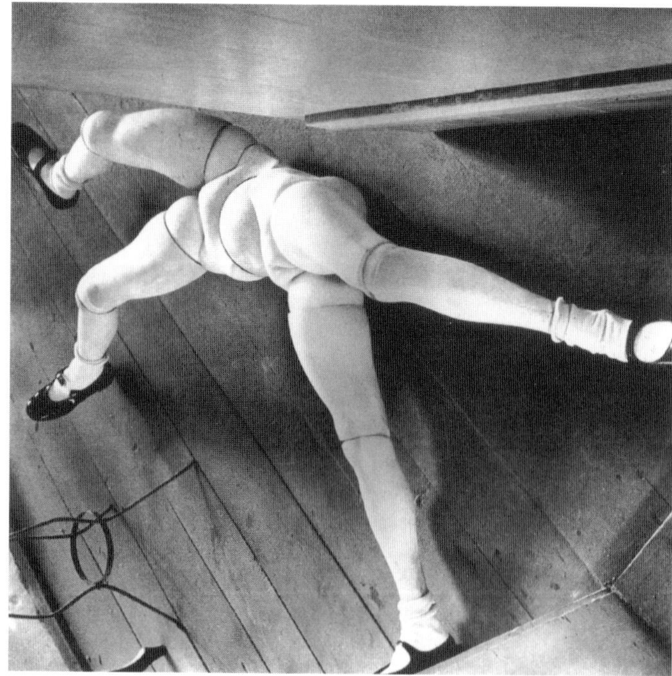

Ill.1: Hans Bellmer, Die Puppe, 1935–37, Originalnegativ 6 x 6 cm

organic processes of the body, makes possible for us the formulation of thoughts about the body. There is no escape from this cycle – we are (in) our body. Philosophers and natural scientists have long pondered the problems of this self-referential closed form of thinking which underlies all human perception and leads to a rigid aporia.

The subject of the body in art is as old as art itself. The image of the body through all centuries and different societies has been constantly changing. The body was always to be seen as the mirror of the society in question.

The rapid technological development of our time represses the individual ever further, in every field. World-encompassing communications networks facilitate a total exchange of information. Topographical variations hardly matter any more, features of special character are classified as obstructive to the unchecked advance of progress. As with the imposed fusion of single national states, sudden, determined local efforts at autonomy and bids for separation occur. Under the threat of the loss of his individual characteristics, man begins to reflect upon himself again. Where long-standing and newly added threats put him in danger of losing himself, he is obliged, to a greater degree, to consider what he actually is, and what makes him what he is. "In an ever more sensorily-deprived society, the body becomes, through the 'quality of naturalness' ascribed to it, an important sensory reference."[1]

In the first half of this century, artists (- photographers), exclusively working with the body, and approaching it in an unconventional manner were mainly regarded as outsiders (Ill. 1). In the seventies, however, the body entered more and more into the sphere of artistic interest, enjoying in recent years what may only be termed as an international boom.[2] A striking feature of the Canadian art scene is the diversity and great maturity of approaches to the body as a theme, and tending it with an approach of originality and uniqueness of a kind which is unknown to us here.[3]

Man and his psycho-physical sensitivity is central to the interests of the Canadian artists represented here. They treat their own bodies as a theme, posing also the question of its social definition and the constitution of our society.

Consequently, the body is lifted from the private sphere, where it has always been traditionally lodged. As a public, *societal* body, it gains in these artistic statements a super-individual relevance. The investigation conducted through the body leads to a re-evaluation of conventional concepts. Parameters hitherto regarded as basic to our culture are questioned.

In his photo series, *Before the Camera*, Chuck Samuels instigates an ingenious swapping of gender roles. Although superficially reminiscent of the *appropriation art* of Elaine Sturtevant or Sherrie Levine, he turns over a completely new chapter. Reereating famous nude photographs, he remains as close to the original as he can in every respect – with one exception. He substitutes his own body for that of the female model (Ill. 2, 3). Thus he casts a critical and ironic view upon conventional, all too cliché concepts of the photograph. He degrades himself as a *pin-up boy*, thus breaking through the rigidly prescribed hierarchy between observer/ photographer/voyeur and observed/object of desire. By substituting his own body for those of the extensively interchangeable female

corps, nous permet de formuler des idées sur le corps. Il n'est pas possible de sortir de cette boucle: nous sommes (dans) notre corps. Depuis toujours, les philosophes et scientifiques problématisent le circuit auto-référentiel de la pensée, à la base de toute perception humaine, qui conduit à une aporie indissoluble.

Le thème du corps dans l'art est aussi vieux que l'art lui-même. Toutefois, l'image du corps s'est constamment modifiée à travers les siècles et les sociétés: il fallait toujours la lire comme un miroir de la société concernée.

La fulminante évolution technique de notre époque réprime de plus en plus l'individu dans tous les domaines. Des réseaux de communication à l'échelle planétaire permettent un échange total d'informations. Les disparités topographiques ne jouent guère plus de rôle, les particularités caractérielles spécifiques sont considérées comme un frein au progrès. A l'instar des vélléités d'autonomie locales et des processus de séparation qui réapparaissent brusquement dans le cadre de l'intégration forcée des différents états nationaux, on assiste à un repli de l'homme sur lui-même en raison des menaces qui pèsent sur ses propres caractéristiques individuelles. Partout où les périls anciens et nouveaux grondent, l'homme est contraint de réfléchir sur ce qu'il est et ce qui le caractérise. «Dans une société de plus en plus désensualisée, le corps devient une instance sensuelle importante de par le ‹naturel› qu'on lui attribue».[1]

Tandis que les artistes (photographes) de la première moitié du siècle qui se consacraient exclusivement et d'une manière non conventionnelle au corps, étaient plutôt considérés comme des marginaux (ill. 1), le corps intéressa de plus en plus les artistes dans les années 70 avant de connaître un véritable boom international ces dernières années.[2] On remarquera que la scène canadienne artistique – dans son rapport au thème du corps – est le siège de nombreuses positions originales, singulières et d'une très grande maturité qui n'ont pas d'équivalent ici.[3]

L'homme et son état psycho-physique est au centre de l'intérêt des neuf artistes canadiens présentés ici. Ils thématisent non seulement leur propre corps mais questionnent également sa détermination sociale ainsi que la structure de notre société.

Le corps est ainsi débarrassé de la sphère privée dans laquelle il était traditionnellement ancrée. En tant que corps public et social, il gagne en pertinence sur-individuelle dans les différents énoncés artistiques. La recherche accomplie sur le corps conduit à une nouvelle appréciation des terminologies usuelles. Des paramètres considérés comme fondamentaux dans notre culture sont remis en question.

Chuck Samuels procède dans sa série de photographies Before the Camera *à un échange spirituel et malicieux des sexes. Rappelant superficiellement l'*appropriation art *d'Elaine Sturtevant ou de Sherrie Levine, il en écrit cependant un tout nouveau chapitre. Il recompose des photographies célèbres de nu, essayant de s'approcher au plus près des modèles – avec une seule exception de taille: il substitue son propre corps au nu féminin (ill. 2, 3). Il ouvre ainsi un regard à la fois critique et ironique sur des clichés photographiques par trop stéréotypés. Il se dégrade lui-même au rang de* pin-up boy *et rompt ainsi la hiérarchie bien établie entre regardeur/photographe/voyeur et regardé/objet du désir. En remplaçant les*

tel auf. Er stellt berühmte Aktfotografien nach, wobei er versucht, den Vorbildern auf allen Ebenen so nahe wie möglich zu kommen – mit einer entscheidenden Ausnahme: er substituiert die weiblichen Akte mit seinem eigenen Körper (Ill. 2, 3). Hiermit öffnet er einen kritischen wie auch ironischen Blick auf herkömmliche, allzu klischeehafte Bildvorstellungen. Er degradiert sich selbst zum *pin-up boy* und durchbricht damit die festgeschriebene Hierarchie zwischen Betrachter/Fotograf/Voyeur und Betrachteter/Objekt der Begierde. Indem er die weitgehend austauschbaren weiblichen Modelle durch sich selbst ersetzt, führt er deren Beliebigkeit vor. Die beständige Wiederkehr seines Körpers verleiht seinen Fotografien eine banale Realitätsebene, die unmißverständlich den irrealen, rein fiktionalen Charakter der Vorbilder verdeutlicht. Eine doppelte Umkehrung der Geschlechterrolle vollzieht Samuels in *After Mapplethorpe*, wo er – als Mann – die Body-Builderin Lisa Lyons substituiert, die wiederum (bei Mapplethorpe) in männlicher Pose inszeniert ist. Wie *männlich* darf eine Frau, wie *weiblich* ein Mann sein? Gibt es überhaupt geschlechtsspezifische Identität oder sollten die Begriffe *Mann* und *Frau* (als kulturelle Konstrukte) nicht besser verabschiedet werden?[4]

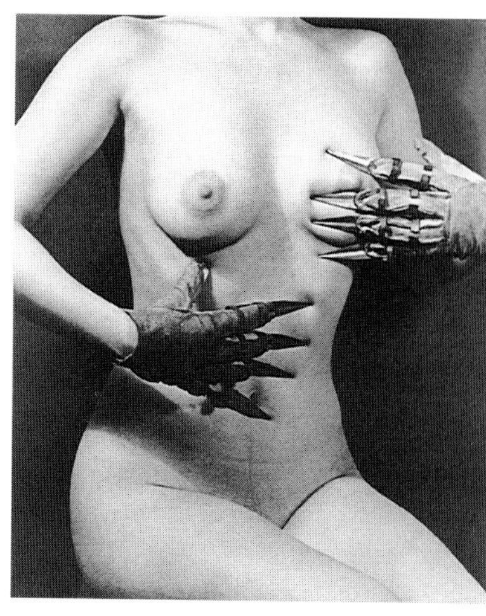

Ill. 2: Chuck Samuels, After Outerbridge, 1991, Carbrotype color print from the series Before the Camera, 25,4 x 22,4 cm

Brian Piitz inszeniert sich und seine Fleischlichkeit in Bildern, die im Vergleich zu den standardisierten Idealposen, wie wir sie aus der Werbung kennen, unvorteilhaft und auch *unmännlich* anmuten. Sein Körper (das Gesicht tritt zurück) wird zum Instrument eines mimischen und gestischen Ausdrucks, der sich sowohl in scharf fokussierten, fast veristisch wirkenden Bildern als auch in unscharfen, verwischten Aufnahmen von Körperbewegungen manifestiert. Ganz der Idee der Darstellung reiner Körperlichkeit verpflichtet, wirken Piitz' Bilder zunächst schonungslos in all ihrer Fleischlichkeit (in der sich der Künstler auch bis zu einem gewissen Grad dem Betrachter ausliefert), entfalten aber gleichzeitig eine unerhörte ästhetische Qualität, die, bar jeder Konvention, weit über eine geschlechtsspezifische Darstellung des Körpers hinaus verweist (Ill. 4).

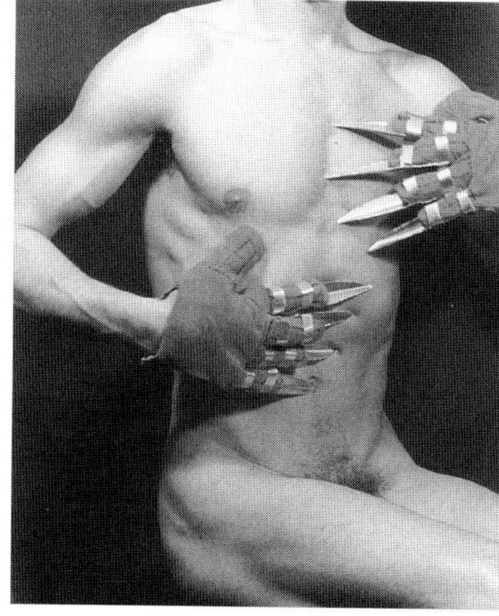

Ill. 3: Paul Outerbridge, Woman with Claws, ca. 1937, Carbro color print, 25,4 x 22,4 cm

Jean-Jacques Ringuette und Evergon überführen die körperliche Realität ihrer Modelle in eine spiritualisierte bzw. mystifizierte andere Welt. Beide – so scheint es – lassen ihre Modelle künstlich und maniriert wirkende Posen einnehmen. An ihnen vollziehen sich Metamorphosen: Bei Evergon transformieren sich die jungen Männer im Sinne seiner schwulen Ästhetik zu *Ramboys*, zu Widder-Mensch-Mischwesen, die für eine phantasierte, erotisierte Traumwelt stehen; bei Ringuette tritt die Körperhaftigkeit der Modelle zusehends zurück, sie wirken mystisch entrückt und beinahe sakral. Ringuettes Bilder sind keine Portraits, sondern innere Landschaften. Die eigentlich beträchtliche physische Präsenz der Modelle – die von dem formatsprengenden Bildausschnitt und den breiten Rahmen noch unterstrichen wird – transzendiert mittels der seelisch-konzentrativen Kraft, die die expressiven Hände und Antlitze ausdrücken, ins Metaphysische. Wie Darstellungen von Schmerzensmännern (Ill. 5) (*Ecce Homines*), christlichen Heiligen oder Märtyrern scheinen sie in ihrer selbstverlorenen Meditation den Triumph des menschlichen Geistes und Willens über den Körper auszudrücken. Mustergültig kommt dies zur Geltung in der Konzentration veranschaulichenden Hand eines der jungen Männer (Ill. S. 98), die wie ein Fremdkörper, wie eine seltsame Blüte wirkt und uns wie auch ihm Veranlassung gibt, sich über die (eigentlich ja) so merkwürdige, *fremde* Beschaffenheit seines Körpers zu wundern.

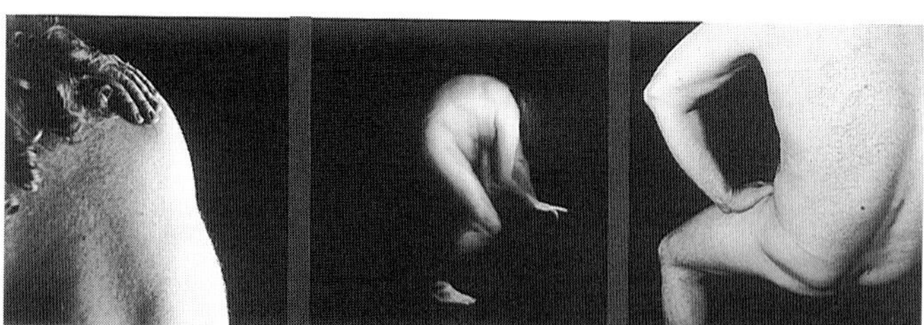

Ill. 4: Brian Piitz, Untitled, from the Pantomime of Complaint series, 1991, Color print, 45 x 135 cm

models, he demonstrates their arbitrariness. The continual reappearance of his body endows the photographs with a banal level of reality which clearly elucidates the unreal, purely fictional character of the original. Samuels achieves a double reversal of the sexual roles in *After Mapplethorpe*, where he substitutes for the female body-builder, Lisa Lyons – who had alternately been put in a male pose in the Mapplethorpe. How *feminine* should a man be, and how *masculine* should a woman be? Is there a gender-specific identity at all, or would the terms *man* and *woman* (as cultural constructs) be better abandoned?[4]

Brian Piitz poses himself and his carnality in pictures, which, when compared to the standardized ideal poses with which advertising has made us familiar, appear unfavourable and *unmanly*. His body (the face is not emphasised) becomes an instrument of mimetic and gestural expression manifest in sharply-focused, almost veristic pictures, and in blurred, faded shots of bodily motions. Dedicated to the idea of representing pure physicality, Piitz's pictures seem at first ruthless in their carnality (in which the artist puts himself to a certain degree at the viewer's mercy), yet they reveal simultaneously an incredible aesthetic quality which, devoid of all convention, reaches far beyond a sexually specific representation of the body (Ill. 4).

Jean-Jacques Ringuette and Evergon transport the physical reality of their models into a spiritual or mystical other world. Both, it seems, let their models adopt poses which appear artificial and mannered. Metamorphoses take place. In Evergon's works the young men are transformed along the lines of his gay aesthetics into *Ramboys*, hybrids of ram and man which stand for a fantasized, eroticized dream world. The corporeality of Ringuette's models gradually diminishes. They seem mystically transported and almost sacral. These pictures are not portraits, but inner landscapes. The actual physical presence of the models is considerable, and further accentuated by using the format to the full, and by the broad frames. It transcends, by means of the psychologically concentrated power expressed in the hands and visages, into the metaphysical. Like images of the Man of Sorrows (Ill. 5), Christian saints or martyrs they appear, lost to the world in meditation, to express the triumph of the human spirit and will over the body. Exemplary of the way this is brought to effect, is the hand of one of the young men, delineative of concentration (Ill. p. 98), and like an alien body or a strange bloom, it affords us, like him, the occasion to wonder over the actually remarkable, *strange* nature of his body.

Evergon's *Ramboys* are very different in that they are much nearer to their bodies. The mythical male beings are full of animal, erotic power and open prospects upon and insights into a world established somewhere between dream and reality - a world which, to the outsider, is full of inscrutable, magical homosexual actions. Evergon's polaroids are images of inner erotic realities poetically set with manifold iconographic allusions. Like Ringuette's photographs, they embody a strongly subjective approach. Psychological and somatic being are in very close proximity in the works of both artists; their duality seems almost to have dissolved.

That this duality must remain ultimately indissoluble is demonstrated in the memorable *Jack Photographs* series by John Massey. In the *Jack Photographs* a quest for a synthesis

modèles interchangeables par sa propre image, il fait la démonstration de leur caractère arbitraire. Le retour permanent de son corps confère à ses photographies un niveau banal de réalité qui met clairement en évidence le caractère irréel et purement fictionnel des modèles. Samuels procède à une double inversion des sexes dans After Mapplethorpe *où il se substitue à la culturiste Lisa Lyons qui est mise en scène dans une pose masculine (chez Mapplethorpe). A quel point une femme peut être* masculine, *un homme* féminin*? Existe-t-il vraiment une identité sexuelle spécifique, ou ne faudrait-il pas mieux prendre congé des concepts* homme *et* femme *(comme des constructions culturelles)?[4]*

Brian Piitz met en scène sa réalité charnelle dans des photographies qui semblent désavantageuses et peu viriles comparées aux poses idéales standardisées de la publicité. Son corps (le visage est en retrait) devient l'instrument d'une impression mimique et gestuelle qui se manifeste aussi bien dans des images extrêmement nettes - quasiment véristes - que dans des clichés flous et estompés de mouvements corporels. Entièrement au service de l'idée de la représentation de la corporalité pure, les images de Piitz semblent tout d'abord impitoyables dans toute leur réalité charnelle (dans laquelle, jusqu'à un certain degré, l'artiste s'abandonne au spectateur) mais dégagent en même temps une qualité esthétique inouïe qui, exempte de toute convention, va bien au-delà d'une représentation sexuelle spécifique du corps (ill. 4).

Jean-Jacques Ringuette et Evergon transportent la réalité corporelle de leurs modèles dans un autre monde spiritualisé et mystifié. Les deux artistes - semble-t-il - font prendre à leurs modèles des poses paraissant artificielles et maniérées. Les modèles sont l'objet de métamorphoses: chez Evergon, dans le sens de son esthétique homosexuelle, les jeunes hommes se transforment en Ramboys, *mi-bélier mi-homme, qui représentent un monde fantasmé, érotisé et abandonné à l'imagination. Chez Ringuette, la corporalité des modèles s'évanouit à vue d'oeil. Ils paraissent extatiques, mystiques voire presque sacrés. Les images de Ringuette ne sont pas des portraits mais des paysages intérieurs. La présence physique véritablement notable des modèles - soulignée par la figure envahissant le format et par la largeur des cadres - transcende le réel pour passer à une dimension métaphysique au moyen de la force de concentration psychique qu'expriment les mains et les visages. Tout comme des représentations d'Ecce homo (ill. 5), de saints chrétiens ou de martyres, ils semblent traduire dans leur profonde méditation confinant à l'absence le triomphe de la volonté et de l'esprit humains sur le corps. Ceci s'exprime, d'une manière exemplaire, dans la main – symbole de concentration – d'un jeune homme (ill. p. 98), main qui fait l'effet d'un corps étranger, d'une fleur bizarre lui et nous donnant l'occasion de s'étonner de la nature en fait si singulière et curieuse de son corps.*

Beaucoup plus proches de leur corporalité, les Ramboys d'Evergon, pétris d'une force érotique et animale, sont des êtres masculins mythiques qui ouvrent des perspectives sur un monde se situant quelque part entre réalité et rêve: un monde plein d'actes rituels homosexuels et magiques, impénétrables pour le profane. Les polaroïds d'Evergon sont des images de réalités érotiques intérieures qu'il met poétiquement en scène avec de nombreuses références iconographiques. Tout comme les photos de Ringuette, elles incarnent une conception pro-

Ihren Körpern ungleich näher sind Evergons *Ramboys*, mythische männliche Wesen voll animalischer erotischer Kraft, die Ausblicke/Einblicke in eine Welt eröffnen, die irgendwo zwischen Realität und Traum angesiedelt ist: eine Welt voller dem Außenstehenden undurchschaubarer magischer gleichgeschlechtlicher Handlungen. Evergons Polaroids sind Bilder innerer erotischer Realitäten, die er mit zahlreichen ikonographischen Anspielungen poetisch in Szene setzt. Wie auch Ringuettes Fotos verkörpern sie eine stark subjektivistische Auffassung. Seelische und körperliche Verfaßtheit stehen sich in den Werken beider Künstler ganz nah, fast scheint ihr Dualismus aufgelöst.

Daß er schließlich unauflösbar bleiben muß, zeigt die eindringliche Reihe von John Masseys *Jack Photographs*, in welcher der Versuch einer Synthese von Körper und Seele/Geist unternommen wird. In Masseys selbst-referentieller Arbeit entwickelt sich in einem stetig vorangetriebenen interaktiven Diskurs langsam aus reinem Körper (der Holzpuppe) und reinem Geist/reiner Seele (dem Auge) ein psycho-physisches Wesen, das im Laufe seiner Gestaltwerdung allerlei Probleme und Krisen durchlebt, wie sie sich uns – als lebenden Verkörperungen des Wunsches, psychische und physische Realität in eins zu setzen – permanent stellen.

Die Idee der Metamorphose kommt auch bei Eldon Garnets körperlichen Vanitas-Stilleben zur Geltung. In seinen Bildern aus der *Promise*-Serie geht der Mensch völlig auf im vegetativen Zyklus einer fiktionalen Natur und wird zum reinen, dem Verfall preisgegebenen Körper, der aber nicht in ungetrübtem Einvernehmen mit der Natur steht, sondern endzeitliche Bedrohungen vermittelt.

Die Wahrnehmung körperlicher Realität steigert Donigan Cumming, indem er die fotografischen Bilder seiner Modelle mit weiterem biographischen Material, nämlich Texten und Stimmen, anreichert. Seine Modelle – allen voran Nettie – erfahren in diesem authentisch wirkenden Dokument eine an Intensität kaum zu überbietende psycho-physische Präsenz. So, wie Garnets Körper dem vegetativen Vergehen ausgesetzt sind, ist Cummings greises Modell Nettie dem Alter ausgeliefert. Während Garnet jedoch nur (seelenlose) Körper-Fragmente zeigt, geht Cummings Blick auch in der Körperdarstellung aufs Ganzheitliche: Netties seelische und körperliche Verfassung gehen ineinander über. Ihr alter, verfallender Körper ist nur bedingt als Zeichen eines herannahenden Todes zu werten, vielmehr erfährt er durch Cummings Blick eine Würde und eine Ästhetik, die nicht nur einen spezifischen Menschen dokumentieren und auszeichnen, sondern darüber hinaus das Alter schlechthin positiv und neu bewerten. Die Bilder von Nettie machen beispielhaft klar, daß ein alter Mensch sich keineswegs von seinem alten Körper entfremdet zu fühlen braucht.

Gesellschaftlich objektivierbare Zusammenhänge werden auch von Nell Tenhaaf und Christine Davis in ihren Werken angesprochen. Sie thematisieren Vorgänge, die von anonym bleibenden Mächten am psycho-physischen Körper vollzogen werden. Ähnlich wie bei ihren Kolleginnen Jana Sterbak und Geneviève Cadieux, bei denen Macht und Gewalt sowie hieraus resultierende Pein und Schmerzen eine entscheidende Rolle spielen (Abb. 6, 7), sind auch die Kunstwerke von Tenhaaf und Davis verhältnismäßig sublimiert im Verhältnis zu denen ihrer männlichen Kollegen. Doch läßt sich Horror kaum anders darstellen, ohne in nicht angemessenen Pathos zu verfallen.

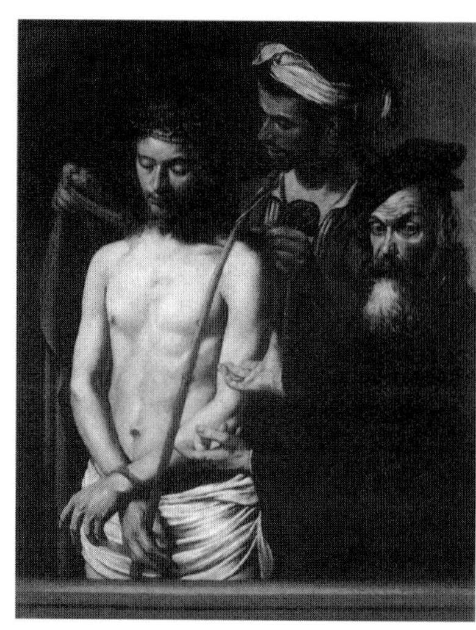

*Ill. 5: Caravaggio,
Ecce Homo, um 1605,
Öl auf Leinwand, 128 x 103 cm,
Genua, Galleria Civica
di Palazzo Bianco*

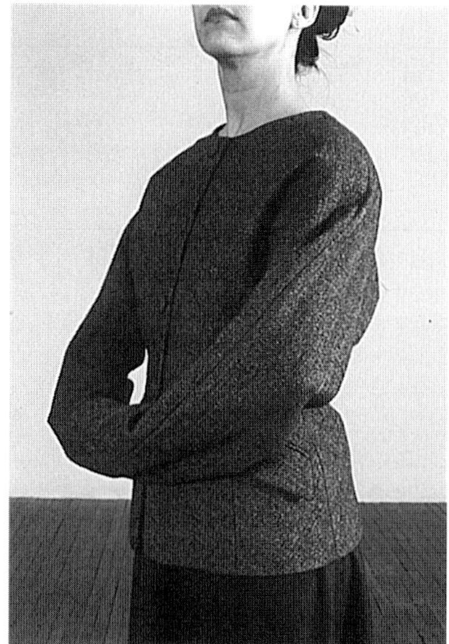

*Ill. 6: Jana Sterbak, Vest, 1992,
Jacket with single sleeve
without exit, size 38,
Clothing from a performance*

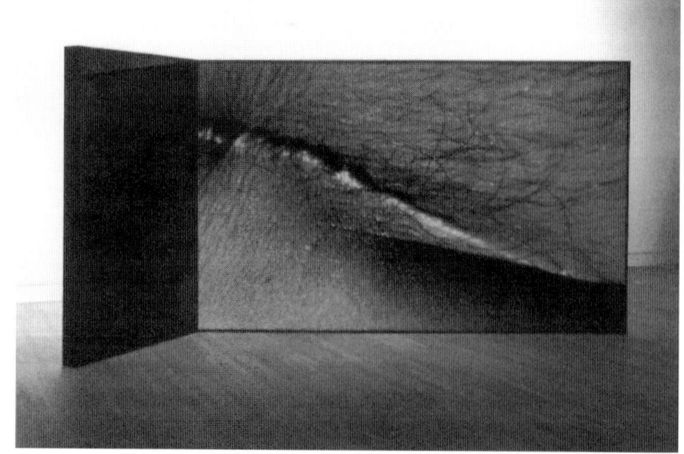

*Ill. 7: Geneviève Cadieux, Trou de mémoire, la beauté inattendue, 1988,
Epreuve couleur, miroir bruni, bois, 208 x 472 x 14 cm,
Musée des Beaux-Arts du Canada, Ottawa*

of body and soul/spirit is embarked upon. In Massey's self-referential work there develops slowly from pure body (the lay figure) and pure soul/spirit (the eye) in a constantly progressing interactive discourse, a psycho-physical being. It experiences all manner of problems and crises in the course of its becoming form, like those which permanently beset us, as living embodiments of the wish to unify psychological and physical reality.

The metamorphosis idea is brought to effect also by Eldon Garnet in his corporeal Vanitas still-lives. In the works of the *Promise* series, man is fully engulfed in the vegetative cycle of an imaginary nature, becoming a body totally abandoned to decay. It is, however, not part of an unclouded harmony with nature, but conveys instead an apocalyptic sense of threat.

The perception of somatic reality is intensified in the work of Donigan Cumming by the addition of biographical material – texts and voices – to the photographic image of the model. In a document whose effect is one of great authenticity, his models – most notably Nettie – take on a psycho-physical presence which could hardly be surpassed. Just as Garnet's bodies are abandoned to vegetative decay, Cumming's old model, Nettie is at the mercy of age. While Garnet only shows (soulless) bodily fragments, Cumming's view via the body is holistic: Nettie's psychological and bodily make-up merge together. Her old, emaciated body is only to a limited extent to be deemed a sign of impending death. Through Cumming's view it attains, rather, a dignity and an aesthetics which not only document and distinguish a specific person, but, more than this, newly and positively evaluate old age. The pictures of Nettie demonstrate very clearly that an old person need in no way feel alienated from his or her aged body.

Circumstances from which general, social truths can be inferred are addressed in the work of Nell Tenhaaf and Christine Davis. Their theme is the way in which the psycho-physical body is subjugated to processes executed by powers which remain anonymous. As with their colleagues, Jana Sterbak and Geneviève Cadieux, for whom, similarly, power and its exercise and the resulting anguish and suffering play a crucial role (Ill. 6, 7), the works of Tenhaaf and Davis are relatively sublimated when compared with those of their male counterparts. But horror can hardly be represented in any other way, without it falling into inappropriate pathos.

Davis' metaphorical, extremely connotative installation *Le dictionnaire des Inquisiteurs* takes the example of the Spanish Inquisition to show the absolute power of the word (mind) over the body, and indicates its destructive force. Her objective, cool presentation highlights the perverse rational strategies of all totalitarian systems, which exploit inhuman mechanisms in order to physically exterminate those people who dissent.

Tenhaaf tackles another, almost more perfidious threat: the loss of human individuality as a result of scientific progress. The quest for the soul within the body, as historically documented recently in an exhibition in Paris[5] will, in the light of developments in genetic engineering, artificial intelligence, and virtual reality, become irrelevant. The psychological component of the human psycho-somatic being will no longer play a role when bodies may be manufactured and duplicated to order. The *soul* would be automatically added

fondément subjectiviste. L'état spirituel et corporel sont très proches dans les œuvres des deux artistes, leur dualisme semble presque dissout.

Qu'il doive finalement rester indissoluble, c'est ce que montre la série percutante de John Massey Jack Photographs, dans laquelle il entreprend l'essai d'une synthèse entre le corps et l'âme/esprit. Dans le travail auto-référentiel de Massey, on assiste, tout au long d'un discours interactif, au lent développement d'un être psycho-physique – à partir du corps pur (mannequin en bois) et de l'âme/esprit pur (l'œil) – qui éprouve au cours de sa formation maintes difficultés et crises telles qu'elles se présentent à nous en permanence comme autant d'incarnations vivantes du désir de réunir en un tout réalité psychique et physique.

L'idée de la métamorphose s'exprime également dans les vanités corporelles d'Eldon Garnet. Dans ses photographies de la série Promise, *l'homme se perd dans le cycle végétatif d'une nature fictionnelle. Il devient le corps pur livré à la déchéance, ne se trouvant toutefois pas en accord parfait avec la nature, exprimant des menaces apocalyptiques.*

Donigan Cumming intensifie la perception de la réalité corporelle en enrichissant les images photographiques de ses modèles d'une documentation biographique, à savoir des textes et des voix. Ses modèles – surtout Nettie – acquièrent à travers ce document au caractère authentique une présence psycho-physique d'une intensité extrême. Tout comme les corps de Garnet étaient soumis à la disparition végétative, le modèle âgé de Cumming est livré à la vieillesse. Tandis que Garnet ne montre que des fragments de corps (sans âme), le regard de Cumming embrasse le tout corporel: l'état psychique et corporel de Nettie se confondent. Son corps âgé dépérissant ne peut être considéré que partiellement comme le signe d'une mort approchant. Le regard de Cumming lui confère une dignité et une esthétique qui ne documentent et caractérisent pas seulement un individu spécifique mais réévaluent positivement la vieillesse. Les photos de Nettie donnent à voir d'une manière exemplaire qu'une vieille personne ne doit pas se sentir étrangère à son propre corps.

Nell Tenhaaf et Christine Davis abordent également dans leurs oeuvres des corrélations socialement objectivables. Elles thématisent des opérations qui sont accomplies sur le corps psycho-physique par des forces demeurant anonymes. Tout comme pour leurs collègues Jana Sterbak et Geneviève Cadieux, où pouvoir et violence ainsi que la douleur et la souffrance qui en résultent jouent un rôle décisif (ill. 6, 7), les œuvres d'art de Tenhaaf et Davis sont aussi relativement sublimées par rapport à celles de leurs collègues masculins. Cependant, il est difficile de représenter l'horreur autrement sans tomber dans un pathos irraisonnable.

L'installation métaphorique, hautement connotée, de Christine Davis, Le dictionnaire des Inquisiteurs, *montre à l'exemple de l'inquisition espagnole le pouvoir absolu du verbe sur le corps et renvoie à sa force destructrice. Elle met en lumière dans sa présentation froide et objective les stratégies rationnelles et perverses de tous les systèmes totalitaires qui se servent de mécanismes inhumains pour exterminer physiquement ceux qui pensent autrement.*

Tenhaaf affronte une autre menace qui est presque encore plus perfide: la perte de l'individualité humaine provoquée par l'évolution scientifique. La recherche de l'âme dans le corps

Davis' metaphorische, hochgradig konnotierte Installation *Le dictionnaire des inquisiteurs* zeigt stellvertretend am Beispiel der spanischen Inquisition die absolute Macht des Wortes (Geistes) über den Körper und verweist auf seine vernichtende Kraft. In ihrer sachlich kühlen Präsentation verdeutlicht sie die perversen rationalen Strategien aller totalitären Systeme, die sich unmenschlicher Mechanismen bedienen, um den anders denkenden Menschen physisch auszulöschen.

Tenhaaf setzt sich mit einer weiteren Bedrohung auseinander, die beinahe noch perfider ist: mit dem durch die wissenschaftliche Entwicklung herbeigeführten Verlust menschlicher Individualität. Die Suche nach der Seele im Körper, wie sie neulich in einer großen Ausstellung in Paris historisch dokumentiert wurde[5], wird in Anbetracht der Entwicklung von Gentechnik, künstlicher Intelligenz und virtuellen Realitäten hinfällig werden. Die seelische Komponente des physisch-psychischen Wesens Mensch wird keine Rolle mehr spielen, wenn sich Körper beliebig herstellen und vervielfältigen lassen. Die *Seele* wird beim elektronischen *Neuro-Scan* des Gehirns automatisch miterfaßt und beliebig oft übertragen und reproduziert: *Brave New World.*

1 *Karl-Heinrich Bette, Körperspuren. Zur Semantik und Paradoxie moderner Körperlichkeit, Berlin-New York 1989, S.32.*

2 *Um nur einige der zahlreichen Künstler zu nennen, die sich mit dem Körper befassen oder befaßten: Annette Messager, Kiki Smith, Charles Ray, Carolee Schneemann, Louise Bourgeois, Rosemarie Trockel, Urs Lüthi, Vito Acconci, Robert Gober, Asta Gröting, Josef Felix Müller, Pia Stadtbäumer, Jürgen Klauke, Jeff Koons, Gran Fury, Elke Krystufek, Paul Blanca, Gary Hill, Gundula Schulze, Helen Chadwick, Rona Pondick, Bruce Nauman, Dieter Appelt, Joel-Peter Witkin, Patrick Tosani, Balthasar Burkhard, Robert Mapplethorpe, Pauline Cumming, Louise Walsh, Cindy Sherman, Jayne Parker, Andres Serrano, Thomas Florschuetz, John Coplans, Hannah Villiger.*

3 *So ist auch die Reihe derjenigen kanadischen Künstler, die sich mit dem Körper auseinandersetzen, beachtlich: Diana Thorneycroft, George Steeves, Attila Richard Lukacs, David Buchan, Betty Goodwin, Hamish Buchanan, Dyan Marie, Al Mc Williams, Jana Sterbak, Carter Kustera, Pierre Dorion, Robert Flack, Geneviève Cadieux, Colette Whiten, Shelagh Keeley, Stephen Schofield, Marcel Lemyre, Raymonde April, Tom Dean, Sophie Bellissent, Dorit Cypis, Stephen Andrews, Anne Nogle, Arnaud Maggs, General Idea, u.a.*

4 *Die Suche nach geschlechtlicher Identität ist ohnehin allzu eng mit der Idee des biologischen Determinismus verbunden und in letzter Konsequenz absurd: als ob Frauen und Männer ein von Natur festgelegtes, unterschiedliches Wesen hätten, das sie nur zu finden brauchten, falls es ihnen die gesellschaftliche Situation gestattete!*

5 *L'âme au corps. Arts et sciences 1793–1993, Galeries nationales du Grand Palais, 1993/94.*

via an electronic *neuro-scan* of the brain, and transferred and reproduced as desired: *Brave New World.*

1 Karl-Heinrich Bette, Körperspuren. Zur Semantik und Paradoxie moderner Körperlichkeit, Berlin – New York 1989, p.32.
2 I name but a few of those who have exploited, or still work with the subject: Annette Messager, Kiki Smith, Charles Ray, Carolee Schneemann, Louise Bourgeois, Rosemarie Trockel, Urs Lüthi, Vito Acconci, Robert Gober, Asta Gröting, Josef Felix Müller, Pia Stadtbäumer, Jürgen Klauke, Jeff Koons, Gran Fury, Elke Krystufek, Paul Blanca, Gary Hill, Gundula Schulze, Helen Chadwick, Rona Pondick, Bruce Nauman, Dieter Appelt, Joel-Peter Witkin, Patrick Tosani, Balthasar Burkhard, Robert Mapplethorpe, Pauline Cumming, Louise Walsh, Cindy Sherman, Jayne Parker, Andres Serrano, Thomas Florschuetz, John Coplans, Hannah Villiger.
3 Also the lineup of those Canadian artists tackling the body as a theme is notable: Diana Thorneycroft, George Steeves, Attila Richard Lukacs, David Buchan, Betty Goodwin, Hamish Buchanan, Dyan Marie, Al Mc Williams, Jana Sterbak, Carter Kustera, Pierre Dorion, Robert Flack, Geneviève Cadieux, Colette Whiten, Shelagh Keeley, Stephen Schofield, Marcel Lemyre, Raymonde April, Tom Dean, Sophie Bellissent, Dorit Cypis, Stephen Andrews, Anne Nogle, Arnaud Maggs, General Idea, and others.
4 The quest for sexual identity is too closely bound, as it is, with the idea of biological determinism, and is in the final analysis, absurd; as though *nature* had given to women and men a definite, different being, there to be found if only the social circumstances permitted!
5 L' âme au corps. Arts et sciences 1793–1993, Galeries nationales du Grand Palais, 1993/94.

telle qu'elle a été documentée historiquement récemment à l'occasion d'une grande exposition à Paris[5], deviendra caduque eu égard à l'évolution de la technique génétique, de l'intelligence artificielle et des réalités virtuelles. Les composantes psychiques de l'être physico-psychique homme ne joueront plus aucun rôle s'il devient possible de créer et reproduire des corps à volonté. L'âme sera co-saisie automatiquement lors du neuro-scan électronique puis transmise et reproduite à discrétion: Brave New World.

1 *Karl-Heinrich Bette, Körperspuren. Zur Semantik und Paradoxie moderner Körperlichkeit, Berlin-New York 1989, p. 32.*
2 *Pour ne nommer que quelques-uns des nombreux artistes qui traitent ou ont traité le corps: Annette Messager, Kiki Smith, Charles Ray, Carolee Schneemann, Louise Bourgeois, Rosemarie Trockel, Urs Lüthi, Vito Acconci, Robert Gober, Asta Gröting, Josef Felix Müller, Pia Stadtbäumer, Jürgen Klauke, Jeff Koons, Gran Fury, Elke Krystufek, Paul Blanca, Gary Hill, Gundula Schulze, Helen Chadwick, Rona Pondick, Bruce Nauman, Dieter Appelt, Joel-Peter Witkin, Patrick Tosani, Balthasar Burkhard, Robert Mapplethorpe, Pauline Cumming, Louise Walsh, Cindy Sherman, Jayne Parker, Andres Serrano, Thomas Florschuetz, John Coplans, Hannah Villiger.*
3 *On relèvera parmi les artistes canadiens qui traitent du corps: Diana Thorneycroft, George Steeves, Attila Richard Lukacs, David Buchan, Betty Goodwin, Hamish Buchanan, Dyan Marie, Al Mc Williams, Jana Sterbak, Carter Kustera, Pierre Dorion, Robert Flack, Geneviève Cadieux, Colette Whiten, Shelagh Keely, Stephen Schofield, Marcel Lemyre, Raymonde April, Tom Dean, Sophie Belissent, Dorit Cypis, Stephen Andrews, Anne Nogle, Arnaud Maggs, General Idea et d'autres encore.*
4 *La recherche d'une identité sexuelle est de toute façon étroitement liée à l'idée du déterminisme biologique et s'avère finalement absurde: comme si femmes et hommes avaient une essence différente déterminée par la nature qu'il s'agissait de trouver à condition que la situation sociale le leur permette!*
5 *L'âme au corps. Arts et sciences 1793-1993, Galeries nationales du Grand Palais, 1993/94.*

Die öffentliche Moralvorstellung unserer Gesellschaft(en) tabuisiert sowohl das Sujet des alten Körpers wie auch dasjenige körperlicher Intimität. Beide Tabus werden von Cumming in seinen fotografischen Arbeiten gebrochen.

Bemerkenswert ist, daß das öffentliche Bild, mit dem wir es etwa im Fernsehen zu tun haben, wie auch das fotografische Bild in der Werbung (bestes Beispiel in der jüngsten Vergangenheit ist die viel diskutierte Benetton-Werbung), kaum mehr Rücksicht auf die Intimsphäre einzelner Individuen nimmt, die lediglich als Beleg für eine spezifische Situation herangezogen werden. So ist unsere Gesellschaft mittlerweile wohl vertraut mit Darstellungen verstümmelter Gesichter und zerfetzter Gliedmaßen. Doch bleiben diese uns im Fernsehen vorgeführten Kriegsopfer anonym, selbst wenn wir ihr Gesicht sehen. Sie können sich nicht (mehr) dagegen wehren, als ultimativer Show-Effekt im reality-tv instrumentalisiert zu werden. Auch würde ihnen niemand die *Schuld* an ihrem So-Sein unterschieben wollen. Nettie Harris hingegen – Cummings weibliche Protagonistin, eine ehemalige Journalistin und Schauspielerin, die im Herbst 1993 im Alter von 81 Jahren in Montréal starb – war nicht nur mitverantwortlich für ihr körperliches So-Sein, sondern erklärte sich zudem damit einverstanden, ihren vom Leben gezeichneten alten Körper in all seiner Intimität auch noch der Öffentlichkeit zu präsentieren.

Ein Akt der Offenheit – sowohl von seiten des Modells als auch des Fotografen –, der schnell die Grenzen der Akzeptanz erreicht. In Anbetracht der Unzahl junger und schöner Körper, die unsere Idealvorstellung vom Bild des Menschen durch Werbung tagtäglich formen, haben alte Menschen nichts zu suchen – geschweige denn ausgemergelte, runzlige Körper, die offensichtlich dem Verfall preisgegeben sind und sogar Assoziationen an einen herannahenden Tod heraufbeschwören. Während die abgemagerten, knochigen Körper in serbischen KZs als drastischer Beleg für deren Existenz im reality-tv ihren festen Platz haben dürfen (Ill. 1), mußten sich Nettie und ihr Fotograf dem Vorwurf der Indezenz, der Schamlosigkeit oder gar der Obszönität aussetzen. So wurde regelmäßig danach gefragt, ob sich Nettie ihres Tuns und der verstörenden, mächtigen Wirkung ihrer Bilder überhaupt bewußt war: sie war es! Cummings unkonventionelle Körperdarstellungen wurden sogar einmal mit dem Begriff *anti-human* belegt[1]: Ein Begriff, der Rückschlüsse auf seine Benutzer aufdrängt. Denn nicht die Bilder von Nettie sind *anti-human*, sondern die vorherrschende Moralvorstellung, die Nettie die Lust an sich selbst, an ihrem Körper und an seiner Darstellung abspricht, ist un-menschlich. Den *eigentlichen* Horror in Gestalt zahlloser massakrierter Leichen lassen wir über uns ergehen (und akzeptieren ihn indirekt damit). Natürliche Alterungs- und Verfallprozesse eines menschlichen Körpers sind gesellschaftlich regelrecht verfehmt, vor allem, wenn sie, wie im vorliegenden Fall, mit selbstbewußter Emphase und einem ungebrochen wirkenden Glauben an das Mensch-Sein vorgeführt (ver-körpert) werden.

Cumming und seine Modelle sind nicht scham- und mitleidlos, ebenso wenig sind sie voller Scham und voller Mitleid. Die Bilder sind illusionslos und deswegen schonungslos. Bar jeder falschen Moral und Hoffnung, sind sie voller Menschlichkeit, die existentiell anrührt und in ihrer *allzu menschlichen* Erscheinungsform fast unerträglich wird.

Das pikierte – oder gar angeekelte – Wegschauen ist gleichzusetzen mit der unstatthaften Ausgrenzung von Nettie Harris aus unserer Gesellschaft. Donigan Cummings Bilder sind nicht

Hans-Michael Herzog

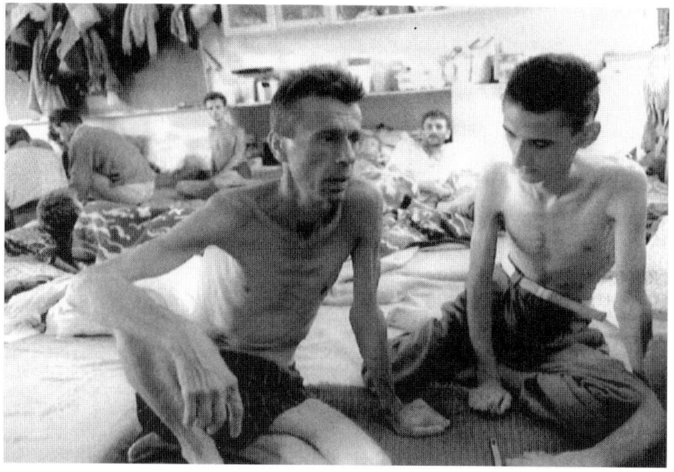

Ill. 1: Serbisches Gefangenenlager, 14. August 1992
Serbian Prison Camp, August 14, 1992
Camp de prisonniers serbes, le 14 août 1992

The predominant public moral attitude of our society makes taboo both the subject of the aged body, and that of physical intimacy. Cumming breaks both taboos in his photographic work.

It is remarkable that the public image of the kind we are familiar with through television, or the photographic image in advertising (the best most recent example being the much discussed Benetton advert) gives only scant consideration for the personal privacy of individuals, who are merely enlisted to demonstrate a particular situation. Our society has thus become accustomed to representations of mutilated faces and mangled limbs. However, the war victims shown on television remain anonymous, even if we see their faces. They can no longer defend themselves against being used as instruments of the ultimate in show effects on reality television. Nobody would want to foist *guilt* upon them for being as they are. Yet Nettie Harris, Cumming's female protagonist, a former journalist and actress who died in Montreal at eighty-one in the autumn of 1993, was not only decisively responsible for the way her body was – she also declared herself agreeable to presenting it in public; marked by life, and in all its intimacy.

An act of openness – as much by the model as by the photographer – which quickly reaches the limits of acceptance. In view of the vast number of beautiful, young bodies by which advertising daily forms our conception of the ideal human being, old people have no place here, never mind the gaunt, wrinkled bodies whose parts are so evidently on the brink of decay, evoking associations of presaging death. Whilst the wasted bodies in Serbian concentration camps achieve their place on reality television as graphic specimens of their existence (Ill. 1), Nettie and her photographer had to expose themselves to accusations of indecency, shamelessness, even of obscenity. Nettie was regularly asked whether she was aware of her actions, and the disturbing, powerful effect of her pictures. She was! Cumming's unconventional representations of the body were once even dubbed with the epithet *anti-human*[1]; a term which backfires against the user. It is not the pictures of Nettie which are *anti-human*, but the predominating moral attitude which denies her joy in herself, in her body and its representation. *Real* horror in the form of countless massacred corpses we are able to accept all too easily. The natural processes of ageing and decay in a human body are a rigorously held social taboo – even more so, when, as in this case, they are presented (embodied) with self-assured emphasis and an apparently unfailing belief in being human.

Cumming and his models lack neither shame nor sympathy, just as little as they are full of shame, or full of sympathy. The pictures are devoid of illusion, and therefore, merciless. Devoid of any false morals or any false hope they are full of humanity, existentially moving, their *all-too human* appearance being almost too much to bear. Looking away out of irritation or even disgust is the equivalent of Nettie Harris' inadmissable ostracism from society. Donigan Cumming's pictures are not shameless, on the contrary; the naked, physical (and psychological) human presence attained, despite the self-presentation of his models, he gives back to those represented (not only them, but all those who live in similar circumstances) the sense of worth too often lost from consciousness – a value which should remain inviolate.

La morale publique dominante de nos sociétés tabouise aussi bien le sujet du corps vieux que son intimité corporelle. Les travaux photographiques de Cumming brisent ces deux tabous.

Il est remarquable que l'image publique à laquelle nous sommes confrontés à la télévision, tout comme l'image photographique dans la publicité (meilleur exemple dans le passé le plus récent est la publicité Benneton) ne prend guère plus d'égards pour la sphère intime des individus dont la présence ne se justifie que pour illustrer une situation spécifique. C'est ainsi que notre société, entre-temps, est parfaitement familiarisée avec des représentations de visages mutilés et de membres déchiquetés. Ces victimes de guerre présentées à la télévision demeurent cependant anonymes, même si nous voyons leur visage. Ils ne peuvent plus se défendre contre leur instrumentalisation, dernier avatar spectaculaire de la reality-tv. Personne ne se permettrait de leur faire endosser la faute de leur état. En revanche, Nettie Harris - protagoniste féminine de Cumming, une ancienne journaliste et actrice qui est décédée à Montréal en automne 1993 à l'âge de 81 ans - n'était pas seulement grandement co-responsable de son état corporel mais s'est déclarée d'accord pour présenter au public, dans toute son intimité, ce corps âgé marqué par la vie.

Un acte de franchise - aussi bien de la part du modèle que du photographe - qui atteint rapidement la limite de l'acceptation. Eu égard au grand nombre de corps jeunes et beaux qui forment quotidiennement, à travers la publicité, notre idéal de l'image de l'homme, les vieilles personnes sont déplacées - à plus forte raison des corps émaciés et ridés dont les différentes parties sont livrées manifestement à la déchéance provoquant des associations morbides. Alors que les corps efflanqués qui peuplent les camps de concentration serbes ont leur place assurée dans la reality-tv comme preuve rigoureuse de leur existence (ill. 1), Nettie et son photographe doivent faire face aux reproches d'indécence, d'impudeur et même d'obscénité. On a posé ainsi régulièrement la question à Nettie si elle était consciente de son geste et de l'effet troublant et violent de ses photographies: et elle l'était! Les représentations corporelles de Cumming ont même été taxées du terme anti-human[1]: un terme qui en dit long sur ceux qui l'emploient. Car ce ne sont pas les photos de Nettie qui sont anti-human mais la morale dominante refusant à Nettie d'éprouver du plaisir pour elle-même, son corps et sa représentation qui est inhumaine. Nous supportons la véritable horreur que représentent ces innombrables cadavres massacrés (et l'acceptons donc par ce fait). Les processus de vieillissement et de déchéance d'un corps humain sont proscrits, et encore davantage s'ils sont présentés (incarnés), comme c'est le cas, avec une emphase déclarée et une croyance intacte dans l'être humain.

Les modèles de Cumming ne sont ni impudiques ni impitoyables, le contraire n'est pas vrai non plus. Les photos sont sans illusions et donc sans ménagements. Dépourvues de toute fausse morale et de faux espoir, elles sont pleines d'une humanité qui touche au niveau existentiel et qui devient pratiquement insupportable dans son aspect par trop humain. Détourner les yeux, vexé - ou même dégoûté - revient à exclure Nettie de notre société. Les images de Cumming ne sont pas impudiques, bien au contraire: avec la présence humaine physique (mais en même temps psychique) nue qui se met en place malgré de l'auto-mise en scène de ses modèles, il redonne aux personnages représentés (mais aussi à tous ceux qui

schamlos, ganz im Gegenteil: mit der nackten physischen (gleichzeitig aber auch psychischen) menschlichen Präsenz, die sich trotz (besser: gerade wegen) der Selbstinszenierung seiner «Modelle» einstellt, gibt er den Dargestellten (und nicht nur ihnen, sondern auch all jenen, die unter ähnlichen Bedingungen leben) eine schon verloren geglaubte Würde zurück – eine Würde, die unantastbar bleiben sollte.

Harry's Diary ist der Name einer Installation, die aus Fotos, einem Text an der Wand und einem Soundtrack besteht. Die Fotos stellen Nettie Harris und sechs unterschiedliche männliche Charaktere dar. Der Text an der Wand besteht aus Exzerpten, die dem Tagebuch von Harry Strong (einem 1987 verstorbenen Freund von Cumming) entnommen sind.

Der Soundtrack besteht aus insgesamt vier Stimmen, von denen sich teilweise zwei überlagern. Nettie Harris rezitiert ein eigenes Gedicht, sie spricht die Strophe eines Liedes, erzählt von ihrem Hund Blackie, und ist in Ausschnitten aus Gesprächen mit Donigan Cumming zu hören; mitunter singt ein Mann; eine weitere männliche Stimme liest aus *Harry's Diary* und Cumming selbst kommentiert diesen Text.

Die im Zusammenhang mit Cummings Werk immer wieder aufgeworfene Frage, inwieweit seine fotografischen Arbeiten dokumentarischen Charakter besitzen, beantwortet sich bei näherem Hinsehen von allein. «Als Filmschauspielerin kann sie mit ihren Manierismen und dramatischen Ausdrücken durchaus zerstörerisch wirken. Nachdem ich entdeckt habe, was für aufregende Bilder sich zwischen ihren Gesten und Stimmungen entfalten, habe ich nie versucht, Netties Improvisationsdrang zu zügeln.» (Cumming, 1990). Cumming interveniert nicht inszenierend, sondern läßt dem Ausdruck von Netties seelischer Verfaßtheit absolut freien Lauf. Dies bedeutet, daß das Posieren als ursächlich zu Nettie gehörend nicht im Dienste irgendeiner Fiktion steht und somit auf nichts anderes als Nettie selbst verweist. Cumming, der sich (programmatisch) mit dem Thema von *Reality and Motive in Documentary Photography* 1986 in einer seiner wichtigsten Werkreihen auseinandergesetzt hat, findet hier zu einer dokumentarischen Darstellung im ureigenen Sinn. Der dokumentarische Charakter seiner Fotografien wird lebhaft durch die Stimmen seiner Akteure unterstützt. Der Soundtrack steigert die Stimmung der Fotos, verleiht ihnen eine eigene Klangfarbe und verstärkt ihre gleichermaßen hoffnungsvolle wie auch desolate körperliche Präsenz, die in einem Atemzug Aussichtslosigkeit und Geborgenheit vermittelt. Es wird deutlich, daß die Bilder mindestens ebenso losgelöst sind von den Dargestellten wie ihre Stimmen (hieraus resultiert der zunächst künstlich und stilisiert wirkende Eindruck). Gemeinsam ergeben Bilder und Stimmen (die schließlich unmittelbar dem Körper entspringen) wie in einem Film einen Gesamteindruck, der Nettie und die anderen «Modelle» in all ihrer realistischen Menschlichkeit auf unmittelbarste Weise darstellt – so entblößt, daß es schmerzt. Donigan Cumming verleiht in gewaltig wirkenden Bildern voll innerer wie auch äußerer Schönheit – die die Balance halten zwischen rührender Anmut und der Faszination grotesker Situationen (wie sie Diane Arbus schilderte) – einer *eigentlichen* Realität Gestalt.

Harry's Diary is the name of an installation comprising photographs, a text upon the wall and a soundtrack. The photos show Nettie and six different male characters. The text consists of excerpts taken from the diary of Harry Strong (a friend of Cumming's) who died in 1987.

The soundtrack consists of four voices, of which two are partly super-imposed. Nettie Harris recites a poem of her own, speaks the strophes of a song, talks about her dog, Blackie, and is to be heard in excerpts from conversations with Donigan Cumming. A man sings and another male voice reads from *Harry's Diary*; Cumming himself commentates on this text.

The question asked ever and again about Cumming's work, of how far his photographs possess a documentary character, may be answered just by close scrutiny. "As a film actress, her mannerisms and dramatic expressions can be disruptive. I have never tried to curb Nettie's urge to improvise since I discovered the compelling images in the spaces between her gestures and moods." (Cumming, 1990). Cumming does not intervene in setting up a pose, but allows Nettie's psychological composure absolute free rein. This means that posing was innate to Nettie, and not serving some fiction, thus referring only to Nettie herself. In 1986 Cumming programmatically analysed the theme *Reality and Motive in Documentary Photography* in one of his most important series of work; now this has evolved into a documentary portrayal in the most essential, original sense. The documentary character of his photographs finds lively support in the voices of his actors. The soundtrack intensifies the mood of the photos, lends them a tone-colour of their own, and strengthens the equal qualities of hopefulness and desolation in their physical presence, which in the same breath, communicates despair and security. It becomes clear that the images at least are freed from the subjects in just the way that their voices are. From this results an impression which is at first artificial and stylised. Together, pictures and voices, which ultimately arise from the body, yield a total impression, as in a film. Nettie and the other models are portrayed in all their realistic humanity in the most direct way, revealed so that it hurts. Donigan Cumming bestows form to an *essential* image of reality through powerful pictures, full of inner, and surface beauty. They maintain the balance between the touchingly beautiful and the fascination of grotesque situations as described by Diane Arbus.

vivent dans les mêmes conditions) une dignité que l'on croyait déjà perdue – une dignité qui devrait rester inviolable.

Harry's Diary *est le titre d'un environnement qui se compose de photos, d'un texte sur le mur et d'une bande sonore. Les photos représentent Nettie Harris et six autres personnages masculins différents. Le texte sur le mur se compose d'extraits tirés du journal de Harry Strong (un ami de Cumming décédé en 1987).*

La bande sonore se compose au total de quatre voix dont deux se chevauchent partiellement. Nettie Harris déclame un poème qu'elle a écrit elle-même, récite la strophe d'un chant, parle de son chien Blackie et sa voix résonne dans des extraits d'entretien avec Donigan Cumming; parfois un homme chante; une autre voix masculine lit des passages de Harry's Diary *et Cumming commente lui-même ce texte.*

La question toujours soulevé en liaison avec l'œuvre de Cumming de savoir si et dans quelle mesure son œuvre photographique possède un caractère documentaire trouve, à y regarder de plus près, sa réponse d'elle-même. «As a film actress, her mannerisms and dramatic can be disruptive. I have never tried to curb Nettie's urge to improvise since I discovered the compelling images in the spaces between her gestures and moods.» (Cumming, 1990). Cumming n'intervient pas en metteur en scène mais laisse entièrement libre cours à l'expression de l'état d'âme de Nettie. Cela signifie que la pose appartenant causalement à Nettie n'est pas au service d'une fiction quelconque et ne renvoie donc à rien d'autre qu'à Nettie elle-même. Cumming, qui a étudié (programmatiquement), en 1986, dans une de ses séries les plus importantes, le sujet Reality and Motive in Documentary Photography, *parvient ici à une représentation documentaire dans le sens premier du terme. Le caractère documentaire de ses photographies trouve un soutien vivant dans les voix de ses acteurs. La bande sonore accroît l'atmosphère des photos, leur confère une propre sonorité et renforce leur présence corporelle autant pleine d'espoir que lamentable qui exprime, en un mouvement, désespoir et sûreté. Il devient clair que les images sont au moins aussi détachées des personnes représentées que leurs voix (il en résulte une impression tout d'abord artificielle et stylisée). Ensemble, images et voix, en fin de compte émanation directe du corps, produisent comme dans un film une impression globale qui représente Nettie et les autres modèles dans toute leur humanité réaliste de la manière la plus directe – si dénudés que cela fait mal. Donigan Cumming donne forme à une véritable réalité dans ses images violentes, pleines de beauté intérieure et également extérieure, qui tiennent l'équilibre entre la grâce touchante et la fascination des situations grotesques comme Diane Arbus les a décrites.*

John Masseys außerordentlich reflektierte Werke führen grundsätzlich auf ihn selbst und auf die Fragen zurück, die ihn beschäftigen. «Mich interessiert, was sich in meinem Kopf abspielt.»[2]

Massey thematisiert Wahrnehmung – mit welcher wir uns am geschaffenen Kunstobjekt auseinandersetzen müssen. Doch beschränkt er sich nicht nur auf den Dialog zwischen seinen Werken und deren Betrachter. Seine Arbeiten werden auch zu Schlüsseln für die Wahrnehmung seiner selbst. Er macht in ihnen deutlich, daß er (wie alle menschlichen Wesen) nicht nur als wahrnehmendes Subjekt, sondern auch als wahrgenommenes Objekt existiert und macht damit auf die Aporie aufmerksam, der wir alle in unserem Verhältnis zu unserer eigenen Körperlichkeit unterliegen.

«Bei meiner Arbeit bin ich immer von der Prämisse ausgegangen, daß ich meinen eigenen Körper erforsche.» Diesem psycho-physischen *body* seiner selbst versucht Massey in klar formulierten, so einfach wie möglich gehaltenen Bildern zum Ausdruck zu verhelfen. Bilder, die gerade ob ihrer Schlichtheit Emotionen freizusetzen vermögen, die unauffällig, aber um so nachhaltiger sich in poetischer Art und Weise inneren Vorgängen widmen, die voller subtilen und nuancierten Reichtums sich dem Unaussprechlichen annähern, die seismographisch zarteste Schwingungen und Wahrnehmungen aufnehmen und in Szene setzen.

A Directed View (The Third Room): Some Other Union heißt ein kleines, akkurat gearbeitetes Modell von Massey's damaligem Studio, in welchem er seit sieben Jahren lebte (Ill. 2). Diese selbstreferentielle Konzentration ermöglicht ein *metaphysisches Theater* (Massey), in welchem Raum bzw. Volumen als Äquivalent zum psycho-physischen *body* verstanden werden können. Wie Donigan Cumming in *Harry's Diary* integrierte auch John Massey eine Audio-Komponente in sein Werk, die dessen Präsenz steigert: über einen im Modell befindlichen Lautsprecher werden Zitate aus Cesare Ripas *Iconologia* und diesen Text illustrierende Geräusche eingespielt. «Mir wurde klar, daß das maßstabgerechte Modell als eine Art konzeptuelles Interieur fungierte, das einem Geistes- oder Körper-Innenraum entsprach oder zumindest dieses Gefühl schuf. ... Es war eine wirklich aufregende Entdeckung für mich, den Raum zu modulieren; der Blick in die Modelle glich dabei einer Reise in mein eigenes Inneres. ... Wenn ich also vor dem Modell stehe, sehe ich *mehr*, als wenn ich mich tatsächlich *in* dem Raum befinden würde.» Die physische Realität des Modells spiegelt die psycho-physische Realität des Künstlers und vermittelt sie weiter an den Betrachter, der im Werk gleichzeitig den Künstler sieht.

«Ich glaube, ein Grundtenor meiner ganzen Arbeit ist dieser einfache Versuch, die Dinge zu sehen, ist der Wunsch, sie in größtmöglicher Klarheit zu erfassen. Oft scheinen zwischen mir und dem, was ich ansehen will, zahllose Schleier zu hängen; häufig schlägt sich in ihnen meine eigene Kurzsichtigkeit nieder, meine Unfähigkeit, überhaupt etwas zu sehen. Das Erscheinungsbild eines Gegenstandes wird zum Schleier; wenn ich dann irgendeine Art von realer Beziehung dazu entwickeln will, muß ich das Erscheinungsbild aufbrechen oder verinnerlichen oder zerstören. ... Für mich bedeutet das Anschauen einer Sache im absoluten Wortsinn, daß ich den Wunsch verspüre, sie einzuverleiben.» Auf dem Weg zum inneren Verständnis der Dinge ist äußerste Klarheit und Konzentration geboten, um eigentliche – und nicht nur rein phänomenologische, d.h. scheinbare – Rea-

John Massey

Hans-Michael Herzog

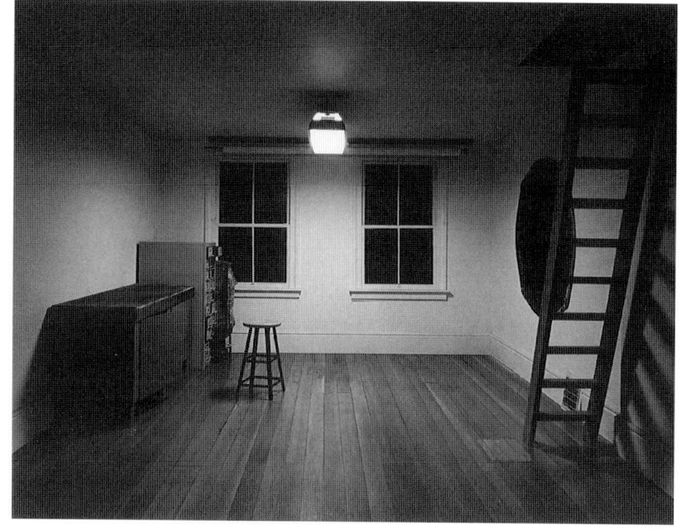

Ill. 2: John Massey, A Directed View (The Third Room): Some Other Union, 1980 (photo credit: Peter MacCallum)

John Massey's extraordinarily reflective works draw fundamentally upon himself and the questions which preoccupy him. "I'm interested in how my mind works."[2]

Massey's theme is perception – what the viewer must come to grips with in confrontation with the work of art. Yet Massey does not restrict himself to the dialogue between the works and the viewer. His works are the key to the perception of his own self. He makes clear in his works that he, like all human beings, exists not only as a perceptive subject but also as a perceived object. He thus draws awareness to the aporia to which, in relationship to our own physicality, we are all subject.

"The presumption that I've always made in relation to my work is that I'm investigating my own body". Massey attempts, in clearly formulated images, which he keeps as simple as possible, to help this psycho-somatic body of himself to find expression. Images whose very simplicity can release emotions; which inconspicuously, and so more hauntingly, give themselves up poetically to inner processes. Full of richness and subtle nuances, they approach the inexpressible, seismographically picking up the most delicate vibrations and perceptions and putting them in their setting.

A Directed View (The Third Room): Some Other Union (Ill. 2) is a small, accurately worked model of Massey's studio at the time, where he lived for seven years. This self-reflective concentration makes possible a *metaphysical theatre* (Massey) where space and volume can be taken as equivalent to the psycho-somatic body. Like Donigan Cumming in *Harry's Diary*, John Massey integrated an audio component in his work, which intensifies its presence. From a loudspeaker located in the model, quotes from Cesare Ripa's *Iconologia* and noises associated with this text were played. "There was a recognition that the scale model felt like a conceptual interior that was equivalent to or could be employed to create a sense of interior spiritual or body space. ... I was truly excited by the discovery that I could modulate space and that the looking into the models felt like experiencing the conditions of my own interior. ... Now, when I stand in front of the model, I can see *more* than if I were *in* the actual space." The physical reality of the model reflects the psycho-somatic reality of the artist and conveys it on to the viewer, who at the same time observes the artist in the work.

"I think one of the undercurrents of everything I've done is this sense of simply trying to look at things, of wanting to look at things in the clearest possible way. Often between me and what I want to look at there seem to be innumerable screens; these screens often embody a sense of my own myopia, of not being able to see at all. The appearance of a thing becomes a screen and in order to establish any kind of real relationship with that thing the appearance has to be broken down or internalized or destroyed. ... For me to be looking at a thing in its most absolute sense implies a desire to embody that thing. This means internalizing it completely." On the way to an inner understanding of things, absolute clarity and concentration are demanded, in order to be able to recognise intrinsic realities – rather than the purely phenomenological and therefore only apparent. For this purpose, Massey attempts to completely internalize the object under observation, thus to embody it wholly. In his latest works, the twenty-two *Jack-Photographs* (Ill. 3), a wooden lay figure, of the

Les œuvres extraordinairement réfléchies de John Massey ramènent toujours à lui-même et aux questions qui le préoccupent. «I am interested in how my mind works.»[2]

Massey thématise la perception à laquelle le regardeur est confronté au contact de l'œuvre d'art. Toutefois, Massey ne se limite pas au dialogue entre ses œuvres et leurs spectateurs. Ses œuvres constituent également une clé pour la perception de lui-même. Il met en lumière le fait qu'il (comme tous les êtres humains) n'existe pas uniquement en tant que sujet percevant mais également comme objet perçu et attire l'attention sur l'aporie à laquelle nous succombons tous dans notre rapport à notre propre corporalité.

«The presumption that I've always made in relation to my work is that I'm investigating my own body». Massey tente d'exprimer son body psycho-physique dans des images clairement formulées et aussi simples que possible. Des images qui précisément de par leur sobriété sont en mesure de libérer des émotions, qui, discrètement mais d'autant plus durablement, se consacrent d'une manière poétique à des opérations intérieures, qui pleines de richesses subtiles et nuancées se rapprochent de l'indicible, qui enregistrent sismiquement de tendres oscillations et perceptions et les mettent en scène.

A Directed View (The Third Room): Some Other Union *(ill. 2) est un petit modèle soigneusement travaillé de l'ancien studio de Massey dans lequel il vivait depuis sept ans. Cette concentration auto-référentielle a permis un «théâtre métaphysique» (Massey), dans lequel l'espace ou le volume peut être compris comme un équivalent du body psycho-physique. Tout comme Donigan Cumming dans* Harry's Diary*, John Massey a intégré des éléments sonores dans son œuvre qui augmentaient sa présence: des citations d'iconologia de Cesare Ripa et des bruits illustrant ce texte étaient diffusés par un haut-parleur se trouvant dans le modèle. «There was a recognition that the scale model felt like a conceptual interior that was equivalent to or could be employed to create a sense of interior spiritual or body space. ... I was truly excited by the discovery that I could modulate space and that the looking into the models felt like experiencing the conditions of my own interior. ... Now, when I stand in front of the model, I can see* more *than if I were* in *the actual space.» La réalité physique du modèle reflète la réalité psycho-physique de l'artiste et la communique au regardeur qui, simultanément, regarde l'artiste.*

«I think one of the undercurrents of everything I've done is this sense of simply trying to look at things, of wanting to look at things in the clearest possible way. Often between me and what I want to look at there seem to be innumerable screens; these screens often embody a sense of my own myopia; of not being able to see at all. The appearance of a thing becomes a screen and in order to establish any kind of real relationship with that thing the appearance has to be broken down or internalized or destroyed. ... For me to be looking at a thing in its most absolute sense implies a desire to embody that thing. This means internalizing it completeley.» La plus grande clarté et concentration sont de mise sur la voie menant à la compréhension intérieure des choses afin de pouvoir reconnaître des réalités véritables, et pas seulement purement phénoménologiques, à savoir apparentes. Pour ce faire, Massey essaie d'intérioriser complètement l'objet de sa contemplation, de l'englober entièrement. Dans le cas de sa dernière

litäten erkennen zu können. Zu diesem Zweck versucht Massey,
den Gegenstand seiner Betrachtung völlig zu verinnerlichen, ihn
sich gänzlich einzuverleiben. Im Falle seines jüngsten Werkes,
der 22 *Jack-Photographs* (Ill. 3), läßt er einer hölzernen Gliederpuppe, wie sie im Fachhandel für Zeichenbedarf erhältlich ist,
eine Art animistischer Beseelung angedeihen, indem er sie mit
einem menschlichen Auge und einem männlichen Genital aus-
stattet. Die Reihe der Fotografien geht von einem kreatürlich
wirkenden Objekt aus, das bizarr und verfremdet ganz seinem
Körper (in Form eines überdimensionierten Penis) ausgeliefert
scheint (*1. Jack wakes*) und endet mit der Nahaufnahme «seines»
menschlichen Auges, das mittlerweile ein leidlich zielgerichtetes
Bewußtsein erlangt zu haben scheint (*22. Jack looks ahead*). Ein
Entwicklungsprozeß also – weg von der Unmündigkeit des Körpers und hin zur Aufgeklärtheit des Geistes? Das Geschlecht, das
sich stolz dem Betrachter entgegenreckt (*4. Jack stands*) macht
die Zeichenpuppe erst zum (männlichen) Wesen, seine eigentliche Individualität erfährt es jedoch durch das sich sukzessiv ent-
wickelnde Auge, das vom Kamera- bzw. dem Künstler-Auge auf
Kosten des Genitals immer stärker in den Blickpunkt, in das Auge
des Betrachters, gerückt wird. Nach einer ersten mentalen Irritation (*6. Jack is startled*) besinnt sich Jack, bzw. sein Schöpfer
und alter ego, nochmals auf den Dualismus Körper – Seele/Geist
bzw. auf dessen Synthese (*8. Jack feels*).

John Masseys Auge liegt auf Jack, besser: auf Jacks Auge.
10.11.12. Jack looks: auf uns und auf den Künstler. Wir blicken in
Jacks Auge. Jack ist John. Jack ist ein Mann, dessen zunächst
genital manifeste Zeugungsfähigkeit – als alte Metapher für
künstlerische Schaffenskraft – sich langsam in eine phallisch-
keulenartige Form umwandelt: *13.14. Jack touches*. Jack ist die
Personifikation der Kunst, die – scheinbar beiläufig – in dieser
Sequenz von 22 Bildern entsteht und uns hiermit die Kommuni-
kationsfähigkeit der Kunst schlechthin verdeutlicht. Jack ist eine
Gliederpuppe, die als Zeichenobjekt den Einstieg in die Kunst
ermöglicht und im Englischen auch *Drawing Adam* genannt
wird: wie in der Genesis entwickelt sich dieser Adam allmählich,
bis er das nötige Bewußtsein (Auge) entwickelt, um vom Baum
der Erkenntnis zu essen; selbst sein Radius (der Durchmesser der
kreisförmigen Fotografien) wächst unaufhaltsam mit. John
reflektiert an Jack über sich als Künstler-Menschen. Jack vollzieht eine Metamorphose, er verliert sukzessive seine primäre
Gestalt und verändert seine materielle Qualität (die fortan zwischen Fleischlichkeit und Holz changiert) genau in dem Moment,
wo er zu kommunizieren beginnt, indem er eine fremde Kör-
peröffnung berührt (*13. Jack touches*).

Doch gelingt Jack nicht die völlige Verwandlung von der hölzernen Zwangsjacke des Körpers hin zur lichten Freiheit, die das
menschliche Auge vermittelt. Vielmehr bleibt das Auge (=See-
le/Geist) gefangen im massiven Holz, dessen Strukturen allmählich wieder deutlicher werden auf Kosten eines ortlosen Auges
(*21. Jack looks*). Gegen Ende tritt der Antagonismus Holz/Körper
– Auge/Seele/Geist nicht mehr so deutlich in Erscheinung wie
zuvor. Die Gegensätze scheinen, wenn auch keine Synthese, doch
einen modus vivendi gefunden zu haben. John/Jack trifft keine
eindeutige Aussage hierüber, doch er blickt nach vorn: *22. Jack
looks ahead*.

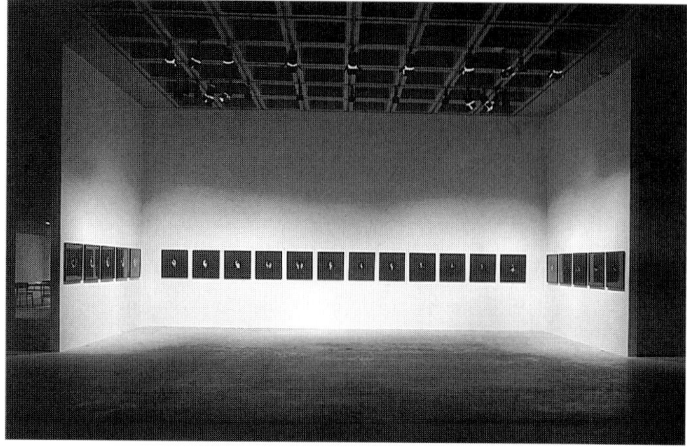

*Ill. 3: John Massey, The Jack Photographs, 1992–93, je 60 x 60 cm (gerahmt),
Installation photo, Art Gallery of Hamilton, Hamilton, Ontario, 1994 (photo
credit: Isaac Applebaum)*

kind sold in art shops takes on a kind of animistic soul, being furnished with a human eye, and male genital organ. The series of photographs begins with an object which seems like a creature. Bizarre and strange, it appears totally subjected by its own body – in the shape of an outsized penis (*1. Jack wakes*). The series ends with a close-up of the figures' human eye, which, in the meantime, appears to have attained a reasonably purposeful mentality (*22. Jack looks ahead*); an evident process of development – away from the sheep-like mentality of the body to the enlightenment of the spirit? The sex organ, which proudly stretches out to the viewer (*4. Jack stands*) is what makes the lay figure a (male) being. Its actual individuality, however, is attained by means of the successively developing eye, which from the eye of the camera, i.e. of the artist, obtrudes ever more strongly into the field of vision and to the eye of the viewer, to the cost of the penis. After an initial mental irritation (*6. Jack is startled*) Jack, or his creator and alter ego reflects again upon the duality of body and soul/spirit or its synthesis (*8. Jack feels*).

John Massey casts his eye upon Jack – or better, on Jack's eye. *10. 11. 12. Jack looks*; at us and at the artist. We look into Jack's eye. Jack is John. Jack is a man whose, at first, genitally manifest fertility, the old metaphor for artistic creative power, is slowly transformed into a phallic, club-like form: *13. 14. Jack touches*. Jack is the personification of art, which seems to come to be incidentally in this sequence of 22 pictures, showing clearly its capacity to communicate. Jack is a lay figure, also called *Drawing Adam*, it is an aid to drawing, facilitating the coming to grips with art. Like Adam in Genesis, this Adam develops gradually until he reaches the necessary awareness (eye) to eat from the Tree of Knowledge. The growth of his radius, too (the diameter of the circular photographs) is unstoppable. John uses Jack as an artist-person. The moment Jack starts to communicate – when he touches a strange bodily orifice – he undergoes a metamorphosis, losing successively his primary form and altering in his material quality which from this time on alternates between fleshliness and wood (*13. Jack touches*).

Yet Jack fails to make a complete metamorphosis from the wooden strait-jacket of the body to the lucid freedom communicated by the human eye. In fact the eye (=soul/spirit) remains imprisoned in solid wood, whose structure gradually becomes clearer again, at the expense of a disembodied eye (*21. Jack looks*). Towards the end the wood/body – eye/soul/spirit antagonism is less obvious than before. The juxtapositions perhaps appear not to have achieved a synthesis, but to have formed a modus vivendi. John/Jack makes no clear statement here, yet he looks ahead: *22. Jack looks ahead*.

œuvre, les 22 Jack-Photographs *(ill. 3), il donne à un mannequin en bois, tel qu'on peut les acheter dans les papeteries spécialisées, une sorte d'inspiration animiste en le pourvoyant d'un œil humain et d'un sexe masculin. La série de photographies part d'un objet aux allures de créature qui, bizarre et distancié, semble livré tout entier à son corps (sous la forme d'un pénis disproportionné) (*1. Jack wakes*) et se termine par un gros plan de «son» œil humain qui semble avoir acquis une conscience quelque peu téléologique (*22. Jack looks ahead*). Une évolution donc – loin de la minorité du corps et vers les lumières de l'esprit? C'est le sexe tendu fièrement vers le regardeur (*4.Jack stands*) qui fait du mannequin un être (masculin) qui acquiert cependant sa véritable individualité grâce à l'évolution successive de l'œil qui, de l'œil de l'appareil photo ou de l'artiste, se déplace de plus en plus dans le point de mire, l'œil du regardeur, au détriment du sexe. Après une première irritation mentale (*6. Jack is startled*), Jack, ou son créateur et alter ego, se rappelle le dualisme corps – âme/esprit et à sa synthèse (*8. Jack feels*).*

L'œil de Massey est posé sur Jack, mieux: sur l'œil de Jack. *10.11.12. Jacks looks: nous et l'artiste. Nous regardons l'œil de Jack. Jack est John. Jack est un homme dont les facultés génésiques génitalement manifestes – vieille métaphore de la force créatrice artistique – se métamorphosent lentement en une forme de gourdin: 13.14. Jack touches. Jack est la personnification de l'art. Celui-ci – apparemment en passant – prend corps dans cette séquence de 22 images et nous explique par la même sa faculté de communiquer. Jack est un mannequin qui comme modèle permet un accès à l'art, en anglais Drawing Adam: tout comme dans la Genèse, cet Adam évolue peu à peu, jusqu'à ce qu'il développe la conscience nécessaire pour manger à l'arbre de la connaissance; même son rayon (le diamètre des photographies rondes) croît en même temps d'une manière irrésistible. John réfléchit à sa condition d'homme artiste par l'intermédiaire de Jack. Jack accomplit une métamorphose, il perd successivement sa forme primaire et modifie sa qualité matérielle (qui désormais change entre chair et bois) exactement au moment où il commence à communiquer en touchant une ouverture corporelle étrangère (*13. Jack touches*).*

*Toutefois, Jack ne parvient pas à la métamorphose totale de la camisole de force en bois du corps à la liberté rayonnante que procure l'œil humain. Bien plus, l'œil (= âme/esprit) reste prisonnier dans le bois massif dont les structures deviennent peu à peu plus nettes au détriment d'un œil délocalisé (*21.Jack looks*). Vers la fin, l'antagonisme bois/corps – œil/âme/esprit n'apparaît plus si clairement qu'auparavant. Les contradictions semblent avoir trouvé non pas une synthèse mais tout du moins un modus vivendi. John/Jack n'énonce rien de clair sur ce point, cependant il regarde devant lui: 22.* Jack looks ahead.

Nell Tenhaaf beschäftigt sich mit der Bedeutung biotechnischer Strukturen, mit deren Darstellbarkeit und unserem Umgang mit solch naturwissenschaftlichem Bildmaterial. Schließlich steht der Wahrnehmung des (vorgestellten) inneren Selbst und dessen direkten Ausdrucks die Darstellung biotechnischer Sachverhalte diametral entgegen. Hier stellt sich die Frage nach unserem Umgang mit naturwissenschaftlichen Erklärungsmechanismen wie systematischen Schaubildern oder didaktischen Tafeln. Ohne sie zu verstehen, sind wir geneigt, solchen Darstellungen zunächst bedingungslos Glauben zu schenken; wir stellen ihre Sinnhaftigkeit nicht a priori in Abrede, zumal sie oft einen einschüchternden, ja imperativen Charakter annehmen. Das wissenschaftliche Schaubild suggeriert Gültigkeit.

Gegen solch blinde Gläubigkeit an eine objektivistische Wissenschaft stellt sich Nell Tenhaaf. Sie versucht, den Teufel mit Beelzebub auszutreiben und bedient sich selbst des Computers, um Darstellungen aus dem biotechnisch-wissenschaftlichen Repertoire bildnerisch umzusetzen, ohne hierbei auf unbedingte Detailgenauigkeit zu achten. Der Verlust gewisser wissenschaftlicher Informationen bei der künstlerischen Umformung spielt nicht nur keine Rolle, sondern ist mit eingeplant. Die vordergründig so analytisch und klar wirkende wissenschaftliche Darstellung entpuppt sich nun als magisch-kryptisches Zeichensystem voller malerischer, zeichnerischer, ornamentaler und dekorativer Qualitäten, das sich nicht in seiner eigentlichen Bedeutung dechiffrieren läßt (Ill. 4, 5). Gesellschaftlichen und politischen Machtansprüchen, wie sie beispielsweise in der Idee der genetischen Determinierung und deren bildlicher Darstellung formuliert werden, stehen wir zunächst hilflos gegenüber.

Nell Tenhaaf vollzieht eine zweite Dekontextualisierung: Die dem biotechnischen Repertoire entnommenen Zeichen(-systeme) sind bereits abstrahierte Figurationen, die mit unserem körperlichen Kontext nichts mehr gemein haben. Indem Tenhaaf sie nun in einen künstlerischen Kontext integriert, vollzieht sie eine weitere Dekontextualisierung, mit der Funktion, auf die erste (zwischen der subjektiven Befindlichkeit körperlichen Seins und ihrer objektivierten wissenschaftlichen Darstellung) zu verweisen.

Die Darstellung wissenschaftlicher *Realität* (auch wenn sie sich über die Jahrhunderte permanent verändert) gilt als verläßlich, letztlich wird ihr ein höherer Wahrheitsgehalt zugesprochen als der subjektiven körperlichen Realität. Letztere mit all ihren menschlichen, aber *schmutzigen* Primärerfahrungen wird geopfert auf dem Altar der unmenschlichen, *sauberen* Wissenschaft. So zeigt Nell Tenhaaf DNA-Strukturen, X- und Y- Chromosomen oder Zellteilungen und macht damit deutlich, daß deren reine Darstellung nichts über ihre eigentliche Bedeutung aussagen kann. So ausschlaggebend all diese Grundbausteine für unser Leben auch sind, so wenig werden sie unserem Verständnis faßbar.

In der analytischen Isolierung signifikanter Elemente entdeckt Tenhaaf neben dem Phänomen der Dekontextualisierung auch einen Reduktivismus und macht eine Parallele aus zwischen der genetischen Kodifizierung und derjenigen Kodifizierung, mit der wir im Bereich der Computer-Welt zu tun haben. Sie stellt fest, daß das Aufkommen virtueller Realität (der paradoxerweise ein höherer Realitätsgrad eingeräumt wird als der körperlichen Realität bzw. deren Empfindung) nicht zufällig Hand in Hand geht mit der poststrukturalistischen Auflösung des Subjekts; diesem dekonstruierten Subjekt wird nun eine unge-

Nell Tenhaaf

Hans-Michael Herzog

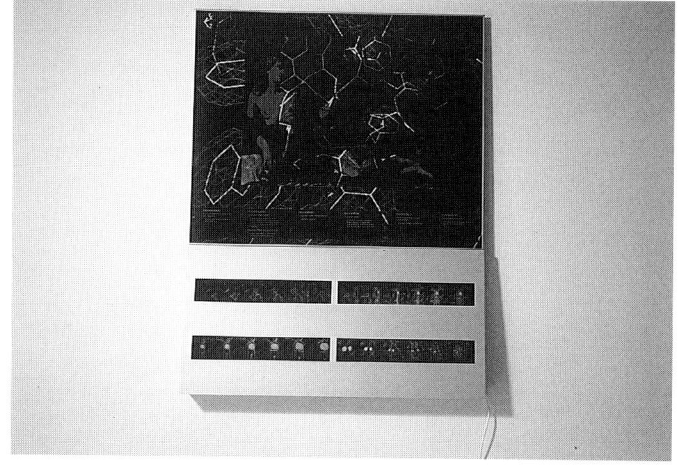

Ill. 4: Nell Tenhaaf, Homunculus, 1993, Duratrans, fluorescent lights, aluminum, 124,5 x 160,5 cm, (photo credit: Ian Murray)

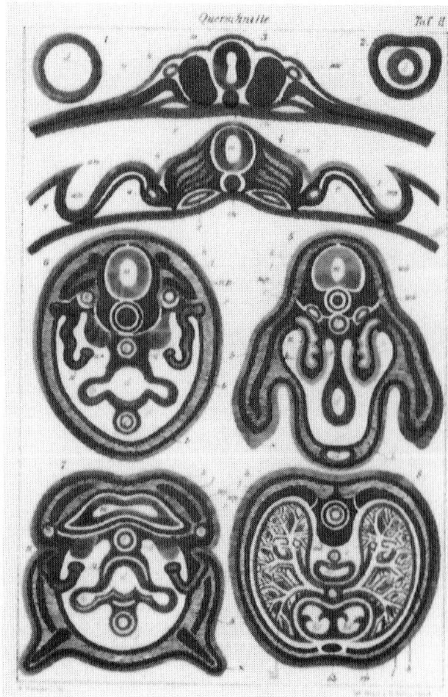

Ill. 5: Ernst Haeckel, Anthropogenie oder Entwicklungsgeschichte des Menschen, Leipzig 1874 (W. Engelmann), Paris, Bibliothèque Nationale

Nell Tenhaaf is concerned with the meaning of biotechnical structures, their representation, and our reception of them. The depiction of biological imagery is diametrically contrary to direct expression and awareness of the inner self (as visualised). Here the question arises of how we deal with explanatory devices of natural science, like systematic diagrams or pedagogical charts. Without understanding them, our initial response to biotechnical presentations tends to be one of unconditional faith. We do not dispute, a priori, the meaning they convey, when they frequently take on an intimidating, or even imperative character. The scientific diagram is persuasive of validity.

Nell Tenhaaf makes a stand against this blind belief in an objective science. Using the computer, she transforms images from the biotechnological scientific repertoire, without necessarily remaining true to original details. The loss of certain scientific information in this artistic transposition does not matter; it is part of the idea. The ostensibly so analytical and lucid scientific image is revealed as a magical, cryptical system of ciphers, full of painterly, ornamental and decorative qualities. Its intrinsic meaning is indecipherable (Ill. 4, 5). We are helpless when confronted by claims to social and political power, as for example in the way the idea of genetic determination and its diagrammatic image are formulated.

Nell Tenhaaf brings a second decontextualisation to fruition. The system of ciphers from the biotechnical repertoire are already abstractified figurations which have nothing in common with our somatic context. Tenhaaf unites them in an artistic context, thereby accomplishing a further decontextualisation, with the function of referring to the first (between the subjective sense of being located in a body and its objectified scientific representation).

The representation of scientific *reality* (even when it changes permanently over the centuries) is esteemed reliable – and ultimately to contain greater truth than subjective somatic reality. The latter with all its human, but *dirty* primary experiences is sacrificed on the altar of inhuman, *clean* science. Nell Tenhaaf presents DNA structures, x and y chromosomes or divisions of cells, making clear that pure depiction says nothing about their real meaning. The significance of none of these basic *building blocks*, of prime importance for our lives, could ever be grasped.

By analytical isolation of significant elements Tenhaaf discovers, apart from the phenomenon of decontextualisation, also a reductionism, and identifies a parallel between genetic codification and that which we meet in the field of computers. She concludes that the advent of virtual reality (which, paradoxically, is credited with a higher degree of reality than somatic reality, or its sensation), not by chance, goes hand in hand with the post-structuralist disintegration of the subject. The deconstructed subject is then led to believe in an undreamt of artificial new world, full of perceptual possibility and possession of space. *Simorg Culture* (Simorg= Simulated Organisms) is the title of a text by Nell Tenhaaf, published in 1993, where she comes to grips, amongst other things, with body-software and its alarmingly piteous phenotype; and with commercial a-life (artificial life) programmes, with alluring names like *Tierra* and *Simlife*. An artificially generated a-life programme could not nearly do justice, anyway, to our highly complex conception of reality.

Nell Tenhaaf s'intéresse à la signification des structures biotechniques eu égard à leur représentabilité et à notre réception. La perception du soi intérieur (présenté) et son expression directe s'oppose diamétralement à la représentation d'images biologiques. Ici se pose la question de notre rapport avec les mécanismes d'explication scientifiques, comme les diagrammes systématiques ou les tableaux didactiques. Sans les comprendre, nous sommes enclins, dans un premier temps, à croire inconditionnellement les représentations biotechniques: nous ne doutons pas à priori de leur pertinence, d'autant plus qu'elles prennent souvent un caractère intimidant voire impératif. Le diagramme scientifique suggère la validité.

Nell Tenhaaf s'oppose à une telle foi aveugle en une science objectiviste. C'est ainsi qu'elle essaie de déshabiller saint Pierre pour habiller saint Paul se servant elle-même de l'ordinateur pour transposer artistiquement des représentations émanant du répertoire biotechnico-scientifique sans observer, à cette occasion, une exactitude absolue. La perte de certaines informations scientifiques lors de la transformation artistique ne joue non seulement aucun rôle mais est calculée. La représentation scientifique si analytique et claire de prime abord se révèle comme un système de signes magico-cryptiques plein de qualités picturales, graphiques, ornementales et décoratives qui est indéchiffrable dans sa véritable signification (ill. 4, 5). Nous sommes parfaitement démunis vis-à-vis de prétentions sociales et politiques au pouvoir telles qu'elles sont formulées, par exemple, dans l'idée de la détermination génétique et de sa représentation figurée.

Nell Tenhaaf accomplit une deuxième décontextualisation: les systèmes de signes puisés dans le répertoire biotechnique sont déjà des figurations abstraites qui n'ont déjà plus rien de commun avec notre contexte corporel. En les intégrant maintenant dans un contexte artistique, Tenhaaf accomplit une autre décontextualisation dont la fonction est de renvoyer à la première (entre l'état subjectif de l'être corporel et sa représentation scientifique objectivée).

La représentation de la réalité scientifique *(même si elle se modifie en permanence au cours des siècles) est considérée comme fiable. On lui confère une teneur en vérité plus élevée qu'à la réalité corporelle subjective. Cette dernière, avec toutes ses expériences primaires humaines mais également* sales *est sacrifiée sur l'autel de la science* propre *et inhumaine. C'est ainsi que Nell Tenhaaf montre des structures d'ADN, des chromosomes x et y ou des divisions cellulaires et met ainsi en lumière que leur pure représentation ne peut contribuer en rien à leur véritable signification. Tous ces éléments de base qui sont d'une importance déterminante pour notre vie ne sont pas du tout intelligibles dans leur signification.*

Tenhaaf découvre dans l'isolation analytique d'éléments signifiants, outre le phénomène de la décontextualisation, également un réductivisme, et établit un parallèle entre la codification génétique et celle avec laquelle nous sommes confrontés dans le domaine du monde informatique. Elle constate que la naissance de la réalité virtuelle (à qui l'on concède paradoxalement un degré de réalité plus élevé qu'à la réalité corporelle et à sa sensation) ne va pas par hasard de paire avec la dissolution post-structuraliste du sujet; on présente à ce sujet déconstruit un monde nouveau insoupçonné (mais artificiel) plein de potentialités perceptives et prises de possession d'espace. Simorg Culture *(Simorg= Simulated*

ahnte (aber künstliche) neue Welt voller Wahrnehmungsmöglichkeiten und Inbesitznahme von Raum vorgegaukelt. *Simorg Culture* (Simorg= Simulated Organisms) heißt ein 1993 publizierter Text von Nell Tenhaaf, in welchem sie sich unter anderem mit *body-software* und derem bestürzend armseligem Erscheinungsbild, sowie mit kommerziellen *a-life* (artificial life)-Programmen mit solch schönen Namen wie *Tierra* und *Simlife* auseinandersetzt. Unserer hochkomplexen Vorstellung von Realität kann ein künstlich generiertes *a-life*-Programm jedenfalls nicht annähernd gerecht werden ...

«Mein eigener Körper ist wie eine fremde Person für mich. Es ist eine persönliche und auch eine gesellschaftliche Frage, wie ich mit meinem Körper-Raum, das heißt mit seiner Materie und dem ihm innewohnenden Bewußtsein, eine enge Vertrautheit entwickeln kann.» In ihren kühlen, rationalen, objektivierten Installationen nimmt Tenhaaf zwar den Stil wissenschaftlicher Darstellungsweisen auf. Doch versucht sie, das eigentlich Unmögliche zu realisieren, indem sie in Petrischalen, DNS und *in vitro*-Versuchen (Ill. 6) subjektive Elemente und Spuren ihrer selbst mit einbringt, wie beispielsweise auf den zart überzeichneten Erlenmeyerkolben – *Fifties Product* (Ill. 7) –, die auf ihre eigene Entstehung verweisen.

Einen unmittelbaren Bezug zu sich selbst bringt Tenhaaf in *The solitary begets herself, keeping all eight cells* ein (Ill. S. 69–71). Leicht diffus, wie von einem milchigen Schleier umwoben, erstreckt sich ihr Körper in etwa doppelter Länge über die gesamte Bildbreite des Leuchtkastens. Traumverloren, von gelassener Präsenz, zeugt ihr Körper, der nach oben und unten über die engen Grenzen des Leuchtkastens hinaus zu atmen scheint, doch von einer natürlich anmutenden Selbstverständlichkeit. Die *eight cells* befinden sich oberhalb ihres Knöchels, mit ihnen bezeichnet sie ein wichtiges Stadium der in vitro-Reproduktionstechnologie, auf welche auch die beiden Glasflaschen in der Bildmitte verweisen. Wie kleine Tätowierungen finden sich auf ihrem Körper wunderliche Figürchen, die Tenhaaf dem *Buch der Natur* des Conrad von Megenberg (1475) entnommen hat: Für solche Mutanten, für Abweichungen von der Norm – die jede Entwicklung im Lauf der Geschichte vorantrieben – scheint heute im Zeitalter der sogenannten Bioethik, der gentechnischen Perfektionierung und der als Schleife verlaufenden kybernetischen Produktion kein Platz mehr zu sein.

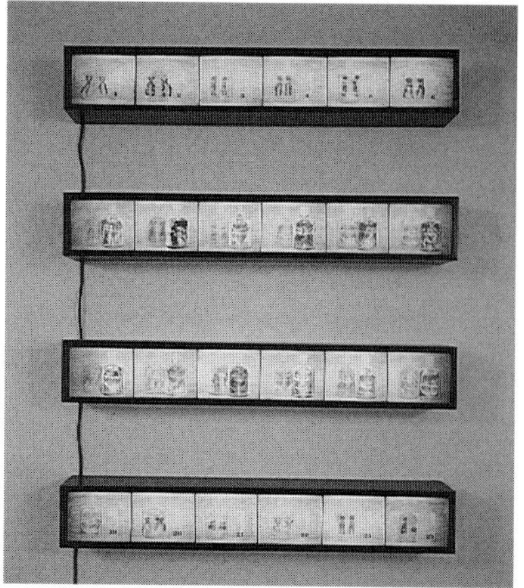

Ill. 6: Nell Tenhaaf, In Vitro, 1991, Duratrans, fluorescent lights, wood, 95 × 367 cm (photo credit: Ian Murray; Courtesy Galerie Samuel Lallouz, Montréal)

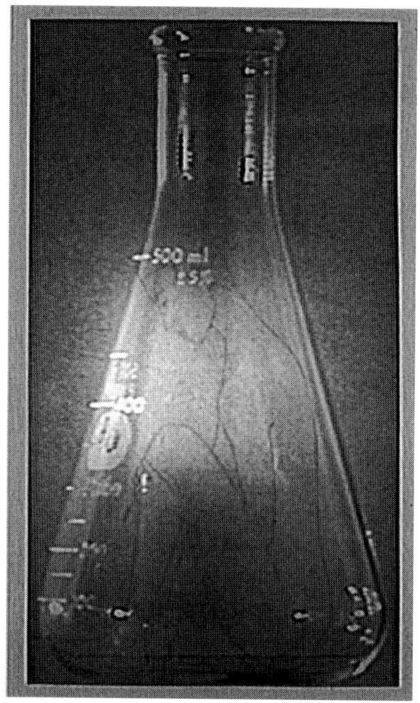

Ill. 7: Nell Tenhaaf, Fifties Product, 1993, detail, Duratrans, 37 × 22 × 9 cm

"My own body is a stranger to me. How I can become intimately familiar with my somatic space, by which I mean both its matter and the consciousness inherent in it, is a personal and also a social question." In her cool, rational, objective installations Tenhaaf adopts the style of scientific representational methods. But she attempts the realization of what is, in fact, impossible: she includes subjective elements and traces of herself in petri dishes and *in vitro* tests (Ill. 6). *Fifties Product* (Ill. 7), showing an Erlenmeyer flask, delicately drawn over, refers to her own coming into being.

Tenhaaf makes direct reference to herself in *The solitary begets herself, keeping all eight cells* (Ill. p. 69–71). Slightly diffused, as if a milky veil had been woven around it, her body is stretched to about twice its length over the whole pictorial breadth of the light box. Dreamily and with composed presence, her body, which appears to breathe above, below and beyond the narrow confines of the light box, gives rise to a sense of self-evident naturalness. The *eight cells* are placed above her ancle. They describe a crucial stage in in vitro reproduction technology, to which the two glass flasks in the centre of the picture also refer. Over her body, there are strange creatures, like small tattoos; taken from Conrad von Megenberg's *Book of Nature* (1475). In this age of so-called bioethics, of genetic perfectionism, and cybernetic production which runs like a conveyor belt, there seems no longer to be a place for such mutants and deviations – which have driven on every development in the course of history.

Organisms), c'est le titre d'un texte de Nell Tenhaaf, publié en 1993 dans lequel elle examine, entre autres, le body-software et son aspect dramatiquement pitoyable ainsi que les programmes commerciaux a-life (artificial life) avec des noms aussi beaux que Tierra et Simlife. Un programme a-life généré artificiellement ne peut pas être à la hauteur, tant s'en faut, de notre idée extrêmement complexe de la réalité...

«My own body is a stranger to me. How I can become intimately familiar with my somatic space, by which I mean both its matter and the consciousness inherent in it, is a personal and also a social question». Tenhaaf adopte le style des modes de représentation scientifiques dans ses installations froides, rationnelles et objectivées. Elle essaie, cependant, de réaliser ce qui est vraiment impossible en introduisant des éléments subjectifs et des traces d'elle-même dans des boîtes de Pétri, ADN et dans des expériences in vitro *(ill. 6)* comme, par exemple, sur les fioles coniques – Fifties Product *(ill. 7)* – délicatement repassées qui renvoient à sa propre création.

Tenhaaf introduit un rapport immédiat avec elle-même dans The solitary begets herself, keeping all eight cells *(ill. p. 69–71). Légèrement diffus, comme enveloppé d'un voile laiteux, son corps s'étend en double longueur sur toute la largeur de la boîte lumineuse. Perdu dans ses rêves, d'une présence impassible, son corps, qui vers le haut et vers le bas semble «respirer» par delà les limites étroites de la boîte lumineuse, témoigne d'une évidence naturelle. Les eight cells se trouvent juste au-dessus de ses chevilles. Elle désigne avec elles un stade important de la technologie de la reproduction in vitro à laquelle renvoient également les deux bouteilles en verre au centre de l'image. Son corps est parsemé de petites figures étranges semblables à de petits tatouages que Tenhaaf a pris du* Livre de la nature *de Conrad von Megenberg (1475); il ne semble plus y avoir de place aujourd'hui, à l'époque de la soi-disant bioéthique, du perfectionnement de la technique génétique et de la production cybernétique en boucle, pour de tels mutants, pour des déviations de la norme qui ont fait avancé l'évolution au cours de l'histoire.*

Le dictionnaire des Inquisiteurs lautet die ins Französische über-
setzte Ausgabe des im Jahr 1494 in Valencia publizierten *Repertorium Inquisitorum*. Dieses Handbuch setzt sich zusammen aus
Kommentaren zu insgesamt 308 Begriffen, die unmittelbar mit
der Inquisition zu tun haben. Sinn und Zweck dieser Publikation
war es, den zahlreichen spanischen Inquisitoren eine praktische,
leicht zu erfassende Handlungsanweisung zu geben, um Ketzer
zu entdecken, ihrer Schuld zu überführen und zu verurteilen.

Christine Davis führt in ihrer kühl und rational, fast klinisch
wirkenden Installation den von der Inquisition verinnerlichten
Wortschatz vor und macht deutlich, in welch fataler Abhängigkeit sich der Körper vom (geschriebenen und gesprochenen)
Wort befindet.

Zwölf schwarze Leuchttische sind kreisförmig um einen
Trafo als Energiequelle gruppiert, mit dem sie durch Kabel ver-
netzt sind. Jeden einzelnen der 308 Begriffe aus dem *dictionnaire des Inquisiteurs* ließ sie mit Lasertechnik auf (bereits
benutzte) eingefärbte harte Kontaktlinsen prägen. Diese Kontaktlinsen sind nach einem für den Betrachter zunächst nicht
verständlichen Prinzip auf den zwölf Leuchttischen angeordnet.

Aus ihrem ursprünglichen Kontext entnommen, entfalten
die einzelnen Begriffe als Teil eines arrangierten Mosaiks nun auf
den Leuchttischen ihre Bedeutung. Durch sich zufällig ergeben-
de Nachbarschaften der alphabetisch angeordneten Begriffe
entstehen neue Sinnzusammenhänge, wie zwischen *supplice*
(Marter, Todesstrafe) und *suspension* (Aufschub), zwischen *sentir* (wahrnehmen, fühlen) und *sentence* (Urteilsspruch), zwischen
livre (Buch) und *loi* (Gesetz), zwischen *corriger* (korrigieren,
züchtigen) und *corps* (Körper). Davis entwirft mittels der sich
zahlreich einstellenden Assoziationen eine Welt voller Vorstellungen, die sich auf inquisitorische – und alle analog verlaufenden – Vorgänge beziehen.

Der qualvoll auf dem Scheiterhaufen eines Autodafés ver-
brennende menschliche Körper wird nie unmittelbar ins Bewußtsein gerückt. Gerade dieser Verzicht auf die ausmalende
Darstellung eines grausamen exekutiven Aktes macht die Kluft,
gleichzeitig aber auch die Nähe von Wort und Tat unmißverständlich klar. Die im formulierten Wort vorliegende strukturel-
le, letztlich anonyme (inquisitorische) Gewalt gewinnt so an
Monstrosität. Diese Gewalt kennt kein Hindernis zwischen ihrem
latenten Vorhandensein und dessen logischer Folge, der Zer-
störung von Körpern, von Leben.

Unvorstellbare Grausamkeiten werden durch die vernichtende Kraft des Wortes real. Das Wort als Tat dominiert den Körper. Die Sprache selbst verhält sich unbarmherzig gegenüber
ihren Inhalten.

Der inquisitorische Prozeß unterliegt strengen Spielregeln,
die zwar beobachtbar, aber nicht zu begreifen sind. So wissen wir
zunächst auch nicht, daß die zur Stabilisierung von *law and
order* verwendeten Begriffe, die in die Linsen (stellvertretend für
die Körper der Häretiker?) eingeschnitten sind, ganz bestimmte
Positionen auf einem nicht sichtbar werdenden Schach-Spiel-
brett einnehmen und somit spezifische Verlaufsformen unterschiedlicher Schachpartien darstellen. Jede Linse, jeder Begriff
wird so zu einem Spielstein einer rationalen Strategie, die ganz
auf Unterwerfung der gegnerischen Partei abzielt. Die zugrunde-
liegende Ordnung und Systematik ist auf Erhalt und Zugewinn
von Macht ausgerichtet. Strenge Regeln und unerbittliche, dem
Außenstehenden nicht erkennbare Unterwerfungs-Szenarios
evozieren sadistische Exerzitien, eine rationale Orgie des Todes,

C h r i s t i n e   D a v i s

Hans-Michael Herzog

Le dictionnaire des Inquisiteurs is the title of the French translation of the *Repertorium Inquisitorum,* an edition published in Valencia in 1494. This handbook comprises 308 terms directly concerned with the Inquisition. The whole purpose of this publication was to provide the numerous Spanish inquisitors with practical, easy to understand instructions on procedure for the discovery of heretics, finding them guilty, and condemning them.

Christine Davis presents in her cool, rational, almost clinical installation the internalised vocabulary of the Inquisition, elucidating the fatal dependence of the body upon the (written and spoken) word.

Twelve black light box tables are grouped in a circle round a transformer as an energy source. They are also linked to it by a cable. Every one of the 308 terms in the *dictionnaire des Inquisiteurs* has been laser-etched on a coloured (already used) hard contact lens. The contact lenses – following a principle which is at first not understandable to the viewer – are arranged on the twelve light-box tables.

Removed from their original context, the individual terms form a mosaic upon the light-box tables, where they unfold their meaning. Their alphabetic arrangement gives rise to chance neighbourings, and new contexts of meaning, as between *supplice* (torment, death penalty) and *suspension* (delay), between *sentir* (perceive, feel) and *sentence* (sentence), between *livre* (book) and *loi* (law), between *corriger* (correct, flog) and *corps* (body). Davis depicts, through the countless associations coming to mind, an imaginary world, full of illusions, which refer to the Inquisition, and events analogous to it.

The human body, burning harrowingly on the pyre of an auto-da-fé is never forced directly upon our awareness. This very abstention from a full depiction of the representation of an act of gruesome execution indicates clearly the gulf – and the close proximity at the same time – between word and deed. The (inquisitorial) structural, but ultimately anonymous, power present within the formulated word, gains in monstrosity from this. It is a power which knows no obstacle between its latent existence and the logical conclusion of this: the destruction of bodies, of life.

Inconceivable atrocities can take form under the destructive power of the word. The word as deed dominates the body. Language itself shows no mercy in relation to its content.

The Inquisitorial trial follows strict rules of play. These are, in fact, observable, although incomprehensible. Therefore, initially, we do not know that the terms for the the the stabilization of law and order, engraved into the lenses (standing for the bodies of the heretics?) appear on imaginary chessboards, and represent the specific moves in different games of chess. Every lens and term thus becomes a piece in the game of rational strategy, with the whole aim being the defeat of the opposing participant. The underlying order and systematization is based on the retention and acquisition of power. Strict rules, and pitiless scenarios of submission, unrecognisable to the outsider, evoke sadistic spiritual exercises; a rational orgy of death, a systematic theatre of cruelty, staged by the twelve judges of the Inquisition, for whom the twelve light-box tables stand. This recalls the way the matter-of-fact, succinct directions were set up by the National Socialists for their death camps.

Le dictionnaire des Inquisiteurs, c'est le nom de l'édition traduite en français du Repertorium Inquisitorum *publié en 1494 à Valence. Ce manuel se compose de commentaires sur au total 308 termes qui ont un lien direct avec l'inquisition. Le sens et le but de cette publication était de fournir aux nombreux inquisiteurs espagnols des instructions précises afin de repérer, confondre et juger des hérétiques.*

Christine Davis présente dans son installation froide, rationnelle, presque clinique le vocabulaire intériorisé par l'inquisition, et met en évidence dans quelle dépendance fatale du mot (écrit et parlé) le corps se trouve.

Douze tables lumineuses noires sont groupées en forme de cercle autour d'un transformateur, source d'énergie, avec lequel elles sont mises en réseau par l'intermédiaire d'un câble. Davis a fait inscrire chacun des 308 termes du dictionnaire des Inquisiteurs, grâce à la technique laser, sur une lentille de contact dure colorée (déjà utilisée). Ces lentilles de contact sont disposées sur les douze tables lumineuses selon un principe tout d'abord incompréhensible pour le spectateur.

Extirpés de leur contexte initial, les différents termes, partie d'une mosaïque arrangée, déclinent leur signification sur les tables lumineuses. Les hasards du voisinage des termes disposés par ordre alphabétique provoquent de nouveaux effets de sens, comme entre supplice *et* suspension, *entre* sentir *et* sentence, *entre* livre *et* loi, *entre* corriger *et corps. Christine Davis ébauche à l'aide de ces nombreuses associations un monde mental plein de représentations qui se rapportent à des opérations inquisitoriales ou analogues.*

Le corps humain brûlant atrocement sur le bûché d'un autodafé n'est jamais placé directement dans la conscience. Ce renoncement à toute représentation dépeignant un acte exécutif cruel explicite le fossé mais en même temps la proximité du mot et du fait. La violence structurelle et enfin de compte anonyme (inquisitoriale) formulée dans le mot gagne ainsi en monstruosité. Cette violence ne connaît aucun obstacle entre son existence latente, et sa conséquence logique, la destruction des corps, de la vie.

La force anéantissante du mot rend réelles des cruautés inimaginables. Le mot comme fait domine le corps. La langue elle-même se comporte d'une manière impitoyable vis-à-vis de ses contenus.

Le procès inquisitorial est soumis à des «règles du jeu» strictes qui peuvent certes être observées mais ne sont pas compréhensibles. C'est ainsi que nous ne savons pas, tout d'abord, que les termes employés pour la stabilisation de law and order, *gravés dans les lentilles (représentant les corps des hérétiques?), se trouvent sur des échiquiers imaginés et représentent des déroulements spécifiques de différentes parties d'échec. Chaque lentille, chaque terme, devient ainsi un pion d'une stratégie rationnelle qui vise à la soumission de la partie adverse. L'ordre et la systématique sous-jacents visent au maintien et au gain de pouvoir. Des règles strictes et des scénarios de soumission impitoyables, non reconnaissables pour le profane, évoquent des exercices sadiques, une orgie rationnelle de la mort, un théâtre systématique de la cruauté mis en scène par les douze juges de l'inquisition symbolisés par les tables lumineuses. Cela rappelle les instructions lapidaires établies par les nazis pour leurs camps d'extermination.*

Pour Christine Davis, il est question également de la per-

ein systematisches Theater der Grausamkeit, das von den zwölf
Richtern der Inquisition, für die die Leuchttische stehen, inszeniert wird. Dies erinnert an die sachlich-lapidaren Anweisungen,
wie sie von den Nationalsozialisten für ihre Vernichtungslager
aufgestellt wurden.

Auch Christine Davis geht es um die Wahrnehmung und um
das Sehen, mit all den Widersprüchen, in die beide verwickelt
sind. Am Beispiel des in jüngster Vergangenheit in Los Angeles
gegen weiße Polizisten geführten Strafprozesses wurde deutlich,
daß der reine Augenschein nicht mit der vorgestellten Realität
übereinzustimmen braucht: trotz eines als Beweismaterial vor-
gelegten Videofilms, der sie eines Besseren hätte belehren müssen, waren sich die Geschworenen zunächst darüber einig, die
Angeklagten nicht zu verurteilen.

Zwei der Kontaktlinsen fallen durch ihre rote Färbung auf,
sie tragen die Worte *image* und *immunité:* das innere (Welt-)
Bild (die *rosafarbene Brille*) sorgt dafür, daß Unliebsames ausge-
filtert wird und bietet hiermit den erforderlichen *Schutz* vor all
den Dingen, die man nicht sehen will. Die Distanz, die wir zum
Sehen/Erkennen brauchen, ist beim Benutzen dieser Kontaktlinsen nicht gewährleistet. Vielmehr verhalten sich die den Linsen
eingravierten Begriffe wie *der Balken im eigenen Auge*. Setzten
wir sie ein, würden die Begriffe, ohne daß wir dessen gewahr
würden, unseren (gedanklichen) Blick beeinflussen und (inquisi-
torisch) trüben. Als Präventivmaßnahme vor möglicher Häresie
werden in einen prothetischen Teil unseres Körpers Begriffe ein-
programmiert, die jede Abweichung von der Norm ausschließen
sollen – wir haben das *dictionnaire des Inquisiteurs* zu verinnerlichen, um der Inquisition zu entgehen.

Eigentlich sollten Kontaktlinsen dazu dienen, unseren Blick
auf die Welt zu verbessern, statt unsere Weltsicht unauffällig,
aber dennoch gewaltsam zu verändern. Sprache schärft in diesem Fall nicht das Sehvermögen. Besseres Sehen braucht nicht
besseres Erkennen zu bedeuten.

Christine Davis, too, explores perception and the visual faculty, with all the contradictions they involve. With an example from the recent past of a trial conducted in Los Angeles against white police officers, it becomes clear that empirical appearance alone need not accord with reality as it is imagined. Despite a video film brought forward as evidence, and which should have taught them better, the jury first agreed unanimously not to convict the accused.

Two of the contact lenses are striking in their red colour. They bear the words, *image* and *immunité:* the inner *picture* (the *rose-coloured spectacles*) ensures that the unpleasant is filtered out, hereby providing the necessary *protection* against all the things one would rather not see. The distance we need to see and to recognize cannot be achieved by using these contact lenses. The words engraved on the lenses function more like *the beam in your own eye.* If we wear the lenses, the words, without our becoming aware of them, will influence our (mental) vision and cloud it (inquisitorially). As a preventive measure against possible heresy, terms which should expel any deviation from the norm are programmed into a prosthetic part of our body – we must internalise the *dictionnaire des Inquisiteurs* in order to escape the Inquisition.

Actually, contact lenses should serve to improve our vision of the world, instead of imperceptibly, yet none the less, forcibly changing our world view. Language, in this case, does not sharpen the faculty of vision. Better seeing does not necessarily signify better recognition.

ception et de la vision avec toutes les contradictions dans lesquelles ces deux concepts sont impliquées. A l'exemple du procès mené tout récemment à Los Angeles contre des policiers blancs, on a bien vu que la pure apparence n'a pas besoin de concorder avec la réalité présentée: malgré la présentation, comme pièce à conviction, d'une cassette vidéo qui aurait ouvert les yeux à un aveugle, les jurés étaient tout d'abord d'un même avis pour ne pas condamner les accusés.

Deux lentilles de contact sautent aux yeux à cause de leur coloration rouge. Elles portent les mots image *et* immunité: *l'*image *(du monde) intérieure (en rose) assure le filtrage de ce qui est désagréable et offre ainsi l'*immunité *nécessaire contre toutes les choses que l'on ne veut pas voir. La distance dont nous avons besoin pour voir/reconnaître n'est pas garantie lorsque l'on utilise ces lentilles de contact. Les termes gravés dans les lentilles se comportent davantage comme* la poutre dans son propre œil. *Si nous les mettions, les termes influenceraient et troubleraient (d'une manière inquisitoriale) notre vue (mentale) sans que nous nous en apercevions. Comme mesure préventive contre toute hérésie possible, on programme dans une partie prothétique de notre corps des termes qui doivent exclure toute déviation de la norme – nous devons intérioriser le* dictionnaire des Inquisiteurs *afin d'échapper à l'inquisition.*

En fait, les lentilles de contact devraient servir à améliorer notre regard sur le monde au lieu de modifier, discrètement mais violemment, notre vue du monde. La langue n'aiguise pas dans ce cas les facultés visuelles. Une meilleure vue ne signifie pas obligatoirement une meilleure connaissance.

Schlüpfriges, morastiges Dickicht beherrscht die Szene von drei der insgesamt sieben Bilder, aus denen Eldon Garnets neuester Fotozyklus *Promise* besteht (Ill. S. 78–81). Kaum mehr nehmen wir einzelne menschliche Gliedmaßen wahr, so sehr sind sie Teil eines vegetativen Ganzen geworden. Wir vermeinen, die feuchten Ausdünstungen zu spüren, die uns aus dem schlammig feuchten Humus dieser gärenden Komposthaufen schwül entgegenwabern, die uns von Fruchtbarkeit und gleichermaßen von der Vergänglichkeit alles Irdischen künden.

Das Leben spielt sich in vegetativen Zyklen ab. Der menschliche Körper ist Teil dieses sich endlos wiederholenden Kreislaufs. Kaum ist er geworden, beginnt er bereits wieder zu vergehen, sein Ende ist im Zyklus der Vegetation vorprogrammiert. Das Leben selbst, dessen Teil er ist, bedroht ihn und birgt den Keim des Todes in sich, der ihn schließlich auslöscht und Raum für neues Leben schafft.

Analog zu den humusüberzogenen, eng ins pflanzliche Dickicht verwobenen Körperfragmenten setzt Garnet eine ganz in schwüles Rot getauchte Vanitas-Allegorie, die einen Zweig mit überreifen Kirschfrüchten zeigt. Der Gärungsprozeß läßt die bis zum Bersten aufgeblähten, prallen Früchte platzen (aus der großen Kirschfrucht unten löst sich soeben ein Tropfen Frucht-Wasser), bevor mit dem Fäulnis- und Schrumpfungsprozeß endgültig ihr vegetativer Zerfall einsetzt. Pralle Fruchtbarkeit und ihr Verfall, ihre rasche Vergänglichkeit, liegen in der Natur unmittelbar nebeneinander.

Garnet isoliert den Körper aus all seinen individuellen, gesellschaftlichen und politischen Zusammenhängen und setzt ihn in eins mit der Natur und den vegetativen Zyklen, die den Ablauf alles Irdischen in unserem Kosmos regeln. In unserer Zeit kann dies eigentlich nur einer zutiefst romantischen Vorstellung entspringen, der eine märchenhaft poetische Fiktion angelegen ist, die eine Welt projiziert, wie sie nicht existiert und noch nie existiert hat. Doch erliegt Garnet nicht der heraufbeschwörten romantischen Fiktion des seine Zugehörigkeit zur Natur bejahenden Körpers. Seine Fotografien sind bis ins kleinste Detail hinein im Studio inszeniert. Die Natur wurde also arrangiert und so lange manipuliert, bis sie genau das Bild dieses vegetativen Umschlags lieferte. Erst die künstliche Stilisierung ermöglichte Garnets Vanitas-Stilleben, Sinnbilder menschlicher Vergänglichkeit.

Trotz ihrer ästhetischen Vervollkommnung sind seine Bilder keinesfalls beschaulich oder gar meditativ. Statt vorstellbarer Idylle vermitteln sie vielmehr eine unmittelbar präsente, sogar akute Bedrohung, wie auch Bedrohtheit. Seine Stilleben sind *natures mortes* im buchstäblichen Sinn, die auf die Anwesenheit des Todes verweisen. Der Mensch geht ganz im Morast unter und hebt sich nicht mehr positiv von ihm ab. Sein Körper ist fragmentiert dargestellt (der Kopf fehlt grundsätzlich) und erinnert an Kadaver. Selbst wenn seine Gestalt erkennbar wird – wie in den drei komplementären Bildern –, ist sie voller Asche, einem Sinnbild des Todes. Der das Bildformat sprengende, mächtige männliche Torso wirkt tierisch, ihm angetane Gewalt erkennen wir an der inmitten seiner Brust verlaufenden Narbe. Kampf- und leidenschaftslos umfassen sich zwei ihrem Schicksal ergebene Leiber, um in einem teerartigen Schlammpfuhl zu enden.

In diesen endzeitlichen Bildern klingt kein neues vegetatives Werden an, sie künden von vergangenen Kämpfen um das Leben, von vergeblichen Kämpfen: Vanitas.

Eldon Garnet

Hans-Michael Herzog

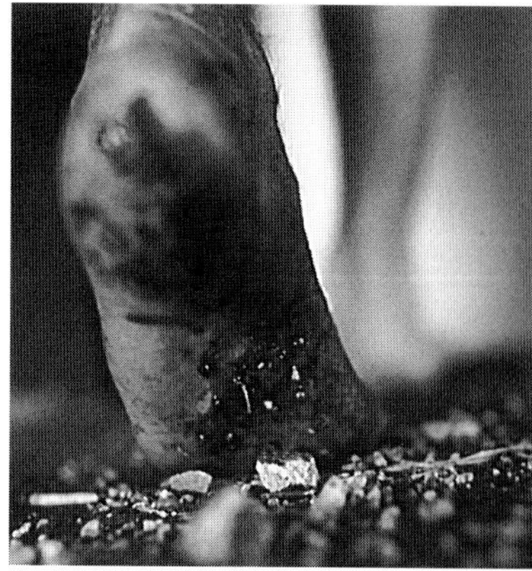

Ill. 8: Eldon Garnet, Trembling (foot), 1990, color print, 75 x 75 cm

Slippery, miry thicket dominates the scene in three of seven pictures in Eldon Garnet's latest photographic cycle, *Promise* (Ill. p. 78–81). We hardly notice the scattered human limbs, so much are they part of the growth of vegetation. We think we can feel the muggy, damp vapours which curl towards us from the damp, muddy humus of this seething compost heap, proclaiming fertility and the transience of all that is earthly.

Life passes in vegetative cycles. The human body is part of this endlessly renewed cycle. Hardly has it come to be and it has already begun to decay. Its end is pre-programmed in the vegetation cycle. Life itself, to which the body belongs, threatens it, harbouring within the seed of death, which will finally extinguish it, creating room for new life.

Analagous to the bodily fragments, covered with humus and tightly interwoven into the thicket of plant life, Garnet brings in an allegory of vanity, completely saturated in a sultry red. It depicts a branch bearing overripe cherries. In the fermentation process, the swollen, fat cherries burst (the large fruit below exudes a drop of amniotic fluid-like juice) before the process of rotting and shrinking finally turns into vegetative decay. Plump fruitfulness and its decay, its swift transience, lie closely side by side in nature.

Garnet separates the body from all its individual, social and political functions, setting it at one with nature and the vegetative cycles which dominate the course of all that is earthly in our cosmos. In this day and age this could only spring from a profoundly romantic idea, a fabulous, romantic fiction, which projects a world which does not, and never did exist. Yet Garnet does not fall prey to the romantic fiction of the body, with its affirmation of belonging to nature. His photographs are composed, to the smallest detail, in the studio. Nature has been arranged and manipulated until it has produced an exact image of this vegetative transformation. It is the artificial stylisation which has made Garnet's vanity still-lives, symbols of human transitoriness.

Despite their aesthetic perfection, his pictures are in no way contemplative, or even meditative. Rather than conceivable idylls, they convey an immediate, present and even acute sense of threat or of being threatened. His still-lives are *natures mortes* in the literal sense, and refer to the presence of death. Man sinks down into the morass, never really to raise himself out again. His body is depicted fragmentally (the head is missing completely) recalling cadavers. Even when his form becomes discernable – as in the three complementary pictures –, it is full of ashes, a symbol of death. The massive male torso, which bursts the bounds of the picture format seems animalian. We recognise violence worked against him by the scar which runs down the middle of his chest. Without resistance, and dispassionately, two living bodies, giving themselves up to their fate, embrace, only to end up in a bituminous, muddy quagmire.

In these apocalyptic pictures there is no suggestion of a renewed vegetative coming-to-be. They tell of past struggles for life, of vain battles: Vanitas.

Suffered torture, misery and pain is the theme, too, in Garnet's *Trembling* (Ill. 8), and in *When?*, a three-part series of photos, in which the body itself is not depicted (Ill. 9, 10). The pyramid-like form recalls unmistakably, grave architecture and thus refers directly to the *memento mori*. One of the pyramids consists of ash (standing for dematerialisation and

Un taillis lascif et bourbeux domine la scène de trois des sept images qui composent le dernier cycle de photographies Promise *d'Eldon Garnet (ill. p. 78–81). Nous ne percevons plus guère les différents membres humains tant ils sont devenus un élément d'un tout végétatif. Nous croyons sentir sur notre peau les exhalaisons humides et étouffantes émanant de l'humus moite et fangeux de ces tas de fumier en pleine fermentation qui nous parlent de la fécondité mais également de la précarité des choses de ce monde.*

La vie se déroule dans des cycles végétatifs. Le corps humain fait partie de ce circuit se répétant sans fin. A peine devenu, il commence à s'évanouir, sa fin est programmé dans le cycle de la végétation. La vie elle-même, dont il fait partie, le menace et renferme en elle le germe de la mort qui finalement l'efface et crée l'espace pour une nouvelle vie.

Tout comme les fragments du corps recouverts d'humus et unis étroitement dans le taillis végétal, Garnet compose une vanité baignée d'un rouge étouffant qui montre une branche avec des cerises trop mûres. Le processus de fermentation fait éclater les fruits gonflés à l'extrême (une goutte de jus tombe de la grande cerise en bas) avant que la décomposition végétative définitive commence avec le processus de pourrissement et de flétrissement. Fécondité épanouie et son dépérissement, son caractère éphémère, se côtoient directement dans la nature.

Garnet isole le corps de tout contexte individuel, social et politique et le place au milieu de la nature et des cycles végétatifs qui règlent le déroulement des choses de ce monde dans notre cosmos. A notre époque, ceci ne peut naître que d'une idée profondément romantique visant une fiction poétique féerique qui projette un monde tel qu'il n'existe pas et n'a jamais existé. Cependant, Garnet ne succombe pas à la fiction romantique évoqueé du corps affirmant son appartenance à la nature. Ses photographies sont mises en scène jusque dans le moindre détail en studio. Cela signifie que la nature a été arrangée et manipulée jusqu'à ce qu'elle fournisse exactement l'image de ce revirement végétatif. C'est la stylisation artificielle qui rend possible les vanités de Garnet, symboles de la nature mortelle de l'homme.

Malgré leur perfectionnement esthétique, ses images ne sont en aucun cas contemplatives ni méditatives. Au lieu d'une idylle imaginable, elles expriment davantage une menace, un danger présent voire imminent. Ses natures mortes sont vraiment à prendre au pied de la lettre. Elles renvoient à la présence de la mort. L'homme sombre corps et âme dans la fange ne s'en distinguant plus positivement. Son corps est représenté d'une manière fragmentée (la tête manque toujours) et rappelle un cadavre. Même lorsque sa forme est reconnaissable – comme dans les trois photographies complémentaires –, celle-ci est pleine de cendre, symbole de mort. Le puissant torse masculin faisant sauter le format de l'image a des allures animales. Nous reconnaissons la violence qu'on lui a faite à la cicatrice qui court au milieu de sa poitrine. Deux corps livrés à leur destin s'étreignent, sans combat ni passion, pour finir dans un bourbier goudronneux.

Il n'y a plus de traces d'un nouveau devenir végétatif dans ces images fin d'époque. Elles parlent de combats passés pour la vie, de combats vains: vanitas.

Garnet thématise également les tortures, souffrances et douleurs dans Trembling *(ill. 8) et dans* When?, *une série de trois photos dans laquelle le corps lui-même n'est pas expli-*

Erlittene Qualen, Pein und Schmerzen thematisierte Garnet auch in *Trembling* (Ill. 8) und in *When?*, einer dreiteiligen Fotoserie, in welcher der Körper selbst jedoch nicht explizit dargestellt ist (Ill. 9, 10). Die pyramidale Form verweist unmißverständlich auf Grab-Architekturen und somit direkt auf das *memento mori*. Eine der Pyramiden besteht aus Asche (die für Ent-Materialisierung und damit verbunden auch für Spiritualisierung, sowie für latente Fruchtbarkeit steht), eine weitere aus Schmetterlingen (seit altersher ein gängiges Symbol für unser ephemeres Dasein und für die Vergänglichkeit alles Schönen). Die dritte Pyramide (Ill. S. 77) setzt sich aus einer Ansammlung von extrahierten menschlichen Zähnen zusammen: als *pars pro toto* stehen sie für den Körper und für die von ihm durchlittenen Schmerzen, in ihrer fein säuberlichen Aufschichtung nicht zuletzt auch für den Holocaust, an welchen uns ebenfalls die mit Asche bedeckten, in ortloses Dunkel gehüllten Körper von Garnets Vanitas-Stilleben gemahnen.

1 *Clara Gutsche, «Open Parody, Hidden Agenda», in: Vanguard, Bd. 13, Nr. 4, Mai 1984, S. 21–25.*
2 *Zitiert (wie auch die unten folgenden Aussagen des Künstlers) nach Peggy Gale, «To Put into Visible or Concrete Form», in: John Massey, Katalog der Art Gallery of Hamilton, Hamilton, Ontario 1994, S. 11 ff.*

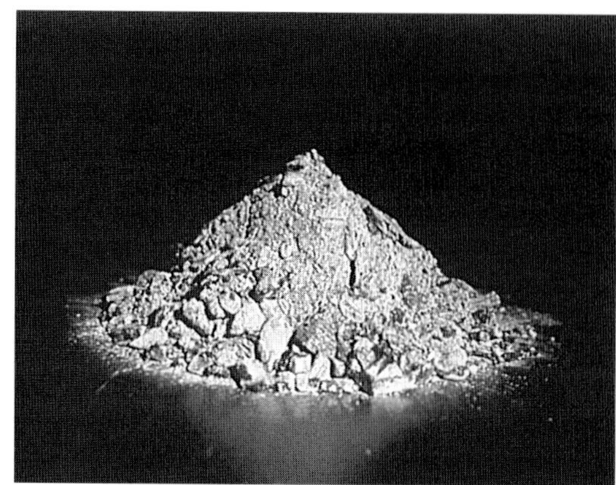

Ill. 9: Eldon Garnet, When? (ashes), 1993, color print, 120 x 120 cm

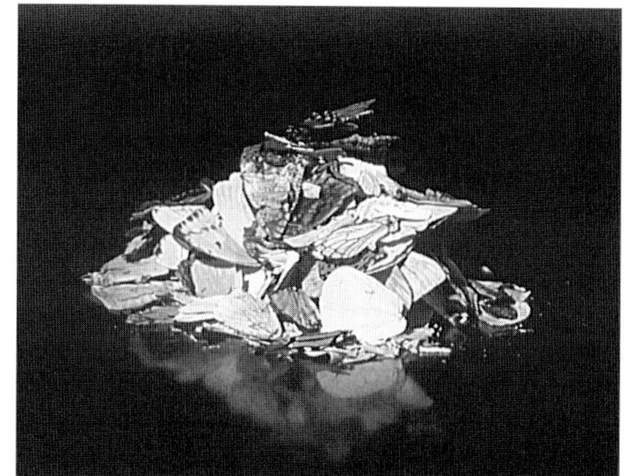

Ill. 10: Eldon Garnet, When? (butterflies), 1993, color print, 120 x 120 cm

thus also for spiritualisation, and latent fertility), another of butterflies (long a common symbol of our ephemeral existence and the transitory nature of all that is beautiful). The third pyramid (Ill. p. 77) is composed of an accumulation of extracted human teeth. They stand as *pars pro toto* for the body and for the pains it has suffered. Not least, their neat and tidy stacking recalls the Holocaust, which the ash-covered bodies of Garnet's Vanitas still-lives, engulfed and disorientated in darkness, also bring to mind.

1 See Clara Gutsche, "Open Parody, Hidden Agenda"; in: Vanguard, vol. 13, no. 4, May, 1984, pp. 21–25.
2 This and the following artist's statements are quoted from Peggy Gale, "To Put into Visible or Concrete Form", John Massey, Catalogue of the Art Gallery of Hamilton, Hamilton, Ontario 1994, p.11ff.

citement représenté (ill. 9, 10). La forme pyramidale renvoie aux architectures funéraires et donc directement au memento mori. L'une des pyramides est composée de cendre (pour la dématérialisation et donc pour la spiritualisation ainsi que pour la fécondité latente), une autre de papillons (depuis des temps reculés, le symbole courant de notre existence éphémère et du caractère passager de la beauté). La troisième (ill. p. 77) se compose d'un amoncellement de dents humaines arrachées: elles représentent métonymiquement le corps et les douleurs qu'il a subies, et enfin, dans leur empilement soigneux, l'holocauste que rappellent aussi les corps des vanités de Garnet, couverts de cendre et drapés dans des ténèbres abandonnés au désert.

1 *Clara Gutsche, «Open Parody, Hidden Agenda», in: Vanguard, vol. 13, n°4, mai 1984, page 21–25.*
2 *Comme également les déclarations ci-après de l'artiste cité d'après Peggy Gale, «To Put into Visible or Concrete Form», in: John Massey, catalogue de l'Art Gallery of Hamilton, Hamilton, Ontario 1994, p. 11 et suivantes.*

Wer sich mit der zeitgenössischen Kunst Kanadas auseinandersetzt, wird registrieren, in welch hohem Ausmaß die aktuelle Kunst das Medium Fotografie einsetzt. Eine Reihe der besten Künstler von Evergon bis Jeff Wall bedient sich dieses Mediums, wobei in technischer, ästhetischer und ikonographischer Weise eine Fülle von Aspekten der visuellen Kommunikation sowie der Repräsentation von Wirklichkeit berührt werden. Diese reichen von einem die Fotografie in ihrem Wahrheits- und Wirklichkeitsanspruch hinterfragenden Anspruch bis zur ironischen Decouvrierung der Repräsentationsmodi von Wirklichkeit. Gerade bei diesen Themenstellungen dienen die Untersuchungen der Künstler gesellschaftskritischen und geschlechtspolitischen Fragestellungen. Die ästhetische Praxis wird als Waffe eingesetzt, festgefahrene Formen und Repräsentation, für die das fotografische Bild zentral ist, aufzubrechen. Die fotografische Praxis und Darstellung hat im 20.Jahrhundert unsere Wahrnehmung und unser Verständnis der Welt und des *Anderen* zutiefst geprägt. Es sind sowohl die elektronischen Medien wie auch das Bild der Fotografie in seiner ursprünglichen wie manipulierten Form, die unsere Kommunikation seit langem bestimmen und dominieren. Von der Werbung bis zu den Bildern in der Zeitung, den Bildern, die wir von uns selbst machen, bestimmen diese Bilder unsere Erfahrung von der Welt. Zu Recht galt das Thema der Fotografie als zu dekonstruierender Konstruktion, als zu enthüllender Fiktion, deren Grammatik und die Wirklichkeit verfremdende Regeln offengelegt werden müßten, als wesentlich für die Künstler.

Die hier behandelten vier Künstler nehmen sich der Körperfotografie an, der Darstellung des erotischen und sexuellen Körpers auf dem Hintergrund seiner Darstellung in der Kunst- wie auch der Fotogeschichte.

Das Thema der Geschlechterdifferenz und der unterschiedlichen Wahrnehmung, die zu einer Normierung des jeweils *anderen* Geschlechts führt, ist in der aktuellen Kunst, denken wir etwa an das dominierende Thema der Androgynie in den 70er Jahren, die *bodyworks* eines Acconci, die Selbstdarstellung und Personifikationen eines Ontani, die Themen der Travestie, für die die wichtige Luzerner Ausstellung von J. C. Amman, *Transformer* (1974), steht, nichts Neues: neu ist die radikalere politische Fragestellung wie auch der Einsatz des Mediums Fotografie.

Die Fotografie war bei vielen Arbeiten der *body-art* (die fälschlicherweise als Stilbegriff geführt wird, eigentlich aber nur ein Thema heraushebt) in erster Linie Dokumentationsinstrument, etwa um Aktionen und Performances der Nachwelt zu überliefern. In seltenen Fällen – wie bei Rudolf Schwarzkogler – war sie autonomes Medium im Sinne einer frühen, inszenierenden Fotografie, bei der nicht die Aktion, sondern das fotografische Ergebnis wesentlich wurde. In den 80er und 90er Jahren dieses Jahrhunderts reflektieren die Künstler das Medium selbst und seine Fähigkeiten. Dies reicht von einem Einsatz all seiner Erscheinungsformen (von der Lightbox, über das Großfoto im Stadtbereich bis zum intimen Schnappschuß), und der Reflexion seiner Geschichte bis hin zur Untersuchung seiner Ikonographie und Repräsentationsmodi.

Für die postmoderne Fotografie im Sinne des Einsatzes des Mediums zu seiner eigenen Dekonstruktion kann der Beitrag von Sherrie Levine als wesentlich angesehen werden, die durch das Wiederaufnehmen, *Reproduzieren* von Inkunabeln der Fotogeschichte die Frage nach Aura, Originalität, Innovation und Historizität stellt. Bei den hier zu besprechenden Arbeiten der kana-

Brian Piitz, Chuck Samuels, Evergon, Jean-Jacques Ringuette

Peter Weiermair

Anyone concerned with contemporary Canadian art is surely aware of the significant extent to which the medium of photography is employed in current art. A number of Canada's best artists, from Evergon to Jeff Wall, use this medium, touching collectively upon an abundance of technical, aesthetic and iconographic aspects of visual communication and the representation of reality. These range from a questioning of photography's claim to the possession of truth and reality to the ironic demasking of the representational modes of reality. In the case of the latter thematic group, in particular, the artists' concerns pertain matters of social criticism and sexual politics. Aesthetic practice is employed as a weapon wielded against over-rigid forms of representation, for which the photographic image is of central importance. In the 20th century, practice and representation in photography have profoundly influenced what – and especially how – we perceive, and have at the same time affected our comprehension of the world and of the *other*. The electronic media and the photographic image, in its original and in its manipulated forms, have had a dominating and determining effect upon human communication for quite some time. From advertisements to newspaper photos and the pictures we take of ourselves, it is these images that inform our experience of the world. For good reason artists have regarded as essential the theme of photography as construction requiring deconstruction, as fiction needing to be unveiled, the grammar and the reality-bending rules of which had to be laid open for examination.

The works of the four artists focus upon photography of the body, the presentation of the erotic and sexual human body against the background of the history of its representation in art and photography.

The topic of gender differences and the divergent perceptions that lead to the establishment of norms for the respective *other* sex is not at all new in contemporary art. We are reminded of the dominant theme of androgyny in the 1970s, the *bodyworks* of Acconci, the self-representations and personifications of Ontani, the themes of transvestism, of which *Transformer*, the important Ammann exhibition in Lucerne (1974), is representative. What is new is the more radical political approach and the use of the photographic medium.

In the case of many of the works of *body-art* (a term employed incorrectly as a stylistic definition, as it merely emphasizes a theme), photography was used primarily as a documentary instrument, for the preservation of actions and performances for posterity, for instance. In rare cases, such as that of Rudolf Schwarzkogler, it was used as an autonomous medium, as an early form of staged photography in which it was not the action itself but the photographic result that was important. In contrast, the artists of the 1980s and 1990s reflect upon the medium itself and upon what it is capable of doing. Their approaches range from the use of all manner of photographic manifestations (from the light-box to the large-scale city photo to the intimate snapshot), to reflections upon the history of photography and finally to an examination of its iconography and its modes of representation.

For post-modern photography, in the sense that the medium is employed in its own deconstruction, the contribution of Sherrie Levine must be regarded as of essential importance. In taking up and *reproducing* incunabula of photographic history, she poses questions about aura, originality, innovation and

Quiconque étudie l'art contemporain canadien aura enregistré la place particulière que prend le médium photographie dans l'art actuel. Quelques-uns de ses meilleurs représentants – d'Evergon à Jeff Wall – utilisent ce médium en abordant, techniquement, esthétiquement et iconographiquement, une grande quantité d'aspects de la communication visuelle ainsi que de la représentation de la réalité. Ceux-ci vont de la revendication à questionner la photographie dans sa prétention à la vérité et à la réalité, jusqu'à la découverte ironique des modes de représentation de celle-ci. Dans ce contexte précis, les enquêtes des artistes servent à interroger la société et sa manière d'appréhender le rôle des sexes. La pratique esthétique est utilisée comme arme pour briser les formes usuelles de la représentation pour laquelle l'image photographique est centrale. La pratique et la représentation photographiques ont, au 20ème siècle, profondément marqué notre perception et notre compréhension du monde et de l'autre. Ce sont aussi bien les médias électroniques que l'image de la photographie dans sa forme originale et manipulée qui déterminent et dominent depuis longtemps notre communication. De la publicité aux photographies de presse et aux images que nous faisons de nous-même, ces images déterminent notre expérience du monde. Le sujet de la photographie, comme construction à déconstruire, comme fiction à démasquer dont la grammaire et les règles travestissant la réalité devraient être dévoilées, a été considéré, à raison, comme essentiel pour les artistes.

Les quatre artistes traités ici s'attachent à la photographie du corps, la représentation du corps érotique et sexuel avec, en toile de fond, sa représentation dans l'histoire de l'art et de la photographie.

Le thème de la différence des sexes et de la perception inégale qui conduit à une standardisation de l'autre sexe respectif ne constitue rien de nouveau dans l'art actuel. Que l'on songe au thème dominant de l'androgynie dans les années 70, aux bodyworks *d'un Acconci, aux auto-représentations et personnifications d'un Ontani, au thème du travesti cher à l'exposition importante d'Amman à Lucerne Transformer (1974). Ce qui est nouveau, en revanche, c'est le questionnement politique plus radical ainsi que l'utilisation de la photographie.*

La photographie n'a été pour de nombreux travaux du body-art *(qui, d'une manière erronée, a été compris comme un style alors qu'il ne s'agit que d'un thème) qu'un instrument de documentation pour léguer à la postérité des actions et des performances. Dans de rares cas - comme chez Rudolf Schwarzkogler - elle a été un médium autonome dans le sens de la photographie initiale à mise en scène mettant l'accent non pas sur l'action mais sur le résultat photographique. Dans les années 80 et 90, les artistes réfléchissent sur le médium lui-même et ses aptitudes. Ceci va d'une utilisation de tous les aspects (de la boîte lumineuse à l'instantané intime en passant par le poster urbain), à la réflexion sur son histoire et l'examen de son iconographie et ses modes de représentation.*

Pour la photographie postmoderne, dans le sens de l'utilisation du médium pour sa propre déconstruction, on peut considérer la contribution de Sherrie Levine comme essentielle. En reprenant, reproduisant des incunables de l'histoire de la photographie, elle questionne l'aura, l'originalité, l'innovation et l'historicité de la photographie. Pour les artistes cana-

dischen Künstler geht es, etwa bei Piitz und Samuels, um einen Einsatz der Fotografie, wobei wie in der *body-art* das Subjekt der künstlerischen Produktion und das Objekt der Kunst identisch sind, also der Künstler selbst in einem Prozeß der Realisierung als Modell eine Rolle spielt. Thema beider Künstler ist jedoch in erster Linie eine Kritik der Darstellung des *Weiblichen*, eine Analyse des männlichen Blickes. Bei Evergon und J.-J. Ringuette (auch Evergon ist manchmal Akteur in seinen opulenten, detailreichen, neobarocken Polaroidaufnahmen) muß man die Darstellung weniger auf dem Hintergrund einer Geschichte der Fotografie wie bei Samuels sehen, als auf dem Hintergrund einer allgemeinen Kunstgeschichte, die weit in die Geschichte und Mythologie unserer Kultur zurückreicht, diese jedoch auf faszinierende Weise mit der Gegenwart verbindet.

Bei Piitz und bei Samuels geht es um die Hinterfragung von Darstellungsweisen und Rollenverhalten des Menschen als geschlechtliches Wesen, wobei nicht das anatomische Geschlecht die Realität der Geschlechtsidentität ausmacht, sondern eben ihre gesellschaftliche und kulturelle Bedingtheit, wie sie sich in den Fotografien oder Kunstwerken der Vergangenheit artikuliert.

Die vier hier behandelten Künstler lassen sich in zwei Bereiche differenzieren: den der Selbstdarstellung, die nicht Selbstzweck ist, sondern über den Schock der Travestie hinausreicht bis zur Reflexion sozialer Fragen, der Analyse der Konstruktion von Geschlecht im fotografischen Bild, wie auch zu Fragen der öffentlichen und privaten Identität: sowie den der Künstler, die ihre inszenierenden Fotografien unter Ausnützung der Ikonographie der alten Kunst, der Malerei vor allem, realisieren.

Vergleicht man Samuels mit dem japanischen Zeitgenossen Morimura (der ebenfalls, auf faszinierende und in der Täuschung unübertreffliche Weise, weibliche Darstellungen von Ray und Duchamp nachstellt, so daß die Nachlaßverwalter von Man Ray jede Veröffentlichung untersagen, weil die Produkte den Originalen zum Verwechseln ähnlich sind), so zeigt Samuels den Drag-Effekt deutlich und benutzt ihn als Kommentar, der über den Kitzel der Geschlechtsveränderung hinausführt.

Bei allen vier Künstlern geht es um eine kritische Auseinandersetzung mit tradierten Darstellungsformen, entstammen sie dem Kanon der Fotogeschichte oder der Ikonographie der abendländischen Kunst- und Mythologiegeschichte. Der Betrachter muß nicht nur die Inhalte, sondern auch die jeweilige Erscheinungsweise jedes Werkes mitbedenken. Alle Einzelheiten, Technik, Rahmung, Titelgebung, Folge und Installationsweise sind für die Konzeption von grundlegender Bedeutung.

Was macht Chuck Samuels, wenn er eine Folge bekannter weiblicher Aktdarstellungen der Fotogeschichte nachstellt, jedoch nicht ein weibliches Modell für die jeweilige Protagonistin einsetzt, sondern sich selbst?

«Ich habe ein Dutzend weiblicher Aktaufnahmen von berühmten männlichen Fotografien studiert und diese Bilder ebenso getreulich wie ernsthaft nachgestellt, nur daß in diesem Falle ich selbst vor der Kamera stand. Das Projekt deckt auf, welche Rolle der Geschlechtsunterschied bei der Wahrnehmung dieser Fotos spielt und unterläuft die traditionell hierarchische Rollenverteilung zwischen Betrachter und Betrachtetem. Mit dieser eigenartig respektvollen Respektlosigkeit wird versucht, das Genre aus den Angeln zu heben.»[1] Samuels' Arbeit, bei der Format und Rahmung den Originalen folgt, ist ein Kommentar über den männlichen Blick, eine Analyse der Geschlechterrollen

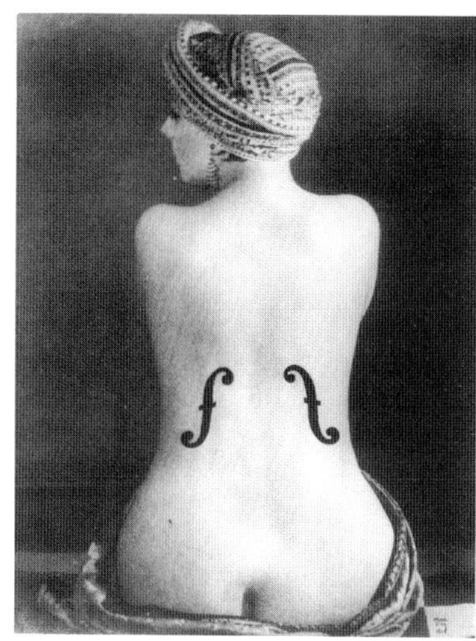

Ill. 1: Man Ray,
Le violon d'Ingres, 1929,
Silver print

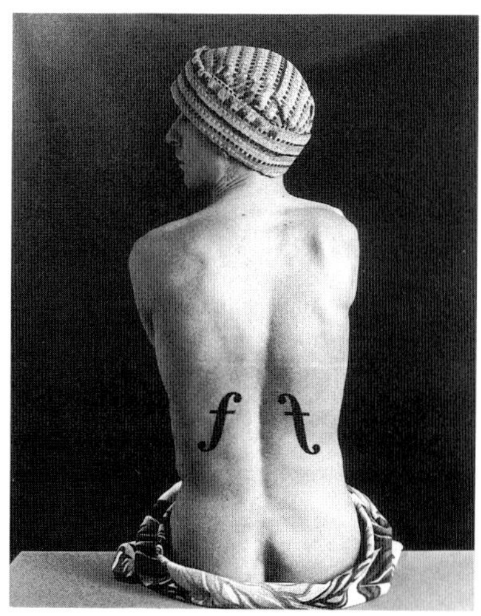

Ill. 2: Chuck Samuels,
After Man Ray, 1990,
Silver gelatin print from the
series Before
the Camera, 23,8 × 19 cm

historicity. What is significant with respect to the Canadian artists under discussion here, Piitz and Samuels, for example, is a way of using photography in which, much like in *body art*, the subject in artistic creation and the object of art are identical; that is, the artists themselves function as models in the process of realization. Nevertheless, the central theme for these two artists is a critical approach to the representation of *femininity*, an analysis of the male view. With respect to Evergon and J.J. Ringuette – Evergon, too, often appears as an actor in his opulent, highly detailed neo-baroque polaroid photographs – representations have less to do with photographic history, as in the case of Samuels, than with a more general history of art which extends far back into the history of our culture and mythology but nevertheless connects it in a fascinating manner with the present.

Piitz and Samuels set about to question modes of representation and the role-oriented behaviour of humans as sexual beings. It is not the anatomical aspects of sexuality that define the realities of sexual identity, but rather its dependence upon social and cultural determinants, as they are articulated in the photographs and artworks of the past.

It is possible to align the four artists named above into groups reflecting two major concerns, the first being that of self-representation, which is not an end in itself but goes beyond the shock of travesty to encompass the consideration of social questions, an analysis of the construction of gender in the photographic image and matters of public and private identity. The second group includes those artists who in their staged photographs exploit and make reference to affinities with the iconography of past art and, in particular, painting.

A comparison of Samuels with his Japanese contemporary Morimura (who imitates the representations of women by Ray and Duchamp in such a fascinating manner and with such perfect deception that the executor of Man Ray's estate has moved to block all publication of his work on the grounds that they are nearly identical to the originals), shows that Samuels clearly makes use of the drag-effect, employing it as a commentary that leads beyond the titillation of the sex-change.

All four artists are concerned with a critical approach to traditional forms of representation, no matter whether their origins lie in the canons of photographic history or within the iconography of western history of art and mythology. And all four call upon the viewer to consider not only the contents of the respective works, but their particular manifestations as well. Every detail – technique, framing, choice of title, sequence and manner of installation – is an important conceptual element.

What is Chuck Samuel's aim in imitating a series of historically well-known female nudes and inserting himself, in place of of a female model, as the protagonist in each of them?

In the artist's own words: "I have studied a dozen famous nude photographs of women made by well-known male photographers and I have been faithfully and earnestly reconstructing these images, except I have positioned myself before the camera. By rendering obvious the function of gender difference in how these photographs are perceived and by undermining the traditional, heirarchical role[s] of viewer and viewed, the project attempts to, with its curiously reverent irreverence, cripple the genre".[1] Samuels's work, in which for-

diens abordés ici, notamment Piitz et Samuels, il s'agit d'une utilisation de la photographie où, comme dans le body-art, *le sujet de la production artistique et l'objet de l'art sont identiques. L'artiste joue donc lui-même un rôle, comme modèle, dans un processus de réalisation. Le sujet des deux artistes est cependant en première ligne une critique de la représentation du* féminin, *une analyse du regard masculin. Concernant Evergon et J.J. Ringuette (Evergon est également parfois acteur dans ses opulents clichés polaroïds néo-baroques foisonnant de détails), il faut voir la représentation moins sur toile de fond d'une histoire de la photographie, comme chez Samuels, que sur toile de fond d'une histoire de l'art en général qui remonte loin dans l'histoire et la mythologie de notre culture mais relie celle-ci, d'une manière fascinante, à l'époque contemporaine.*

Pour Piitz et Samuels, il s'agit de questionner des modes de représentation et des comportements de rôle de l'homme en tant qu'être sexué – le sexe anatomique ne faisant pas la réalité de l'identité sexuelle mais sa relativité sociale et culturelle – tels qu'ils s'articulent dans les photographies ou les œuvres d'art du passé.

Les quatre artistes traités ici peuvent être répartis en deux groupes; celui de l'auto-représentation, qui n'est pas une fin en soi mais qui dépasse le choc du travestissement pour réfléchir des questions sociales, analyser la construction du sexe dans l'image photographique et interroger l'identité publique et privée, et celui des artistes qui réalisent leurs photographies à mise en scène en utilisant l'iconographie de l'art ancien, surtout de la peinture.

Si l'on compare Samuels avec son contemporain japonais, Morimura, qui, également, recompose des représentations féminines de Ray et Duchamp d'une manière si fascinante et inégalable que les exécuteurs testamentaires de Man Ray ont interdit toute publication parce que les produits étaient semblables à s'y méprendre avec les originaux, Samuels montre nettement l'effet «tante» qui dépasse le simple chatouillement que représente le changement de sexe.

Pour ces quatre artistes, il s'agit d'une confrontation critique avec des formes de représentation issues du canon de l'histoire de la photographie ou de l'iconographie de l'histoire de l'art et de la mythologie occidentale. Le regardeur doit prendre en considération l'aspect respectif de l'œuvre et pas seulement ses contenus. Tous les détails, la technique, le cadre, la suite et le mode d'installation sont importants pour la conception.

Qu'est-ce que fait Chuck Samuels lorsqu'il recompose une suite de nus connus de l'histoire de la photographie en n'utilisant pas un modèle féminin différent pour chaque nu, mais son propre corps?

«I have studied a dozen famous nude photographs of women made by well known male photographers and I have been faithfully and earnestly reconstructing these images, except I have positioned myself before the camera. By rendering obvious the function of gender difference in how these photographs are perceived and by undermining the traditional, hierarchical role of viewer and viewed, the project attempts to, with its curiously reverent irreverence, cripple the genre.»[1]

Le travail de Samuels, fidèle aux originaux, est un commentaire sur le regard masculin, une analyse du rôle des sexes

innerhalb des klassischen Genres des Akts in der Fotografie und
eine Umkehrung der traditionellen Rollen, die üblicherweise
anders verteilt sind. Denn der männliche Künstler blickt auf den
üblicherweise ihm unterworfenen weiblichen Akt. «Samuels ist
der Auffassung, daß gegen die gesellschaftlichen Ungerechtig-
keiten in unserer Kultur nur anzukommen ist, wenn die Männer
eben jene Darstellung von Frauen demontieren und kritisieren,
die sie selbst mittragen.»[2]

Wenn wir uns beim Blick auf diese Fotografien jeweils an die
Originale erinnern, lesen wir die Arbeiten jeweils auch als einen
homoerotischen bzw. transvestitischen Text. Hinter der jeweiligen Verwandlung kommt das Original zum Vorschein. Indem er
die Konventionen der Fotografie des weiblichen Körpers auf den
männlichen Körper überträgt, zeigt Samuels die Unmöglichkeit,
den fotografischen Code auszuwechseln.

Brian Piitz orientiert seine Selbstdarstellungen in großem
Format an klassischen Posen, die unterschiedlichen Künstlern
der Vergangenheit zugeordnet werden könnten. Diese klassischen Posen haben mit der Geschichte des Schönheitsbegriffes
zu tun, sie verkörpern jeweils Schönheitsideale der Vergangenheit. Piitz konfrontiert uns in diesem Akt der Personifikation mit
seinem eigenen Körper, der Realität eines alternden, die *ideale*
Form verlierenden Körpers, durch den die jeweilige Pose ausge-
führt wird. Piitz' Arbeit ist ein Kommentar zu den Geschlechterrollen, die in der Geschichte der Kunst zu stereotypen Bildern
geronnen sind und die in der Werbung weitertradiert werden,
sowie zu der Unfähigkeit, diese Rollen in der Wirklichkeit auszu-
füllen. Bei Piitz wie auch bei Samuels geht es um eine Analyse
der Rollenbilder auf dem Hintergrund unserer Geschichte und
ihrer möglichen Veränderung durch kritische Dekonstruktion.

Innerhalb der inszenierenden Fotografie der 80er Jahre nehmen die großen Polaroidtableaus von Evergon einen wichtigen
Platz ein. Evergon, den ich in der Nachbarschaft von Derek Jarman sehe, ist innerhalb dieser inszenierenden Fotografie der
große Erzähler, der in faszinierender Weise die Zeiten ver-
schränkt und als *pictor doctus* aus dem Fundus der Kunstgeschichte schöpft. Er greift deren Themen und Requisiten auf und
macht sie in der den Augenblick feiernden, in geiler Farbigkeit
erstrahlenden Polaroidfotografie lebendig. Gerade dadurch, daß
Evergon auf den traditionellen Methoden der Bildkonstruktion,
nicht selten mit Querverbindungen zu Caravaggio oder dem
holländischen wie neapolitanischen Barock, aufbaut, eröffnet er
dem Betrachter, der fasziniert diese körperlichen Paläste der
Üppigkeit betritt, Möglichkeiten zu einem Verstehen. Wie in den
Bildern der Barockmeister die damalige Gegenwart mit der Vergangenheit in Form zahlreicher Anspielungen und mythologi-
scher Querverweise konfrontiert wurde, sind Evergons Bilder ein
ständiger Dialog der Gegenwart mit der Vergangenheit. Auch in
der neuen Serie der *Ramboys*, seines *Romans*, von dem er sagt,
er werde ihn die nächsten fünf Jahre beschäftigen, mischt er Elemente der Mythologie, der Geschichte, der Hochkultur wie der
schwulen Subkultur, der homoerotischen Literatur und ihrer
Topoi zu einer eigenen privaten Mythologie, einer Fiktion, deren
Realität allein in der Welt der Fotografie existiert. *Ramboys*
ist die exzentrische Aneignung klassischer Mythologie zum
Zweck der Konstruktion einer eigenen *modernen Mythologie*
(Barthes).

Dominierend in diesen Werken ist die Figur des Pan, jenes
antiken, mit Bart, Ziegenhörnern und Bockfüßen ausgestatteten
Gottes mit universalem sexuellen Appetit, des Gottes einer pro-

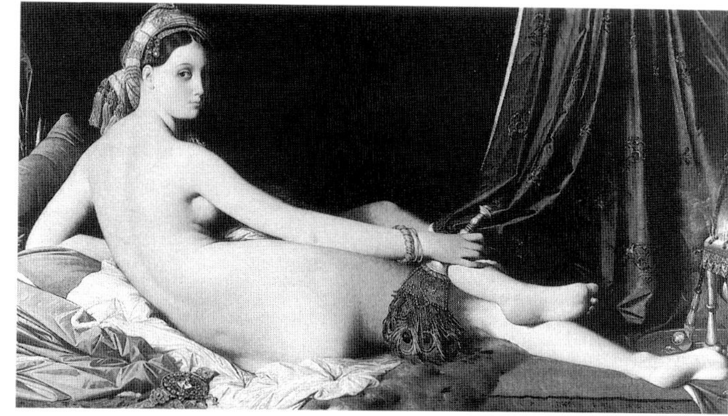

*Ill. 3: Jean-Auguste Dominique Ingres: La grande Odalisque, 1814,
Huile sur toile, 91×162 cm*

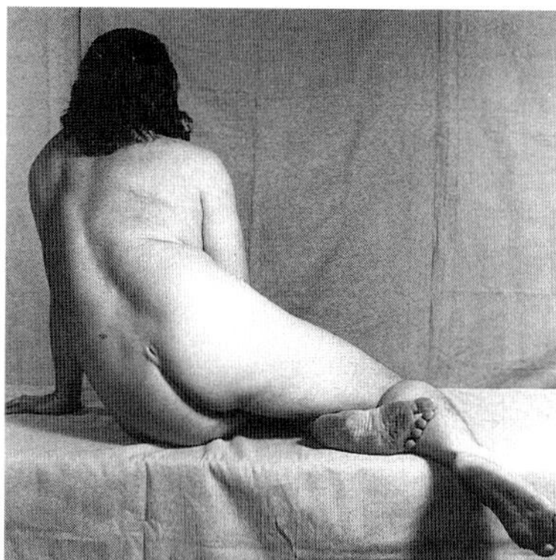

*Ill. 4: Brian Piitz, Untitled, 1989,
Black-and-white print, 91×91 cm*

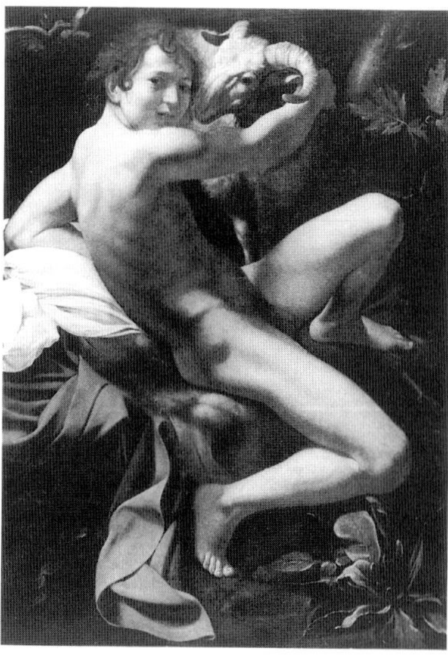

*Ill. 5: Caravaggio,
Johannes der Täufer, 1597–98,
Öl auf Leinwand, 132×95 cm*

mat and framing are based upon the originals, is a commentary on the male view, an analysis of gender roles within the context of the classical photographic genre of the nude and a reversal of the normally quite differently assigned traditional roles. For the male artist looks upon a female nude who is ordinarily subjugated to him. "Samuels believes that in order to change the social inequalities in our culture, men must deconstruct and critique the representation of women in which they are deeply implicated."[2]

In viewing this photography in awareness of the respective originals, we may read the works as homo-erotic or transvestite texts. Underlying each metamorphosis is the image of the original. By transferring the conventions of female nude photography to the male body, Samuels demonstrates the futility of attempting to change the photographic code.

Brian Piitz's orientation in his large-format self-representations is towards classical poses attributable to a number of artists of the past. These classical poses are closely related to the history of the concept of beauty, as each embodies certain past ideals of beauty. Piitz confronts us in this act of personification with his own body, presented in each pose, and with the reality of an aging body in the process of losing its *ideal* form. His work represents a commentary upon gender roles which have solidified historically into stereotypes and whose tradition is carried forth in modern advertising. It is also a commentary upon the impossibility of fulfilling such role expectations in reality. Both Piitz and Samuels seek to analyse role models against the background of our history and the possibilty of altering them by means of critical deconstruction.

In the staged photography of the 1980s, the large polaroid tableaus of Evergon occupy a prominent position. Evergon, whom I would place in close proximity to Derek Jarman, is the great narrator of dramatic photography, an artist who mixes and blends time in a fascinating manner: a *pictor doctus* drawing abundantly from the well of art history, taking up its themes and props and animating them in an extravagantly colourful polaroid photography that celebrates the individual moment. In building upon the traditional principles of pictorial construction, often with cross-references to Caravaggio or to the Dutch and Neapolitan baroque, Evergon offers opportunities for understanding to the fascinated viewer who enters these opulent corporeal palaces. Just as in the paintings of the baroque masters, in which the present was confronted with the past in the form of innumerable allusions and cross-references, Evergon's photos incorporate a running dialogue between present and past. In the new series of *Ramboys*, as well, his *novel*, which he says will keep him busy for the next five years, he mixes elements of mythology, history, advanced culture and the gay sub-culture as well as homoerotic literature and its conventions to form his own private mythology, a fiction whose reality is to be found only in the world of photography. *Ramboys* is the eccentric appropriation of classical mythology for the purpose of constructing the artist's own *modern mythology* (Barthes).

The dominant figure in these works is that of Pan, the ancient Greek god with beard, the horns and hooves of a goat and a universal sexual appetite: the god of sexual promiscuity. It is Evergon's objective in this series to discover a culture and to document its myths. He sees his own work as that of

à l'intérieur du genre classique du nu dans la photographie et un renversement des rôles traditionnels qui, habituellement, sont autrement répartis. Car l'artiste masculin regarde le nu féminin qui lui est habituellement soumis. «Samuels believes that in order to change the social inequalities in our culture, men must deconstruct and critique the representation of women in which they are deeply implicated.»[2]

Lorsque, regardant les différentes photographies, nous nous souvenons de l'original, nous lisons les travaux comme un texte homo-érotique et/ou travesti. L'original apparaît derrière chaque métamorphose. En transposant les conventions de la photographie du corps féminin sur le corps masculin, Samuels montre l'impossibilité de changer le code photographique.

Les auto-représentations grand format de Brian Piitz s'inspirent de poses classiques et pourraient être attribuées à différents artistes du passé. Ces poses classiques ont quelque chose à voir avec l'histoire du concept de la beauté. Elles incarnent respectivement des idéaux de beauté du passé. Piitz nous confronte dans cet acte de personnification à son propre corps, à la réalité d'un corps vieillissant perdant sa forme idéale qui matérialise la pose. Le travail de Piitz est un commentaire sur le rôle des sexes figé dans l'histoire de l'art en des images stéréotypées qui continuent à être transmises par la publicité, ainsi que sur l'incapacité d'assumer ces rôles dans la réalité. Piitz comme Samuels s'attachent à analyser les images ayant pour thème le rôle des sexes sur la base de notre histoire et sa possible modification par une déconstruction critique.

A l'intérieur de la photographie à mise en scène des années 80, les grands tableaux polaroïds d'Evergon tiennent une place importante. Evergon que je vois dans le voisinage de Derek Jarman est, à l'intérieur de cette photographie à mise en scène, le grand conteur qui, d'une manière fascinante, entrecroise les époques et qui, pictor doctus, puise à la source de l'histoire de l'art. Il s'inspire de ses sujets et de ses accessoires et les rend vivants dans des polaroïds rayonnant d'une couleur exubérante et célébrant le moment. En s'appuyant sur les méthodes traditionnelles de la construction picturale du passé, souvent avec des renvois au Caravage ou au baroque hollandais et napolitain, Evergon fournit au regardeur, qui pénètre fasciné dans ce palais corporel de la luxuriance, des possibilités de comprendre. Comme dans les tableaux des maîtres du baroque où le présent de l'époque était confronté au passé sous forme de nombreuses allusions et renvois mythologiques, les images d'Evergon sont un dialogue permanent du présent avec le passé. Dans la nouvelle série des Ramboys, son roman dont il dit qu'il l'occupera pendant les cinq prochaines années, il mélange également des éléments de la mythologie, de l'histoire, de la haute culture comme de la subculture homosexuelle, de la littérature homo-érotique et ses topoï pour en faire une mythologie privée, une fiction dont la réalité existe uniquement dans le monde de la photographie. Ramboys constitue l'appropriation excentrique de la mythologie classique dans le but de construire sa propre mythologie moderne (Barthes).

Ces œuvres sont dominées par la figure de Pan, dieu antique pourvu d'une barbe, de cornes de chèvres et de pieds de bouc et d'un appétit sexuel universel, dieu d'une sexualité promiscuitaire. Le désir d'Evergon dans cette série est de découvrir une culture et de documenter ses mythes. Il considère son

misken Sexualität. Evergons Wunsch in dieser Folge ist es, eine Kultur zu entdecken und deren Mythen zu dokumentieren. Er sieht seine Arbeit als das Werk eines Archäologen. «Unsere Arbeit ist der des Archäologen oder Anthropologen vergleichbar. Die Aufnahmen sind eine Art Suche nach dem *Troja der Ramboys*. Wir haben uns daran gemacht, einen Realitätsnachweis für diesen *Ramboys*-Mythos zu erbringen, indem wir die Überreste und Gebrauchsgegenstände einer gehörnten Menschenrasse erfinden, entdecken und dokumentieren.»[3]

Evergon feiert in diesen Bildern auch eine Sexualität, deren Sinnlichkeit und Promiskuität als gelebte Utopie seit der Existenz von Aids der Vergangenheit angehört. In der Fiktion wird diese heidnische Welt beschworen, in der er die Vergangenheit einer paganen Existenz als Wunschvorstellung mit der Gegenwart verbindet.

Jean-Jacques Ringuette nennt seine Serie männlicher Halbakte, die fast lebensgroß und mit schweren Holzrahmen versehen sind, so daß der Charakter der Bildhaftigkeit verstärkt wird: *Ecce Homines*, mit dem Untertitel: *Les offences crepusculaires*.

Mit dem Begriff *Ecce Homo* verbindet sich in der Kunstgeschichte eine ganz bestimmte Form der Christusdarstellung, die in das Mittelalter zurückreicht. Der lateinische Ausdruck *Ecce Homo* heißt übersetzt *Seht welch ein Mensch* und bezieht sich auf die bei Johannes 19,5 geschilderte Szene der Schaustellung Christi, die Mitleid mit dem Gegeißelten vermittelt. Die Darstellung des *Ecce Homo* reicht bis in die Gegenwart; wir kennen sie von Lovis Corinth, Otto Dix oder Egon Schiele, wobei nicht selten der Künstler selbst an die Stelle Christi rückt und die Märtyrerrolle verkörpert, die er stellvertretend in der Gesellschaft ausübt.

Die Figuren bei Ringuette, eine Galerie junger Männer mit entblößtem Oberkörper, erscheinen als Gruppe von Leidenden. Ihre Handhaltung erinnert mitunter an die Handhaltung Christi, dem ein Rohr als Karikatur eines Szepters in die gebundenen Hände gefügt wurde. Die Handhaltung kann einerseits im Kontext der kunsthistorischen Ikonographie gesehen werden, zum anderen aber auch als Ausdruck einer inneren oder äußeren Abwehr. Die Figuren reflektieren zum einen ihren eigenen Körper, zu dem sie in Distanz treten. Dies könnte als Ausdruck einer Reflexion eines Kranken sich selbst gegenüber und seines ihm entfremdeten Körpers gedeutet werden, letztlich auch als machtvolle Metapher für Aids, Leiden und frühen Tod. Zum anderen treten wir als Betrachter diesen Körpern gegenüber, die bewußt nicht die idealen und schönen Körper unserer Werbe- und Modewelt sind, sondern alltägliche, keinem Schönheitskanon verpflichtete Körper. Dies erleichtert die Identifikation, zu der sie uns einladen. Gerade durch ihre Größe erlauben sie Begegnung. Ringuette beschäftigt sich in diesen intensiven Portraits mit dem Thema des *Ecce Homo* in einer Zeit der Diskriminierung und Verfolgung und rückt die Darstellung Christi als Schmerzensmann in die unmittelbar erlebte Gegenwart.

1 *Statement des Künstlers an den Autor.*
2 *Nina Lewitt, in: «Body Takes», Gallery TPW, Montreal 1992, o.S.*
3 *Information des Künstlers an den Verfasser.*

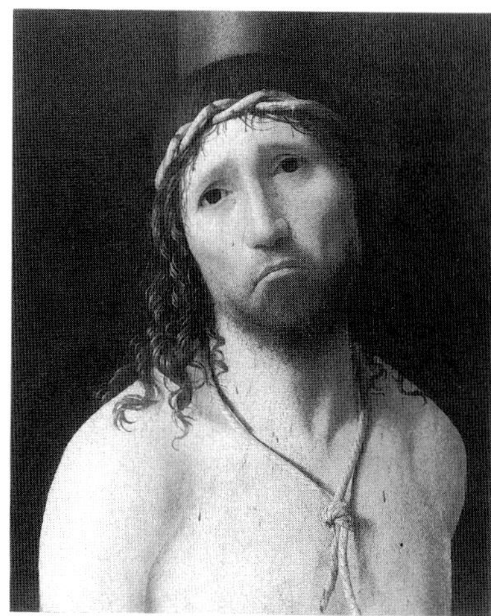

Ill. 6: Antonello da Messina, Ecce Homo, o. Jahr, Öl auf Holz, Piacenza, Collegio Alberoni

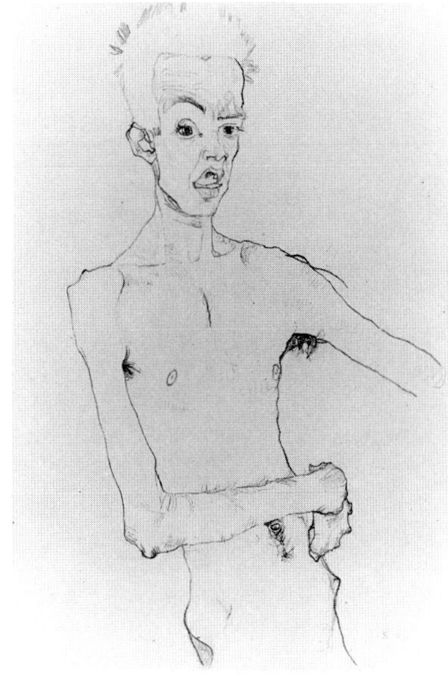

Ill. 7: Egon Schiele, Selbstbildnis, 1910, Schwarze Kreide, 45,4 x 31,4 cm

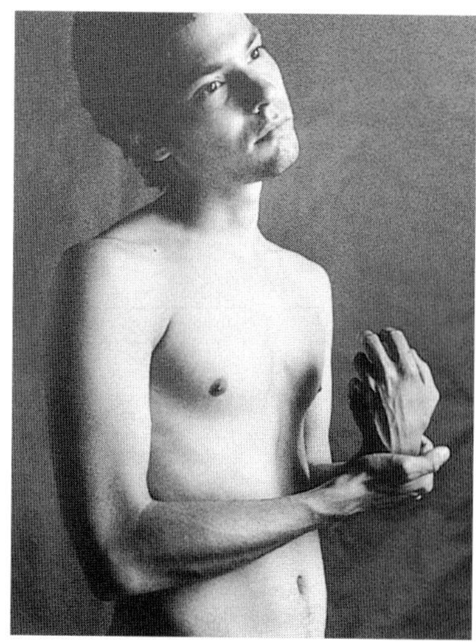

Ill. 8: Jean-Jacques Ringuette, De la série Ecce Homines – Les offenses crépusculaires, 1991–1994, Epreuves argentiques virées sepia, 128 x 105 cm

an archaeologist. "We see our work much like that of archaeologists and anthropologists. The doing of the shoots is much like looking for a *Ramboys Troy*. We have started to construct a proof of reality for this mythology of *Ramboys* by inventing, discovering and documenting the remains and artifacts of a race of ram-horned humans."[3]

In these pictures, Evergon also celebrates a sexuality whose lived utopia of sensuality and promiscuity has become a thing of the past since the advent of AIDS. The fiction conjures up this heathen world, in which the artist links the present with the imagined ideal of a past paganistic existence.

Jean-Jacques Ringuette has named his series of male semi-nudes, which appear nearly life-sized in heavy wooden frames in order to emphasize their pictorial character, *Ecce Homines*. The subtitle reads: *Les offences crepusculaires.*

The term *Ecce Homo* has come to be identified in art history with a particular form of the representation of Christ that dates back to the Middle Ages. The Latin expression *Ecce Homo* means *Behold this man*, a reference to the scene related in John 19:5 conveying a bid for sympathy for the tortured prisoner as he is being presented to the masses. Representations of *Ecce Homo* are also found in more recent works, such as those of Lovis Corinth, Otto Dix or Egon Schiele. In these works, however, the artist often occupies the place of Christ as the embodiment of the martyr, a role taken up by the artist, as proxy, in society.

The figures in the works of Ringuette, a gallery of young men with naked upper bodies, appear as a group of sufferers. The manner in which they hold their hands is reminiscent of the bound hands of Christ, forced to hold a reed in caricature of a scepter. The attitude of the hands can be seen within the context of the iconography of art history, but it can also be understood as an expression of an internal or external resistance. On the one hand, the figures reflect upon their own bodies, distancing themselves from them. One might interpret this as the self-reflection of a person afflicted by illness in contemplation of his alienated body and ultimately as a powerful metaphor for AIDS, suffering and early death. On the other hand, we, as viewers, approach these bodies, which deliberately refuse to represent the ideal, beautiful bodies we know from the world of advertising and fashion, but are instead quite ordinary ones with no ties to any doctrine of beauty whatsoever. This facilitates the process of identification to which they invite us. The figures make this encounter possible by virtue of their very size. In these intense portraits, Ringuette pursues the theme of *Ecce Homo* in an era of discrimination and persecution, bringing the representation of the suffering Christ into the immediate, living present.

travail comme l'œuvre d'un archéologue. «We see our work much like that of archaeologists and anthropologists. The doing of the shoots is much like looking for a Ramboys Troy. We have started to construct a proof of reality for this mythology of Ramboys by inventing, discovering and documenting the remains and artifacts of a race of ram-horned humans.» [3]

Evergon célèbre également dans ses images une sexualité dont la sensualité et la promiscuité – comme utopie vécue – appartiennent au passé depuis l'existence du Sida. La fiction évoque ce monde païen dans lequel il relie le passé d'une existence païenne, comme fantasme, avec le présent.

Ecce Homines, c'est le nom que porte la série de demi-nus masculins de Jean-Jacques Ringuette, presque grandeur nature et pourvue de cadres lourds de telle sorte que le caractère pictural soit renforcé. Elle porte en sous-titre: Les offenses crépusculaires.

Le terme d'Ecce Homo renvoie dans l'histoire de l'art à une forme bien précise de la représentation du Christ qui remonte au moyen-âge. L'expression latine Ecce Homo signifie: Voici l'homme et se rapporte à la scène de la présentation au peuple, décrite par Saint Jean (19,5), qui inspire de la pitié pour le flagellé. La représentation de Ecce Homo s'étend jusqu'au XXème siècle. Nous connaissons la version de Lovis Corinth, d'Otto Dix ou d'Egon Schiele. L'artiste apparaît souvent en lieu et place du Christ incarnant le rôle de martyre qu'il exerce, comme substitut, dans la société.

Les figures chez Ringuette, une galerie de jeunes hommes aux torses dénudés, apparaissent comme un groupe de souffrants. La position des mains rappelle parfois celle du Christ à qui l'on aurait joint un tube, caricature d'un sceptre, dans les mains ligotées. La position des mains peut d'une part être considérée dans le contexte de l'iconographie artistique, mais de l'autre comme l'expression d'une défense intérieure ou extérieure. Les figures reflètent d'un côté leur propre corps par rapport auquel elles prennent leur distance. Cela pourrait être interprété comme l'expression d'une réflexion d'un malade vis-à-vis de soi-même et de son corps lui étant devenu étranger, en définitive également comme une puissante métaphore du Sida, souffrance et mort précoce. D'un autre côté, nous faisons face comme regardeur à ces corps qui ne sont pas, consciemment, les corps idéaux et beaux de notre monde de la publicité et de la mode mais des corps quotidiens ne se pliant à aucun canon de la beauté. Ceci facilite l'identification à laquelle ils nous invitent. C'est précisément leur taille qui permet une rencontre. Ringuette traite dans ces portraits intenses du thème de l'Ecce Homo à une époque de discrimination et de persécution et propulse la représentation du Christ en souffrance dans le présent immédiatement vécu.

1 Statement made by the artist to the author.
2 Nina Lewitt, in: "Body Takes", Gallery TPW, Montreal, 1992
3 Statement made by the artist to the author.

1 *Déclaration de l'artiste à l'auteur.*
2 *Nina Lewitt, dans «Body Takes», Gallery TPW, Montréal 1992, n. p.*
3 *Information livrée par l'artiste à l'auteur.*

Abbildungen / Plates / *Illustrations*

Donigan Cumming

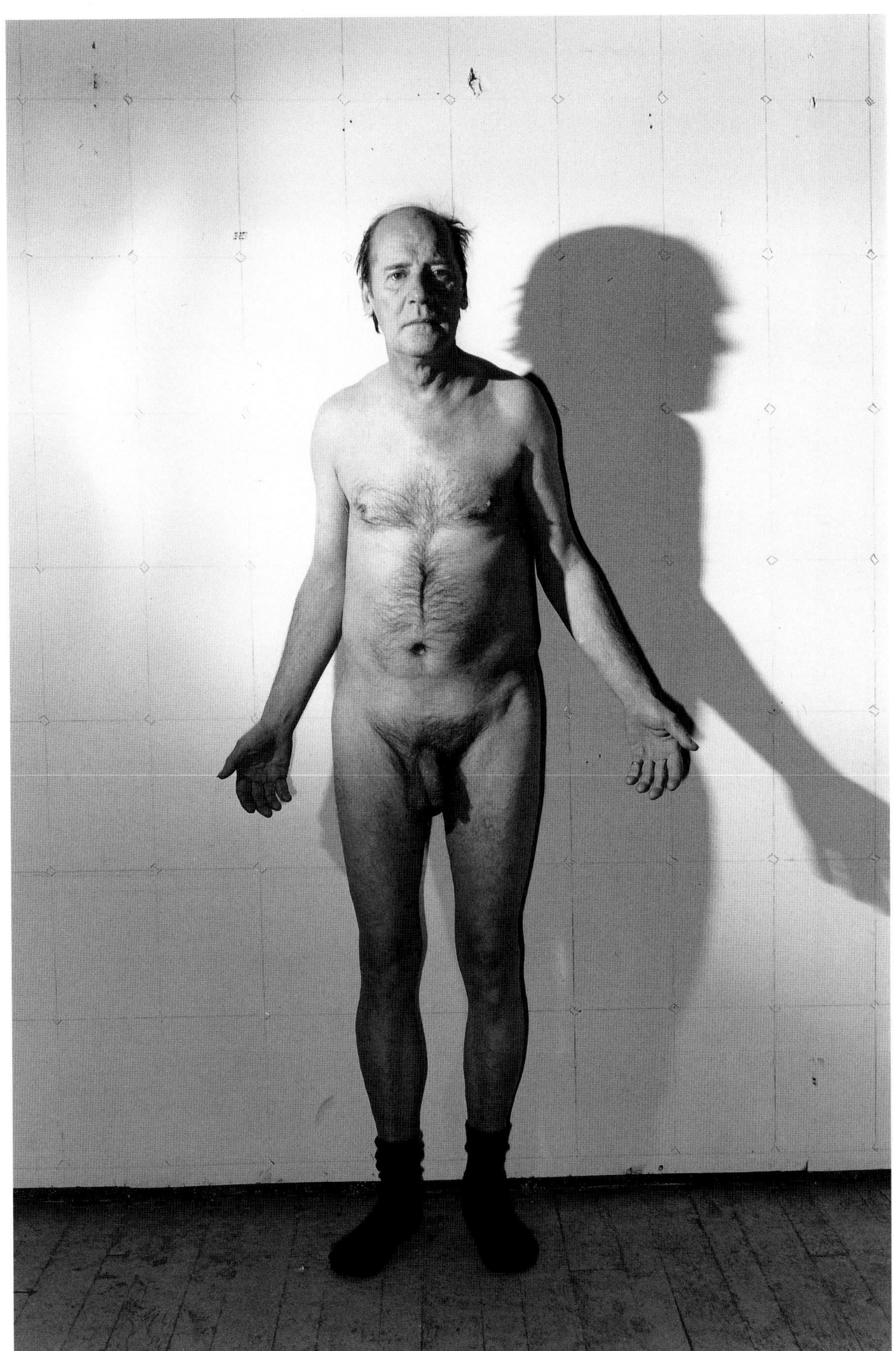

Harry's Diary: extract from Pretty Ribbons, December 17, 1991, Black-and-white print, 110 x 75 cm

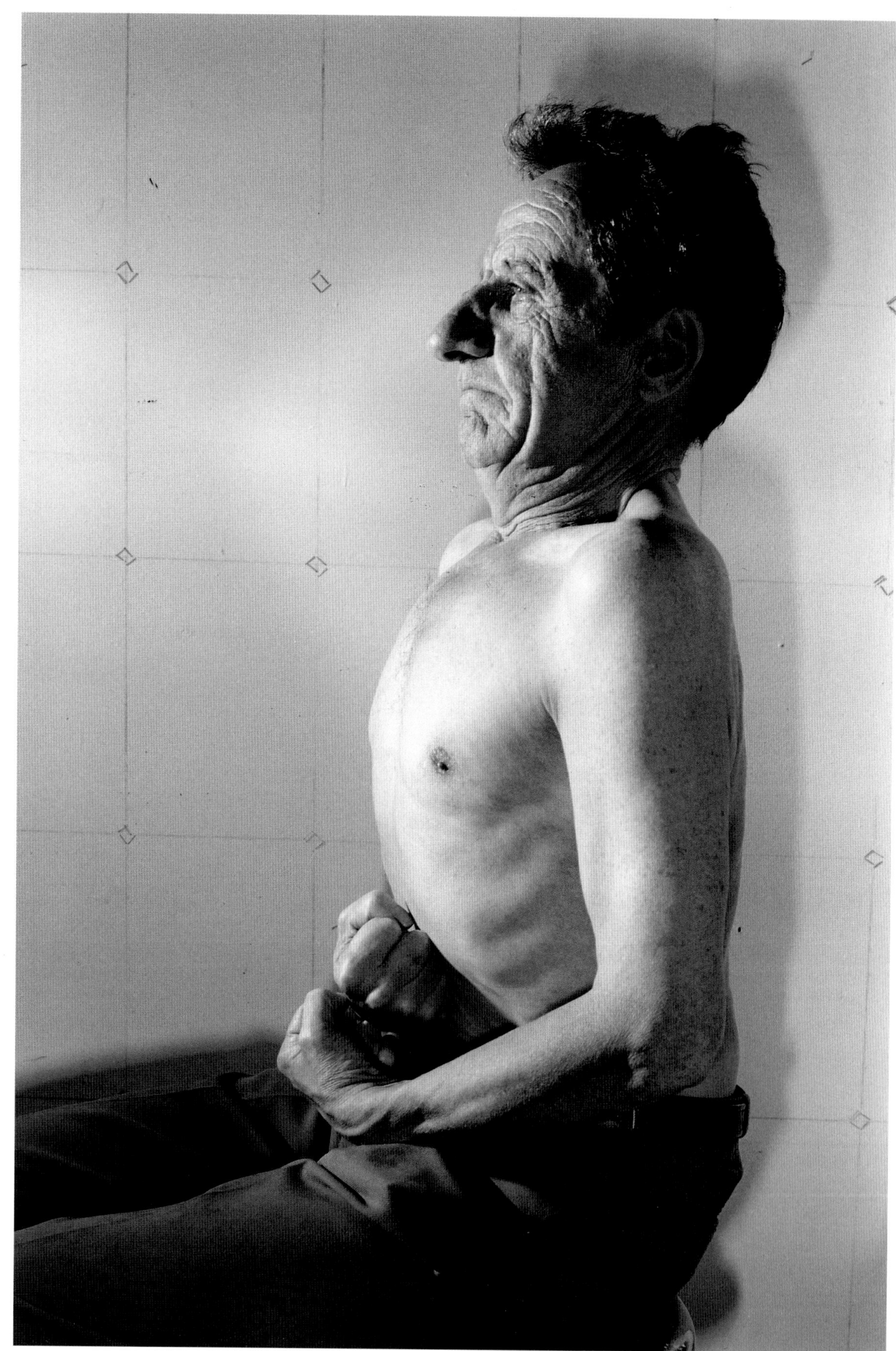

Harry's Diary: extract from Pretty Ribbons, October 11, 1991, Black-and-white print, 110 x 75 cm

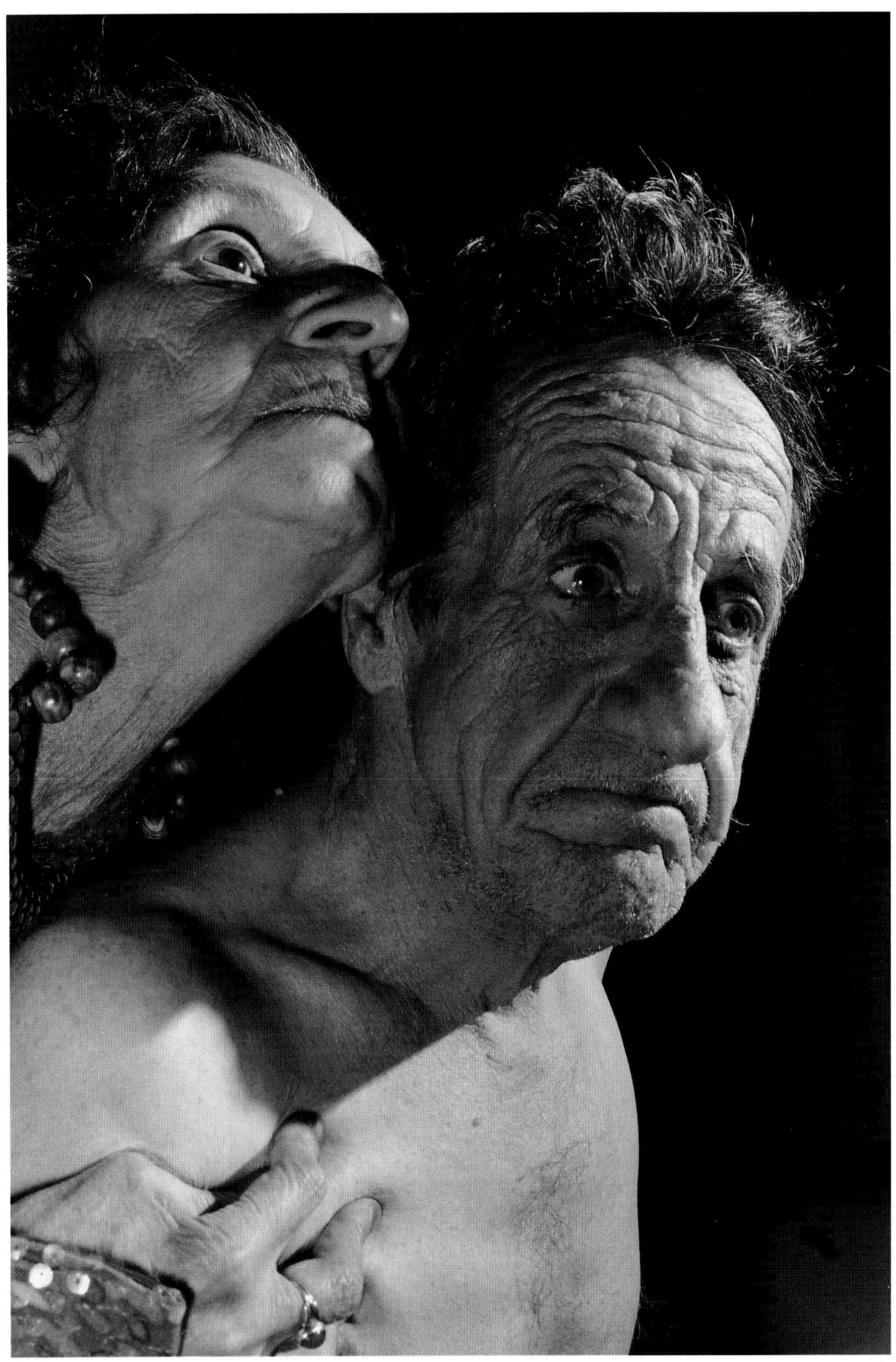

Harry's Diary: extract from Pretty Ribbons, November 21, 1991, Black-and-white print, 110 x 75 cm

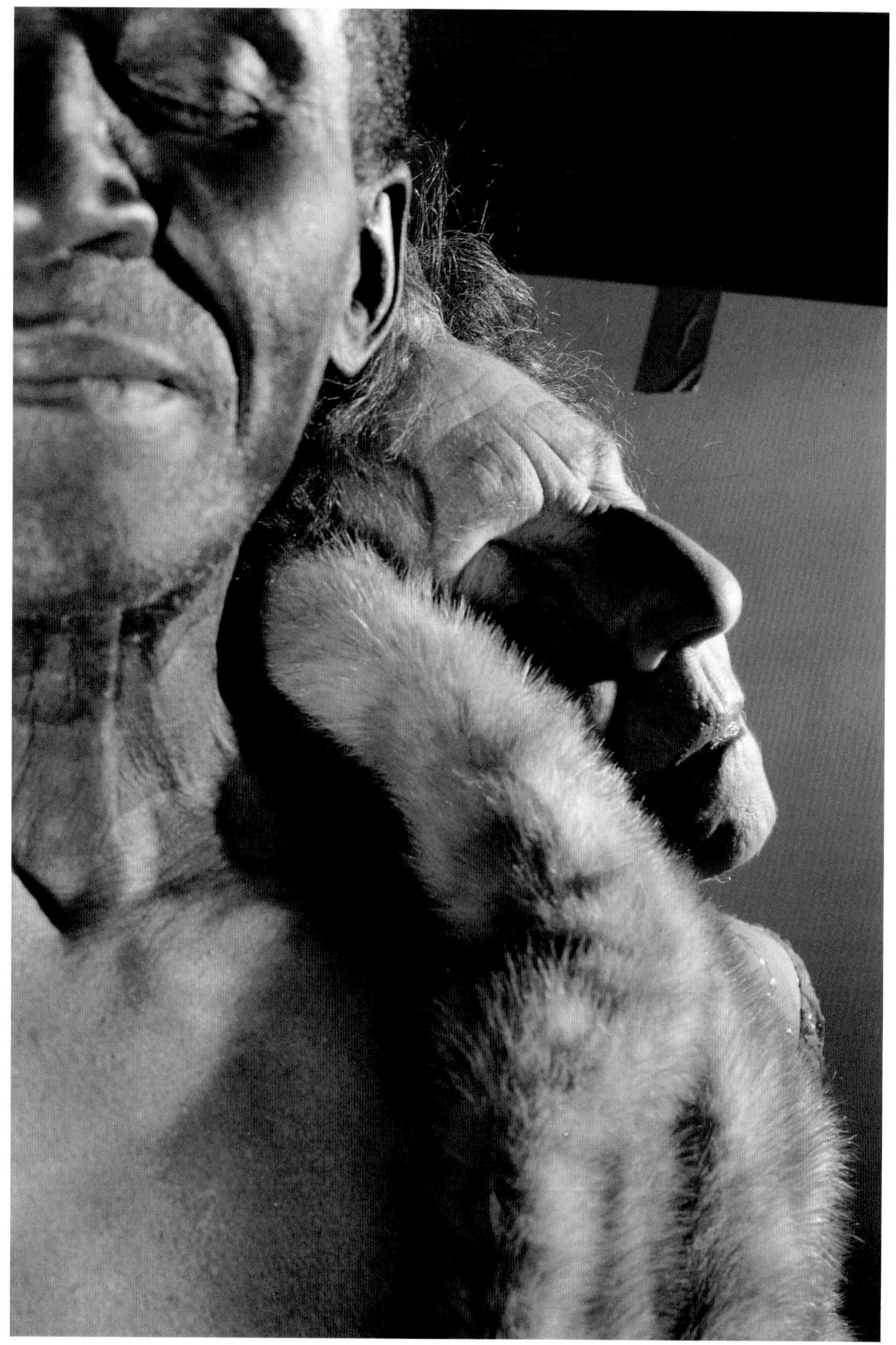

Harry's Diary: extract from Pretty Ribbons, October 23, 1991, Black-and-white print, 110 x 75 cm

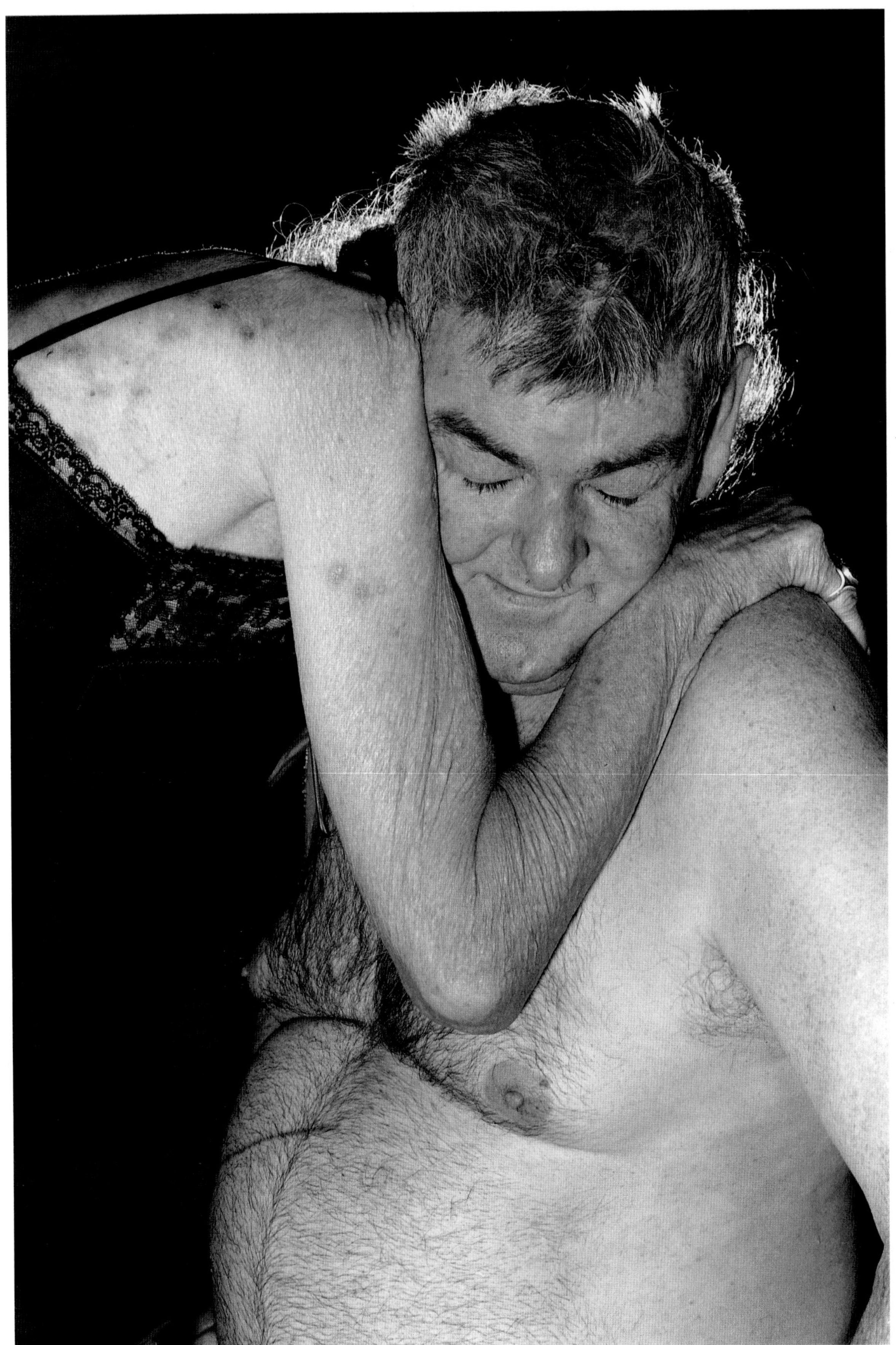

Harry's Diary: extract from Pretty Ribbons, May 20, 1992, Black-and-white print, 110x75 cm

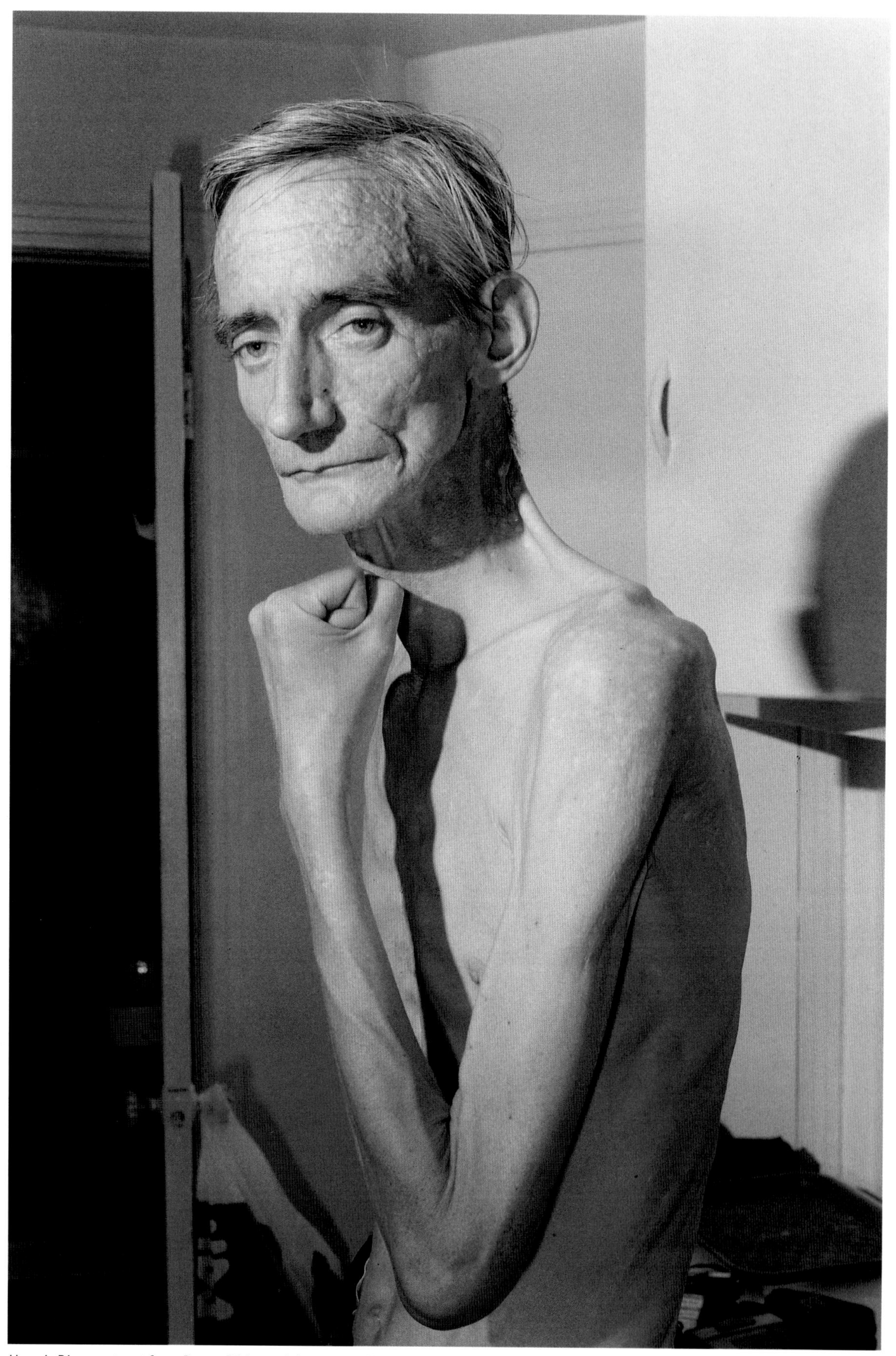

Harry's Diary: extract from Pretty Ribbons, July 7, 1991, Black-and-white print, 110 x 75 cm

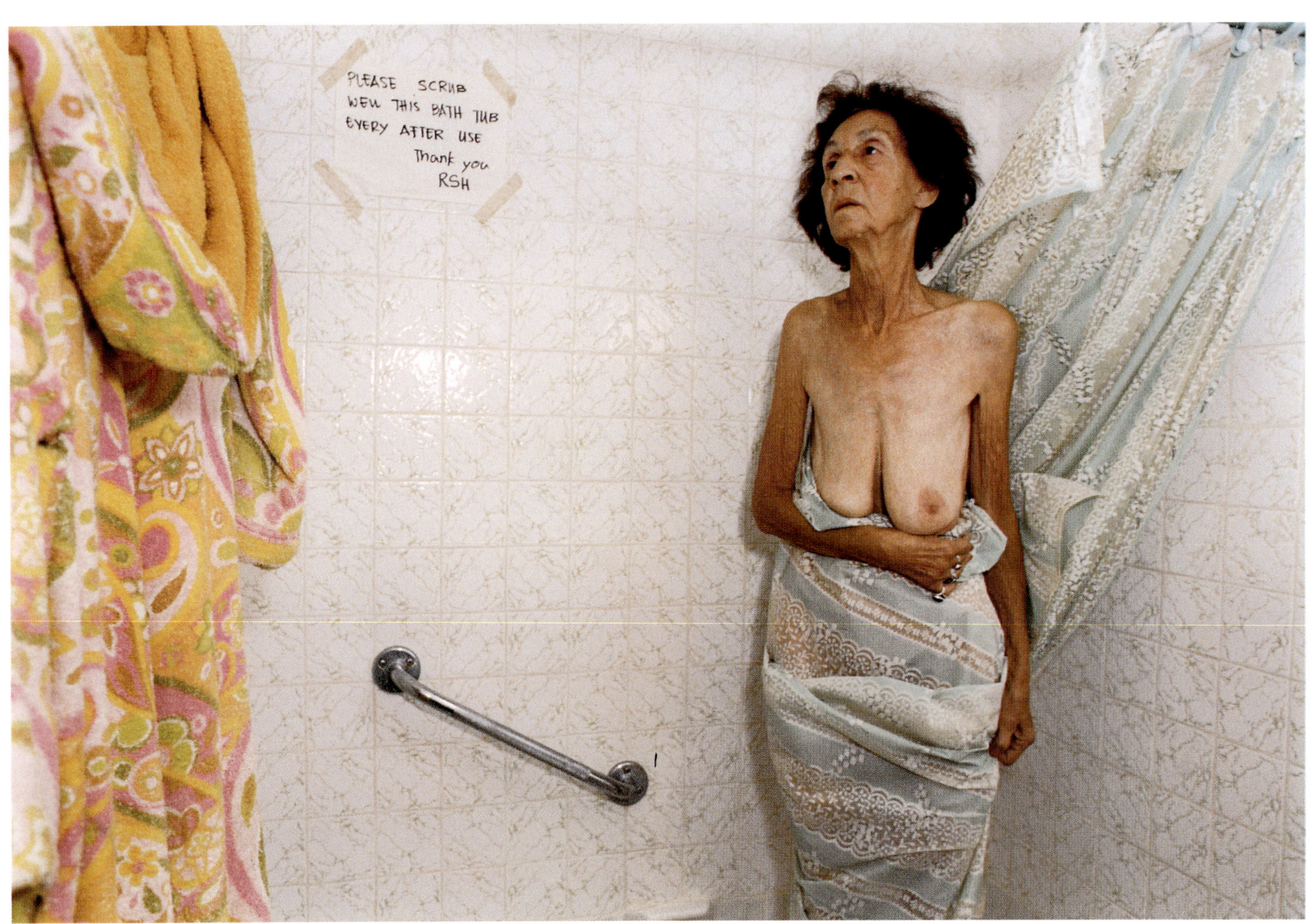

No.1 of 5 – Quintet, from Pretty Ribbons, October 10,1991, Color print, 38,5x57,2 cm

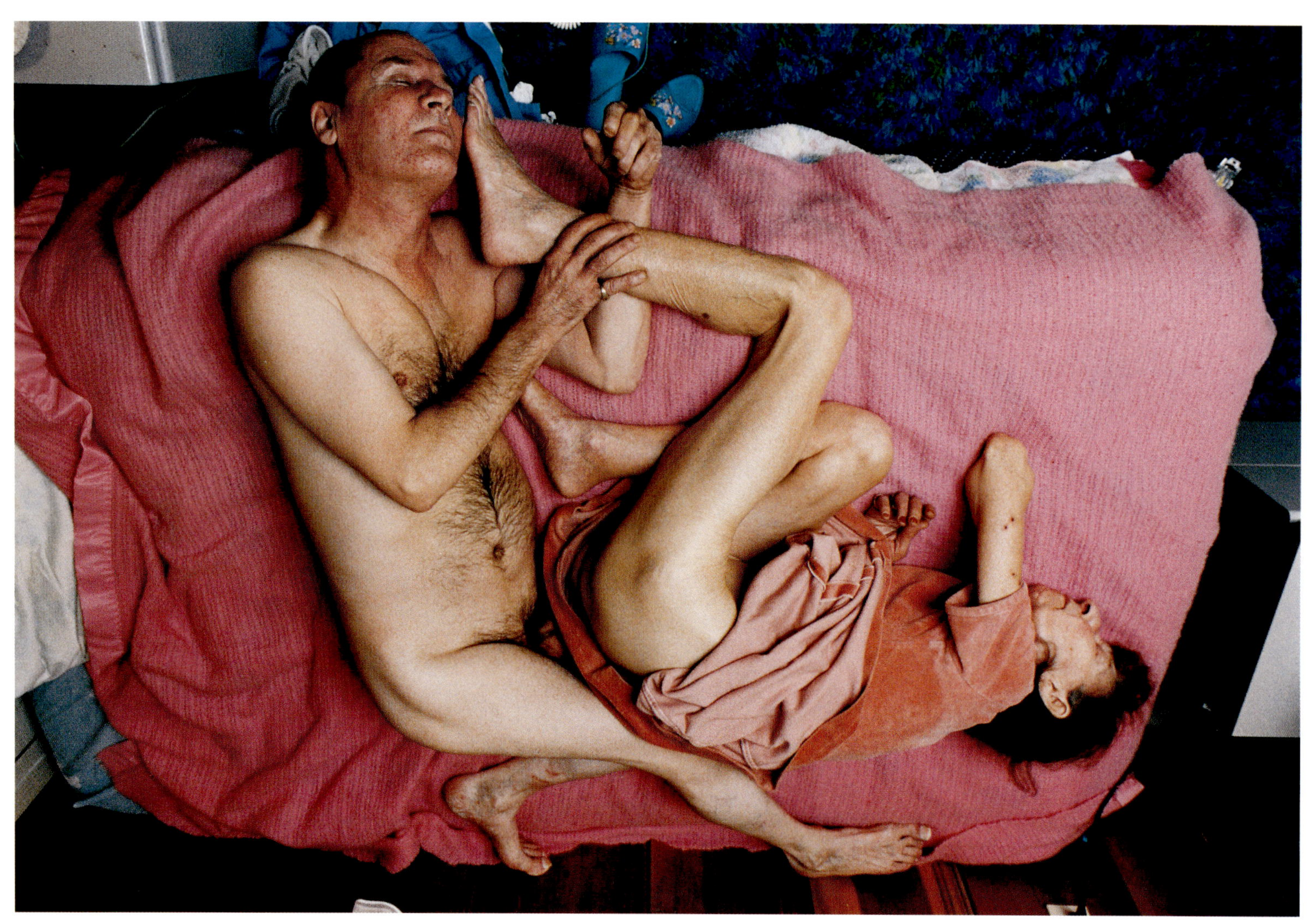

No. 2 of 5 – Quintet, from Pretty Ribbons, April 13, 1992, Color print, 38,5x57,2 cm

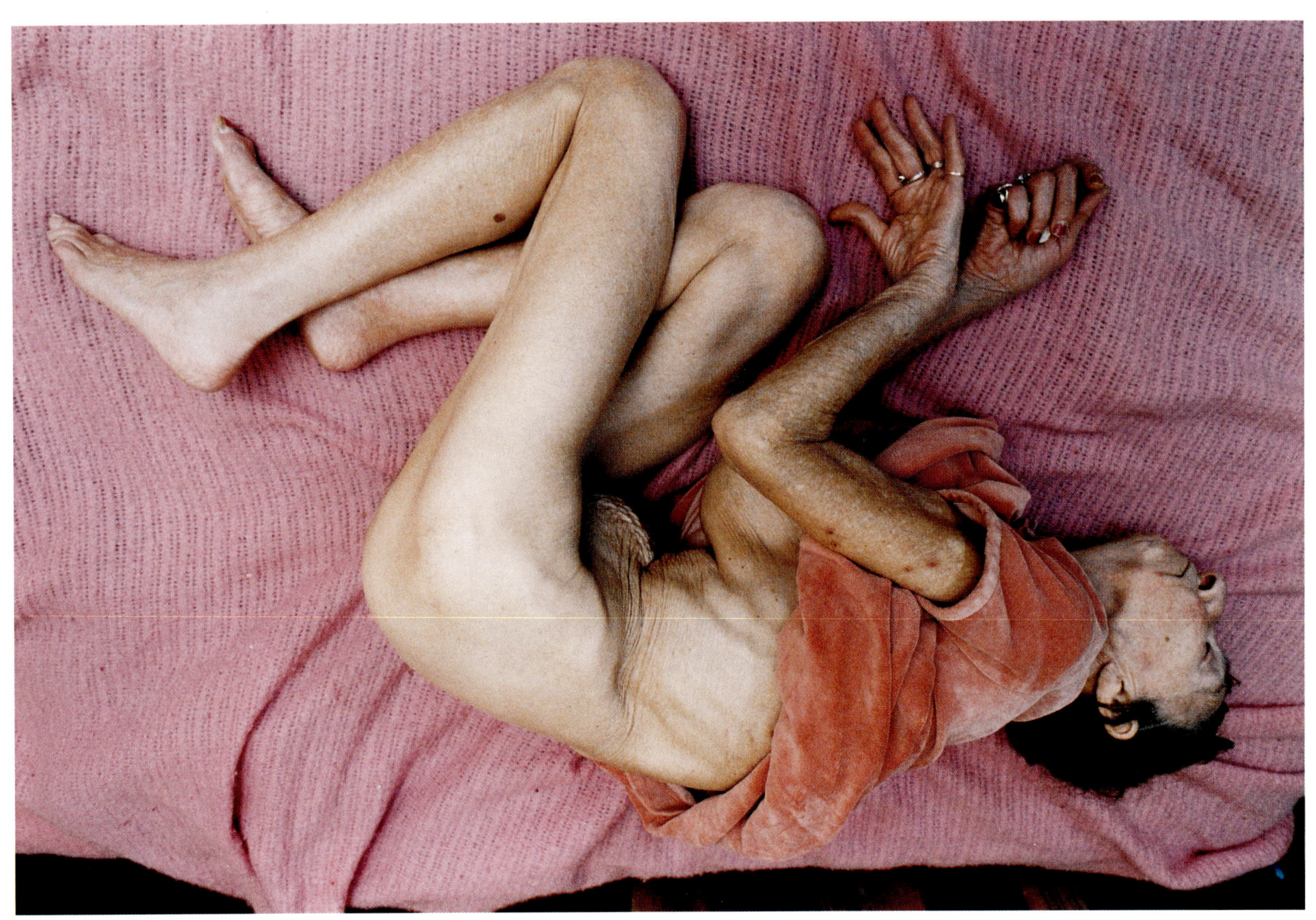

No. 3 of 5 – Quintet, from Pretty Ribbons, April 10, 1992, Color print, 38,5 × 57,2 cm

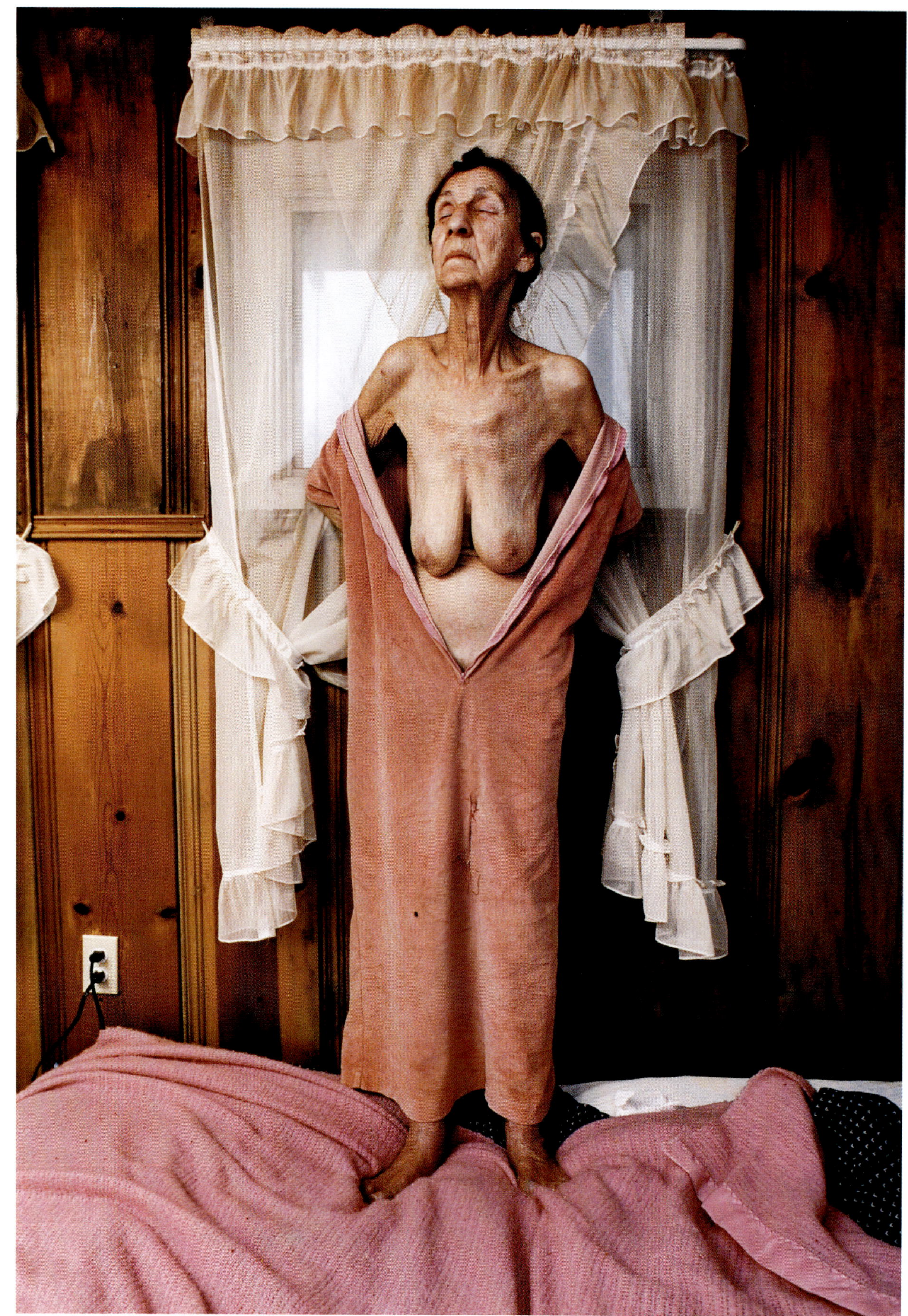

No. 5 of 5 – Quintet, from Pretty Ribbons, April 10, 1992, Color print, 57,2 x 38,5 cm

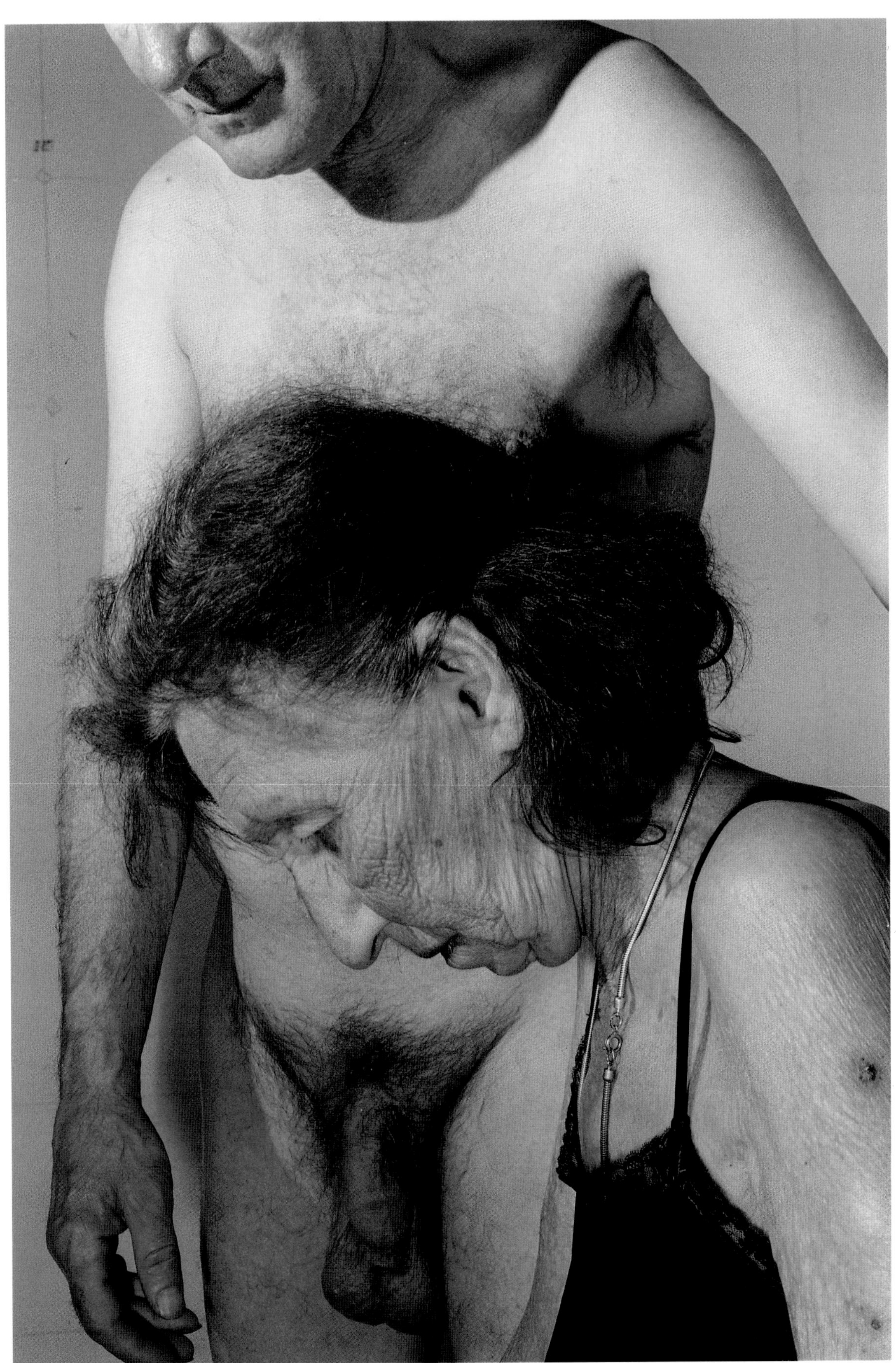

Harry's Diary: extract from Pretty Ribbons, May 21, 1992, Black-and-white print, 110 x 75 cm

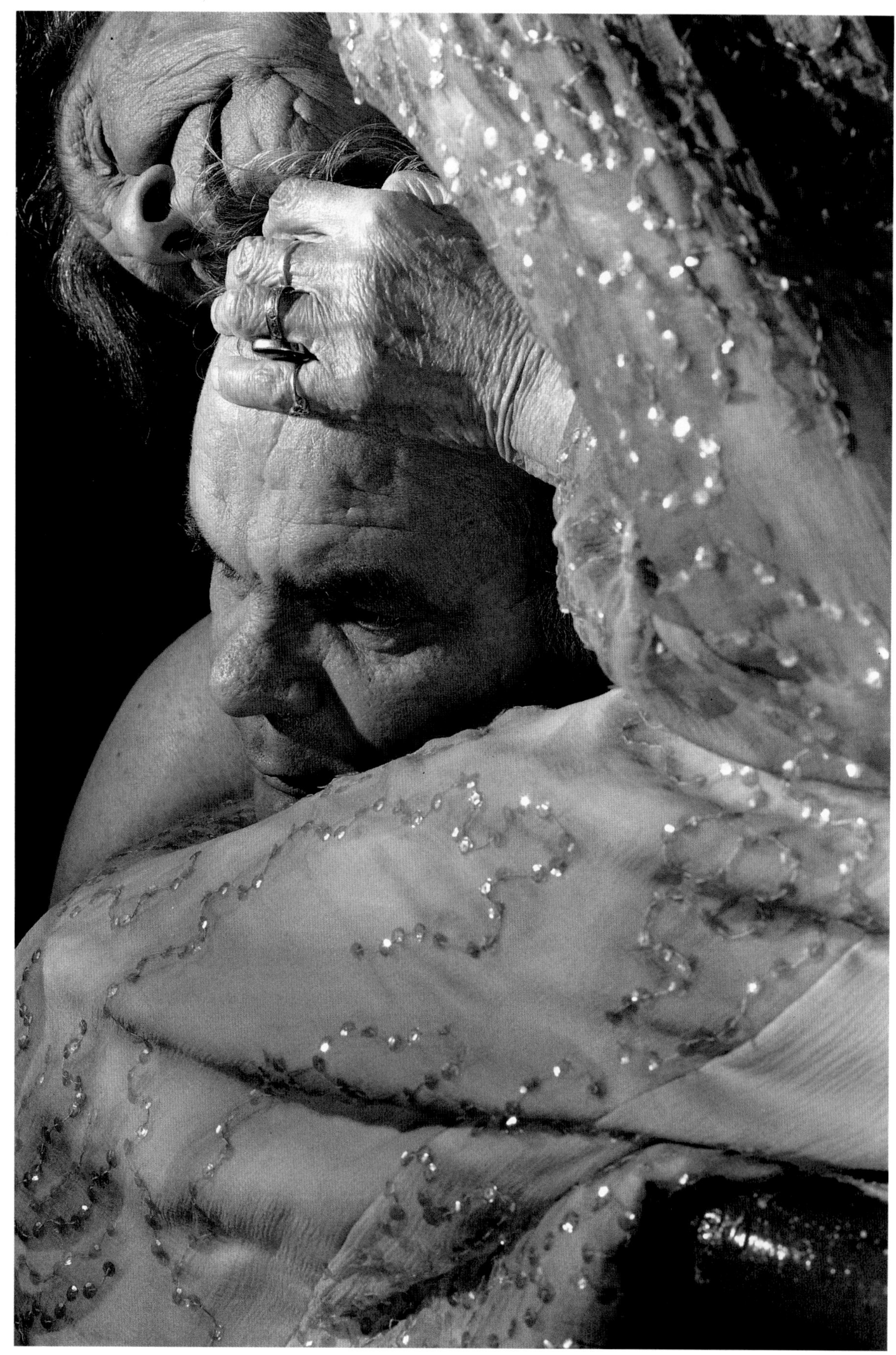

Harry's Diary: extract from Pretty Ribbons, May 27, 1992, Black-and-white print, 110 x 75 cm

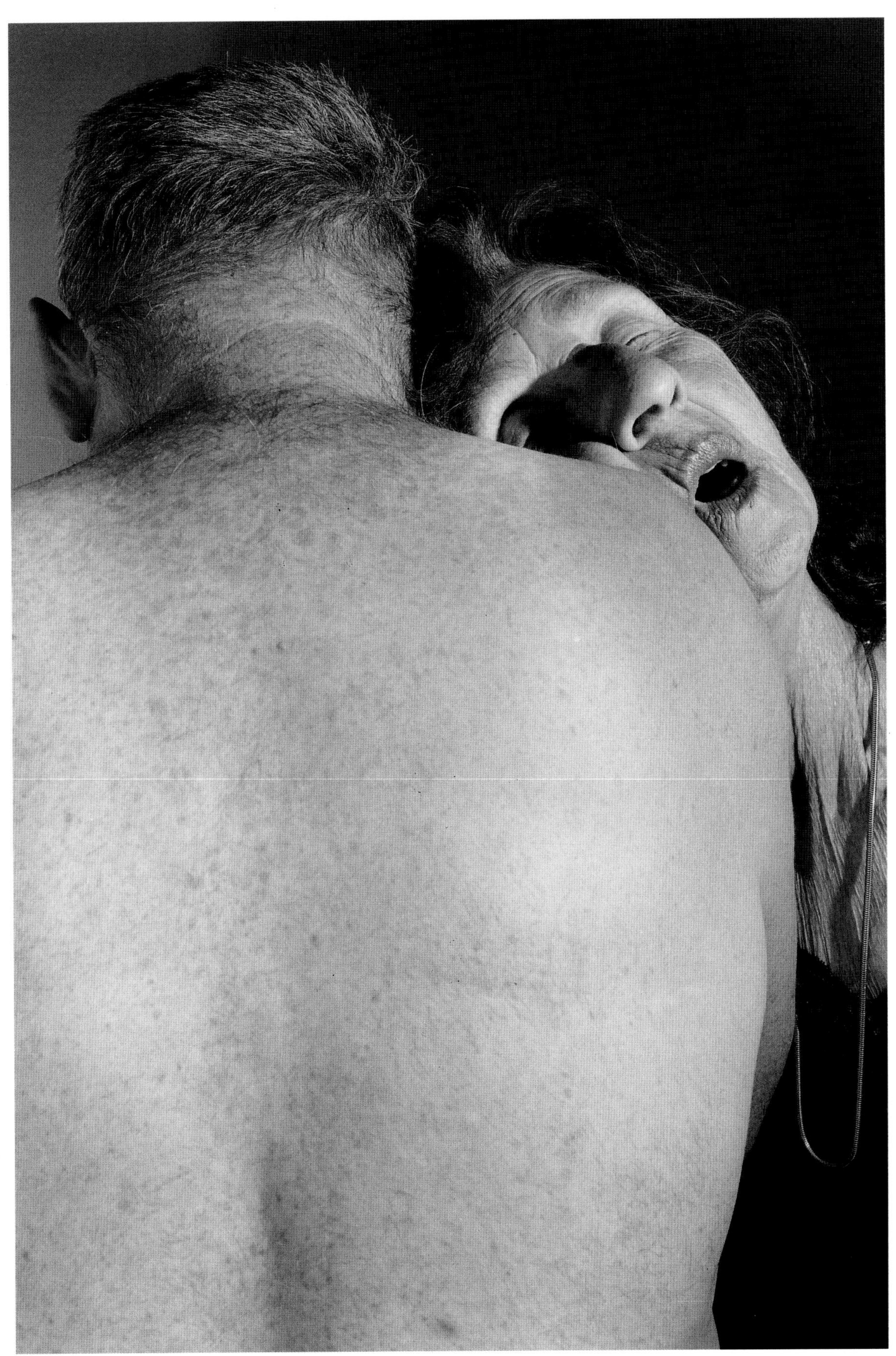

Harry's Diary: extract from Pretty Ribbons, May 20, 1992, Black-and-white print, 110 x 75 cm

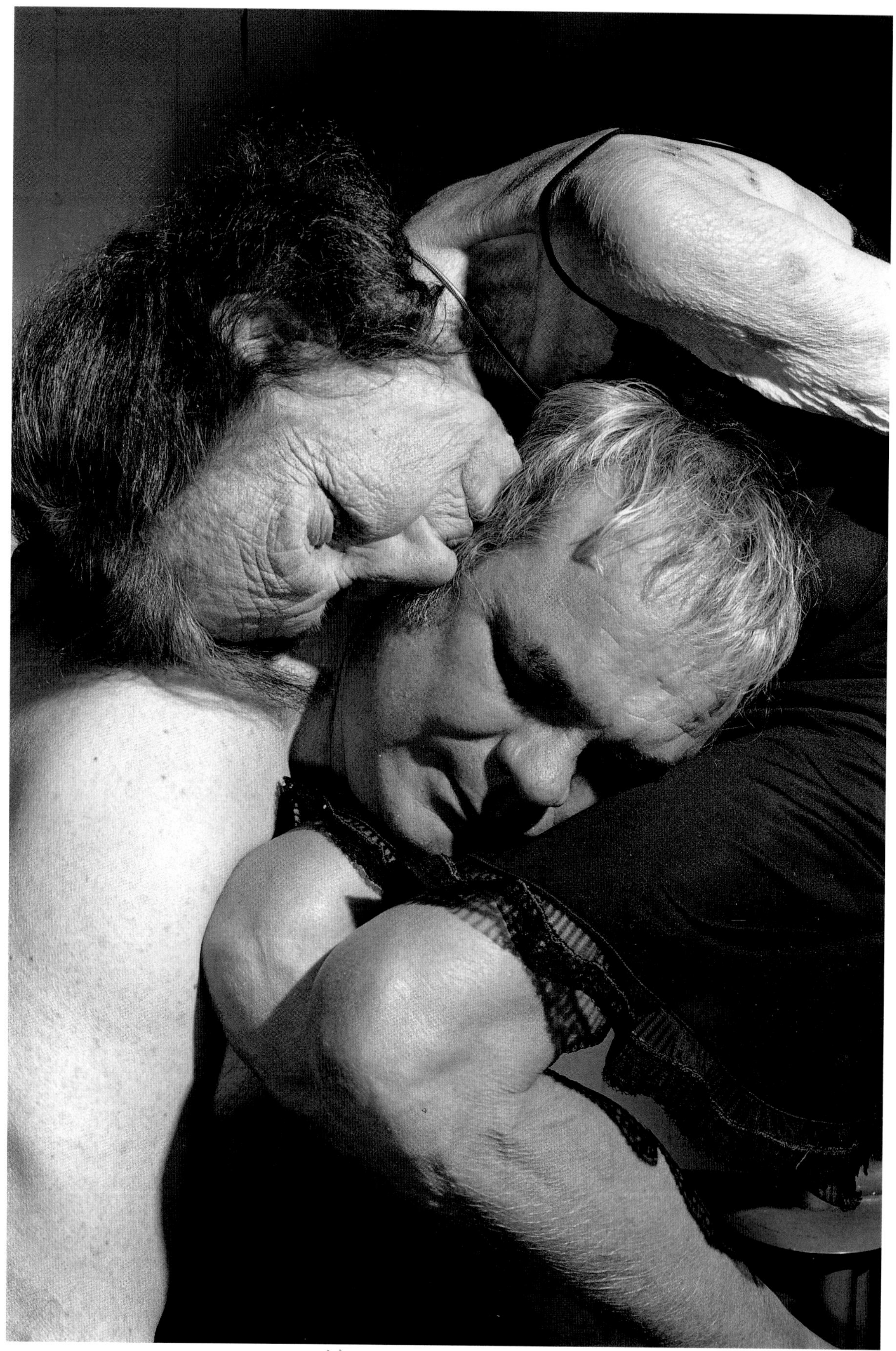

Harry's Diary: extract from Pretty Ribbons, May 27, 1992, Black-and-white print, 110 x 75 cm

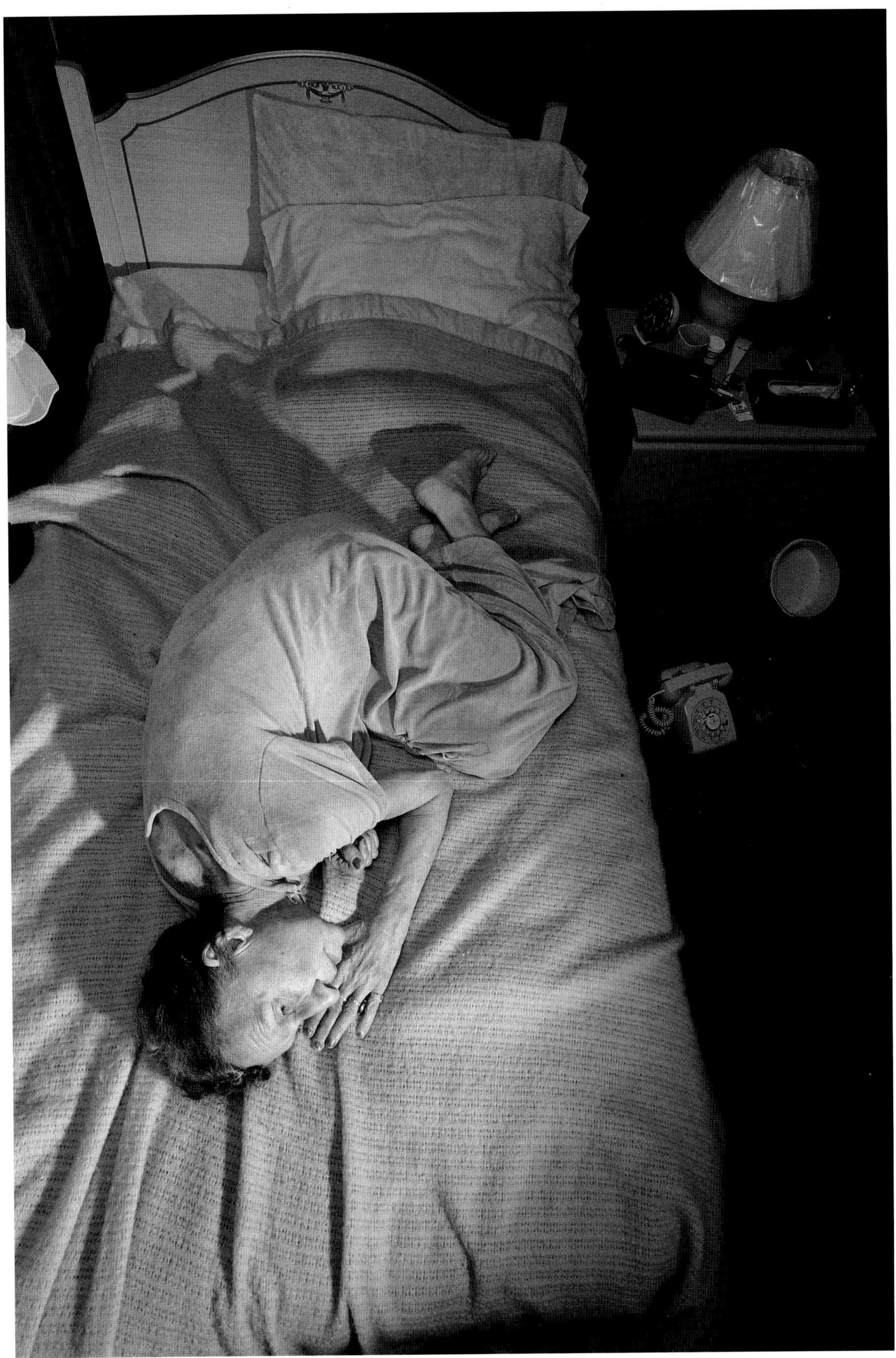

Harry's Diary: extract from Pretty Ribbons, April 10, 1992, Black-and-white print, 110 x 75 cm

John Massey

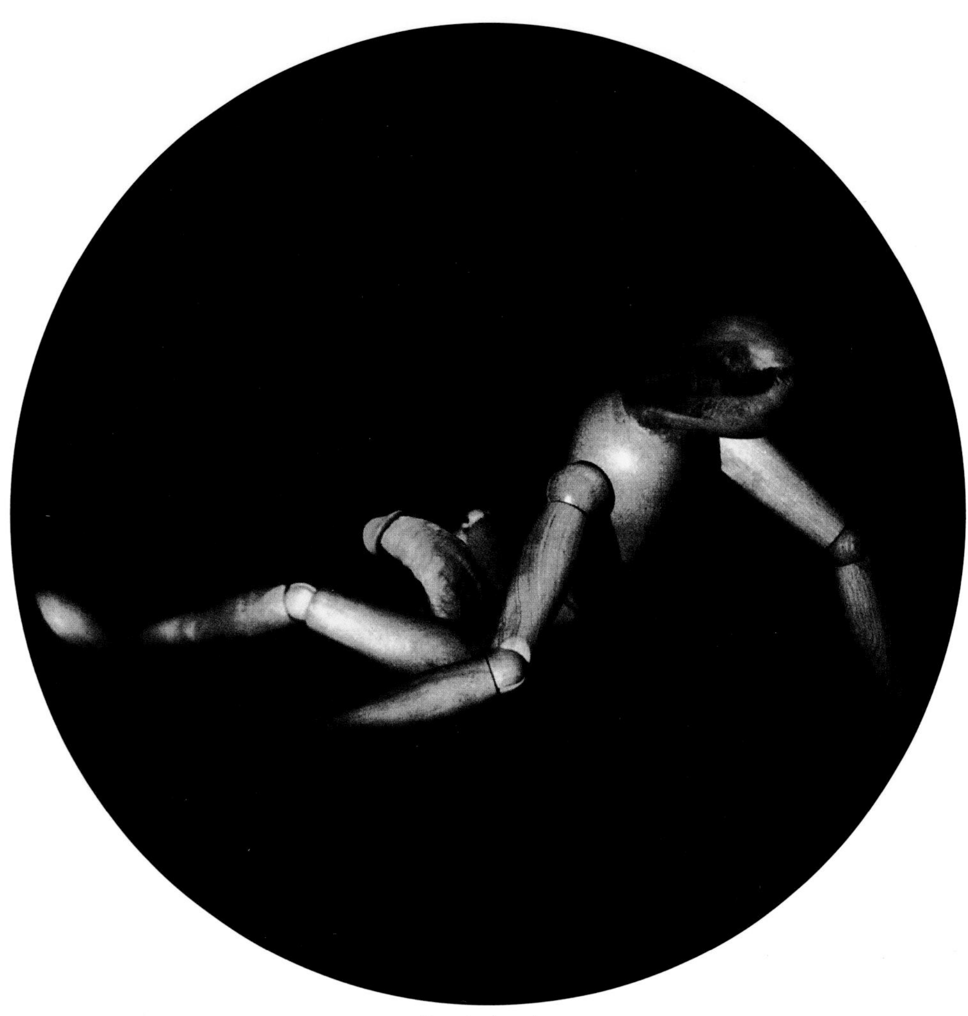

No.1 Jack wakes

The Jack Photographs, 1992–1993
A series of 22 black-and-white photographs with images computer-processed
in Adobe Photoshop, diameter 15–20 cm

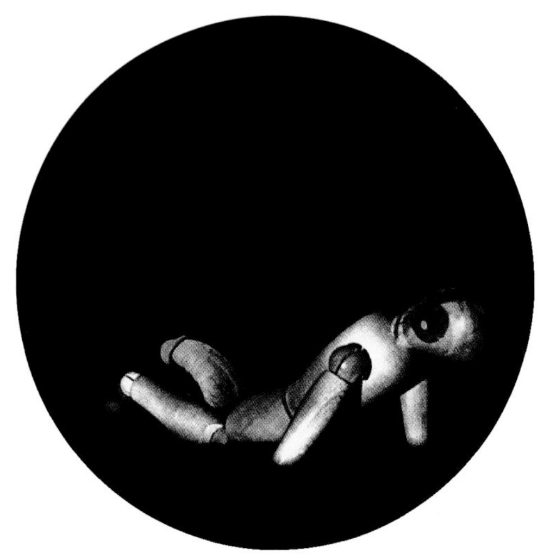

No. 2 Jack wakes

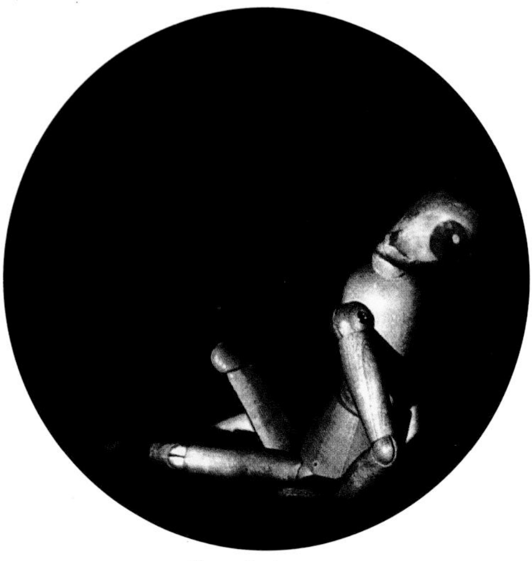

No. 3 Jack wakes

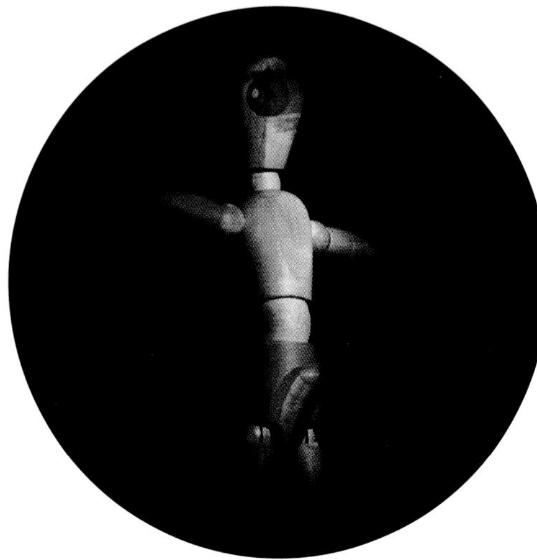

No. 4 Jack stands

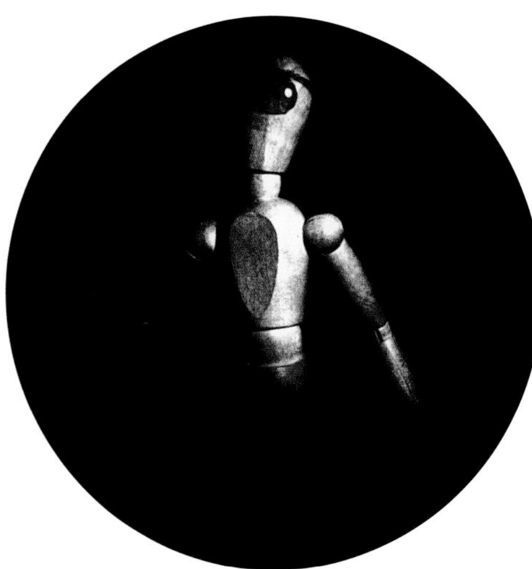

No. 5 Jack stands

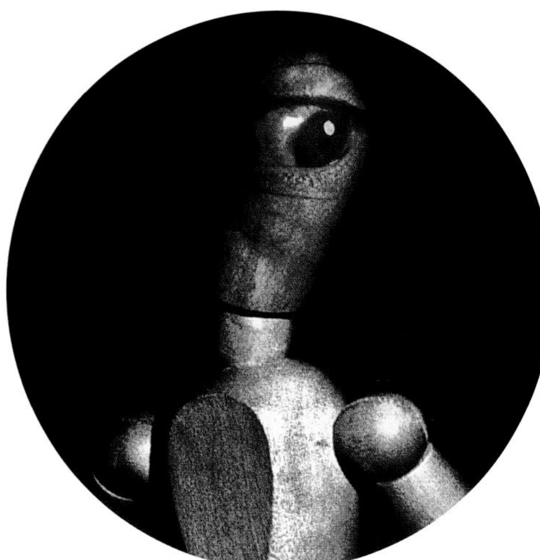

No. 6 Jack is startled

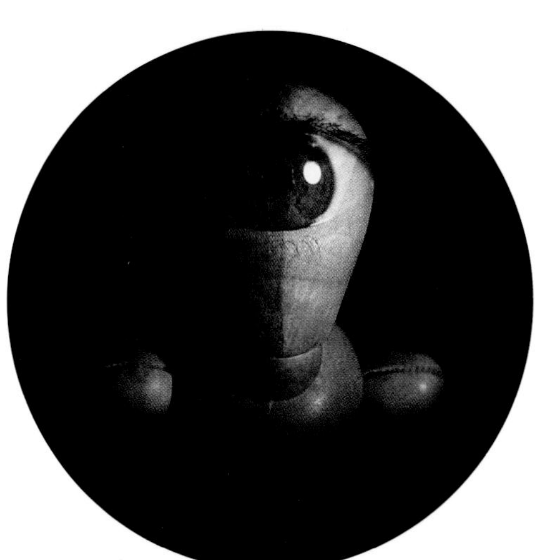

No. 7 Jack feels

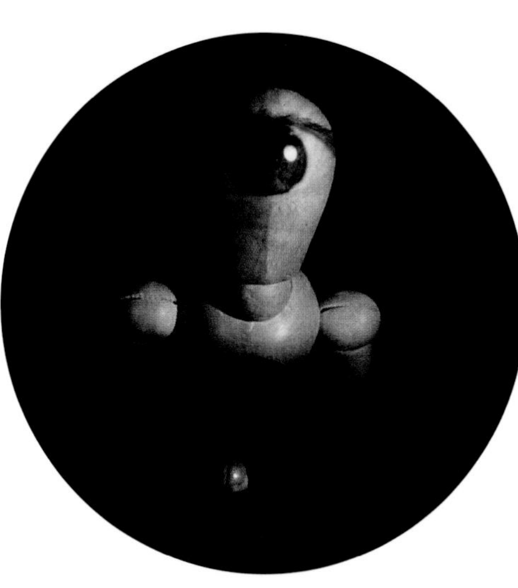

No. 8 Jack feels

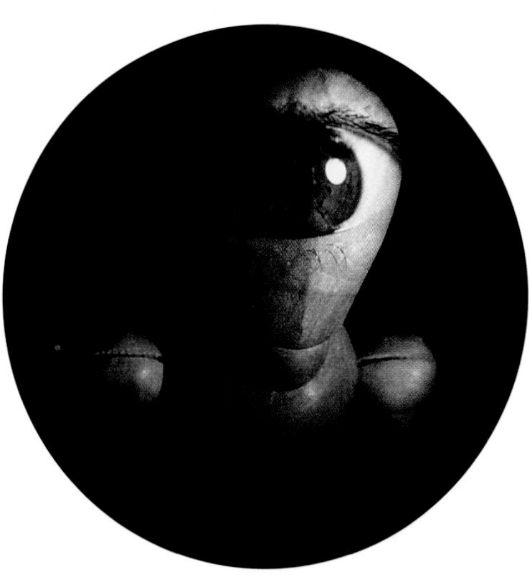

No. 9 Jack feels

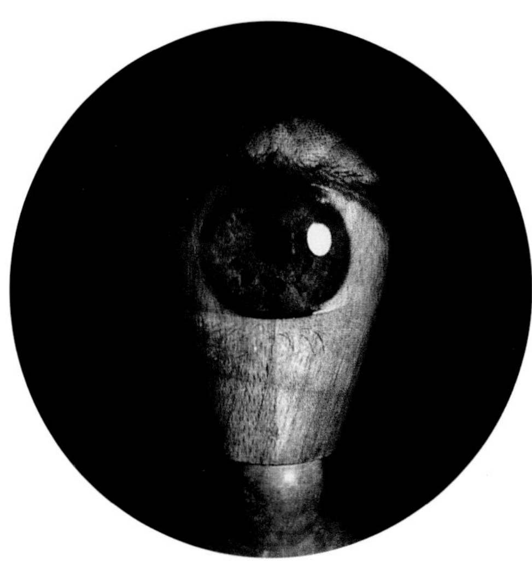

No. 10 Jack looks

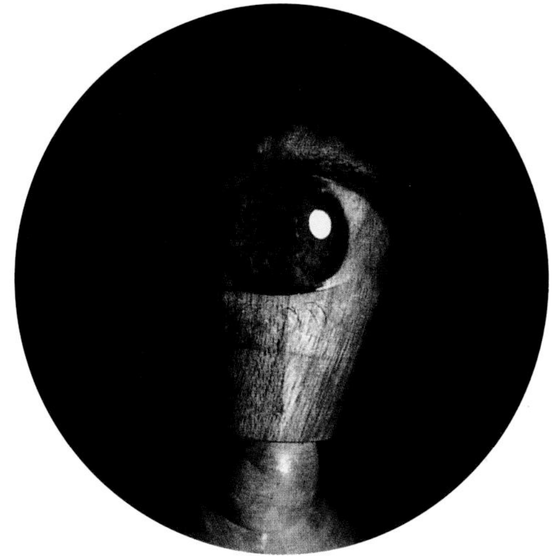

No. 11 Jack looks

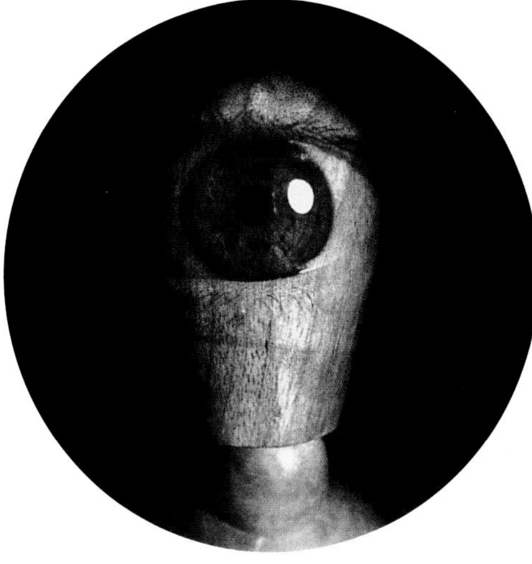

No. 12 Jack looks

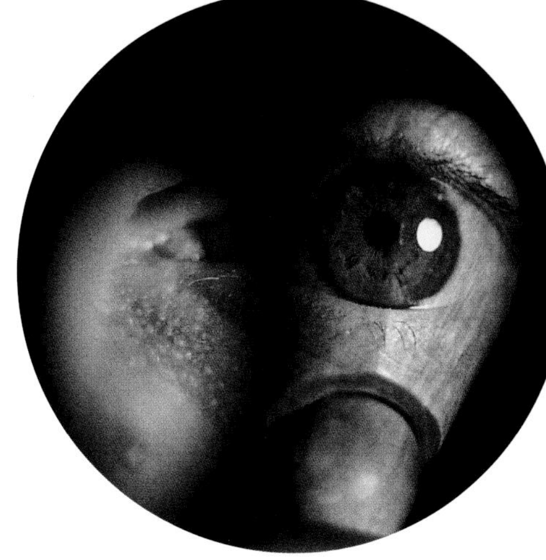

No. 13 Jack touches

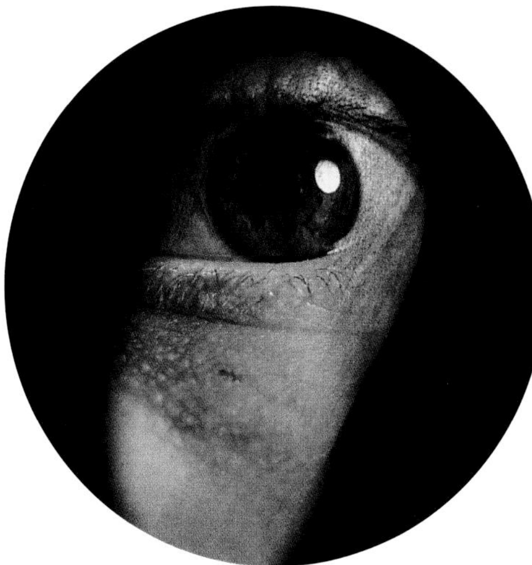

No. 15 Jack touches

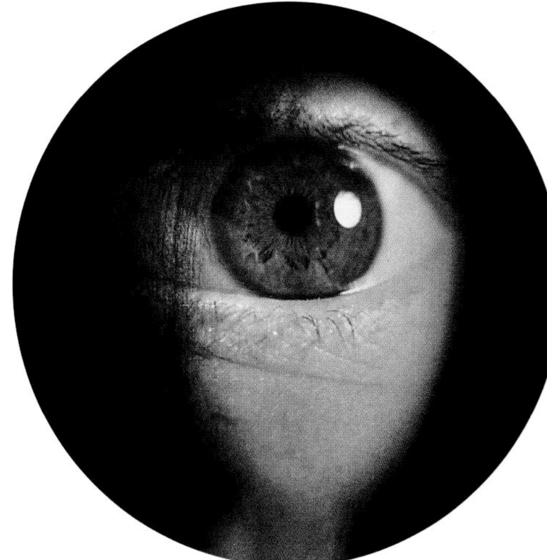

No. 16 Jack touches

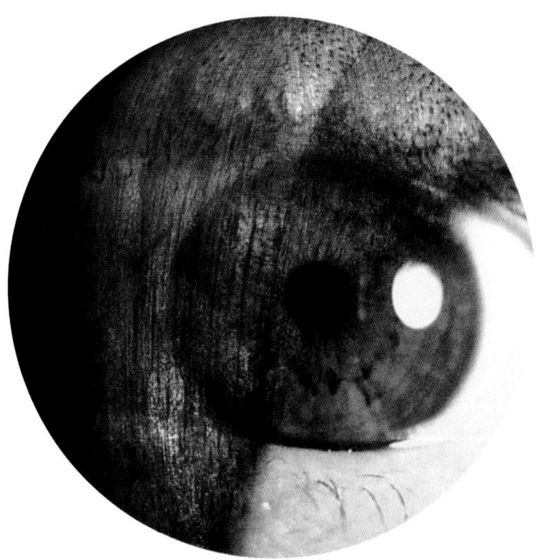

No. 20 Jack touches

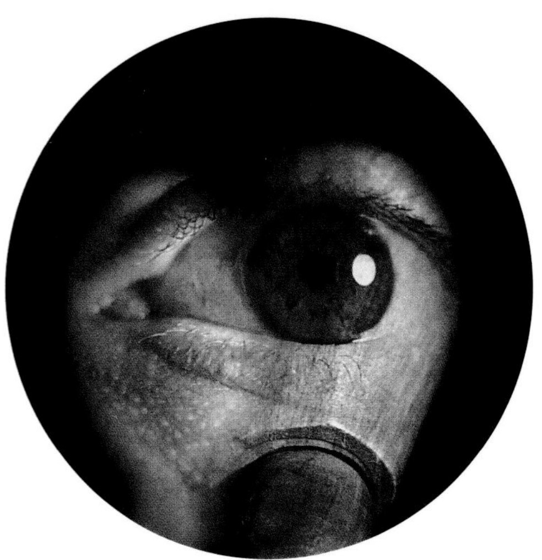

No. 14 Jack touches

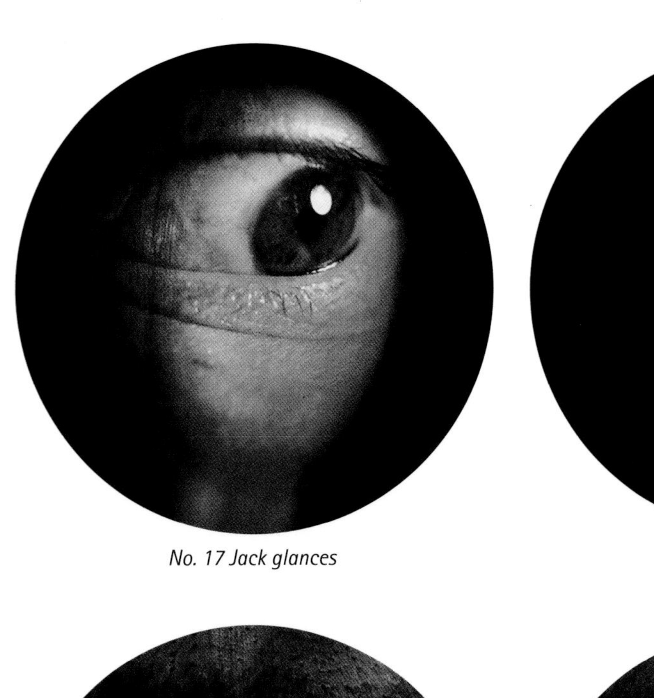

No. 17 Jack glances

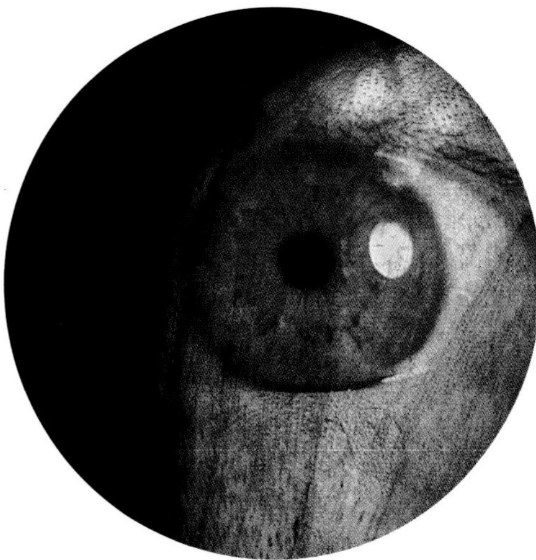

No. 18 Jack looks

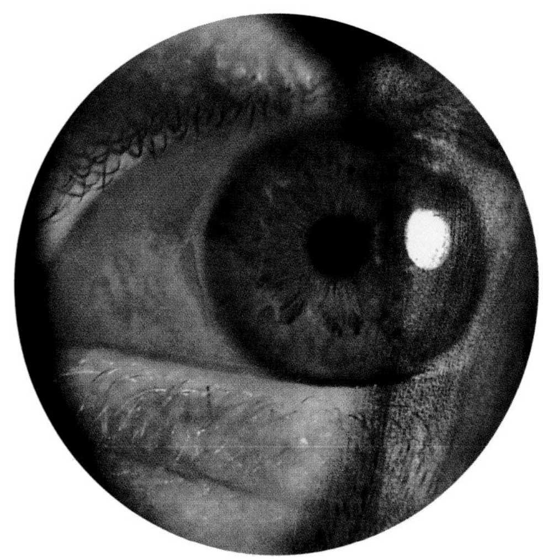

No. 19 Jack touches

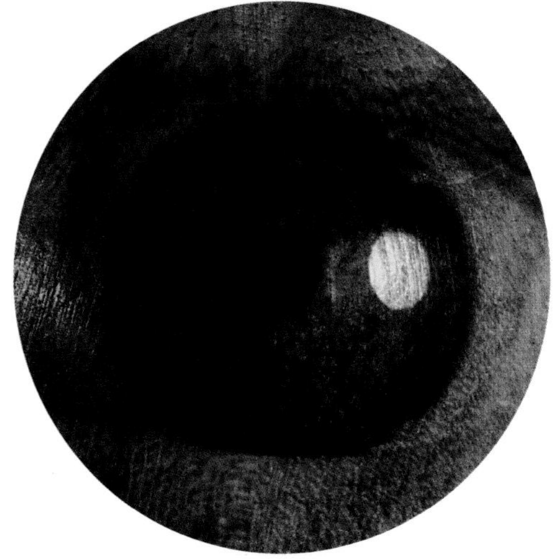

No. 21 Jack looks

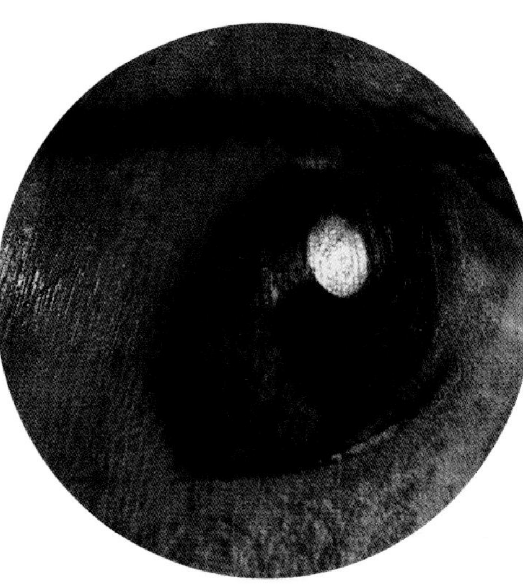

No. 22 Jack looks ahead

Nell Tenhaaf

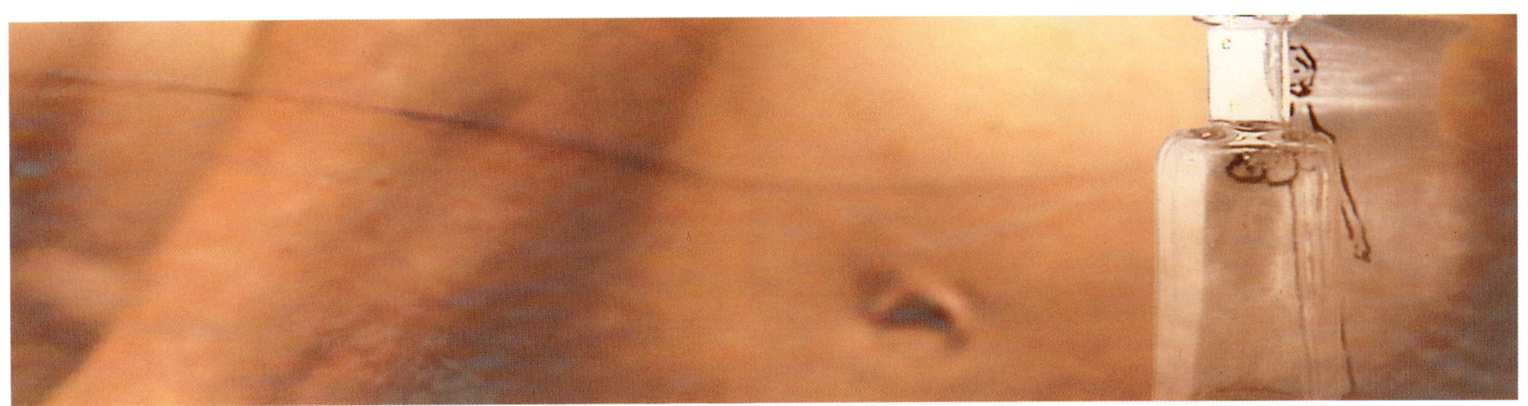

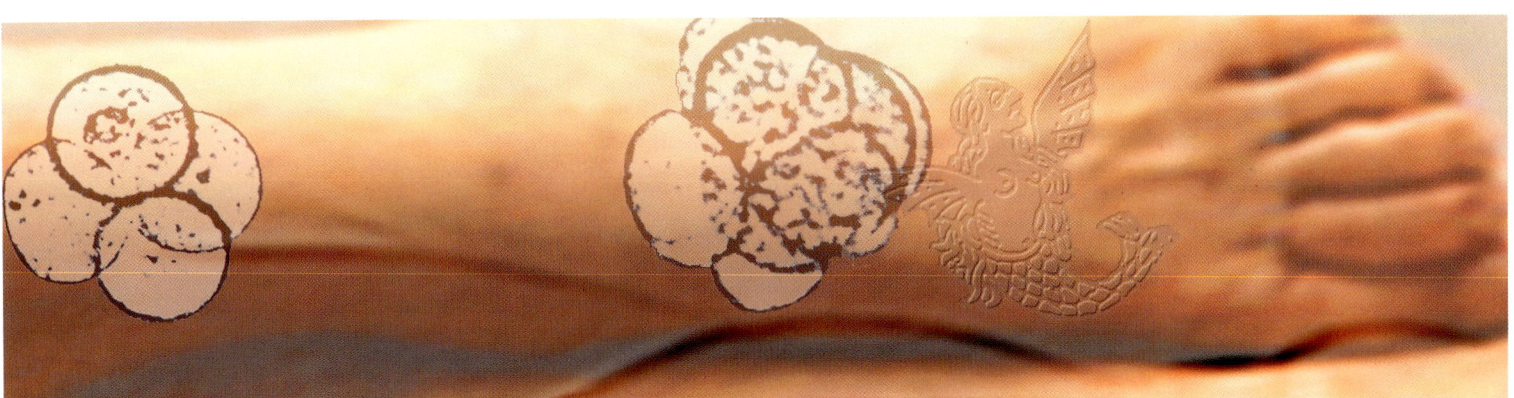

The solitary begets herself, keeping all eight cells, 1993, detail, Duratrans, fluorescent lights, aluminum, plexiglass

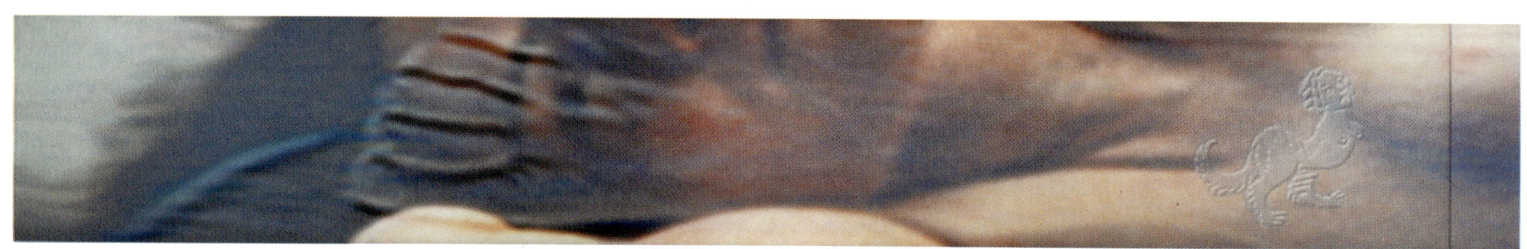

The solitary begets herself, keeping all eight cells, 1993
Duratrans, fluorescent lights, aluminum, plexiglass, 25,4 x 369 x 19 cm (photo credit: Ian Murray; Courtesy Galerie Samuel Lallouz, Montréal)

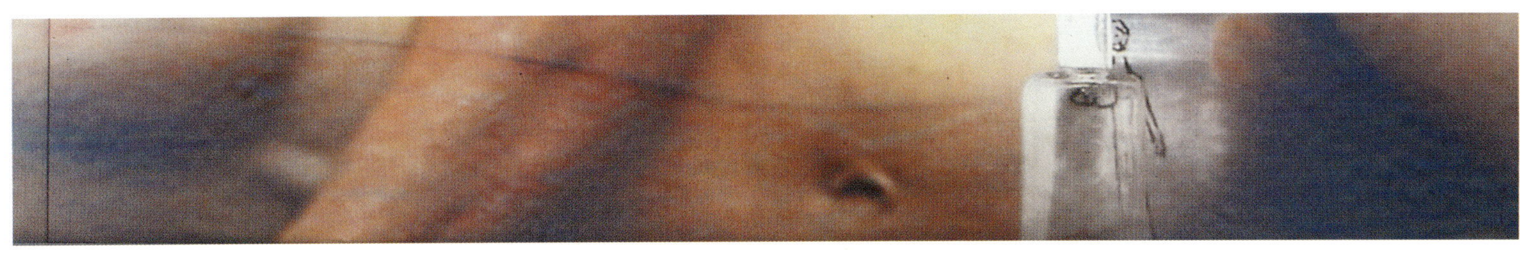

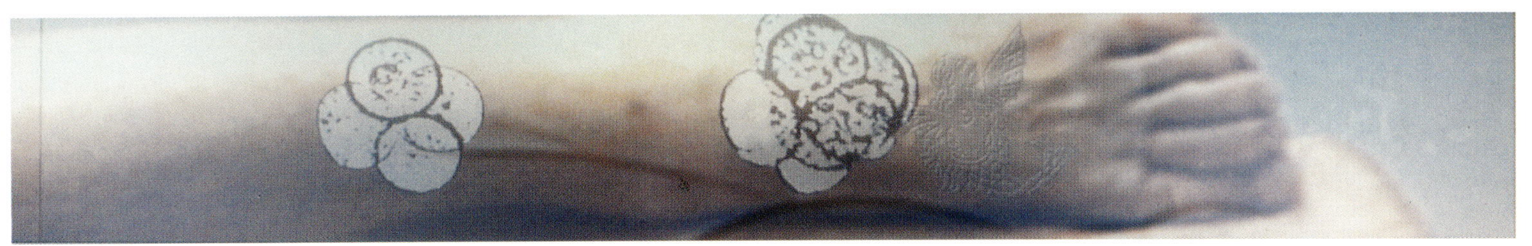

Christine Davis

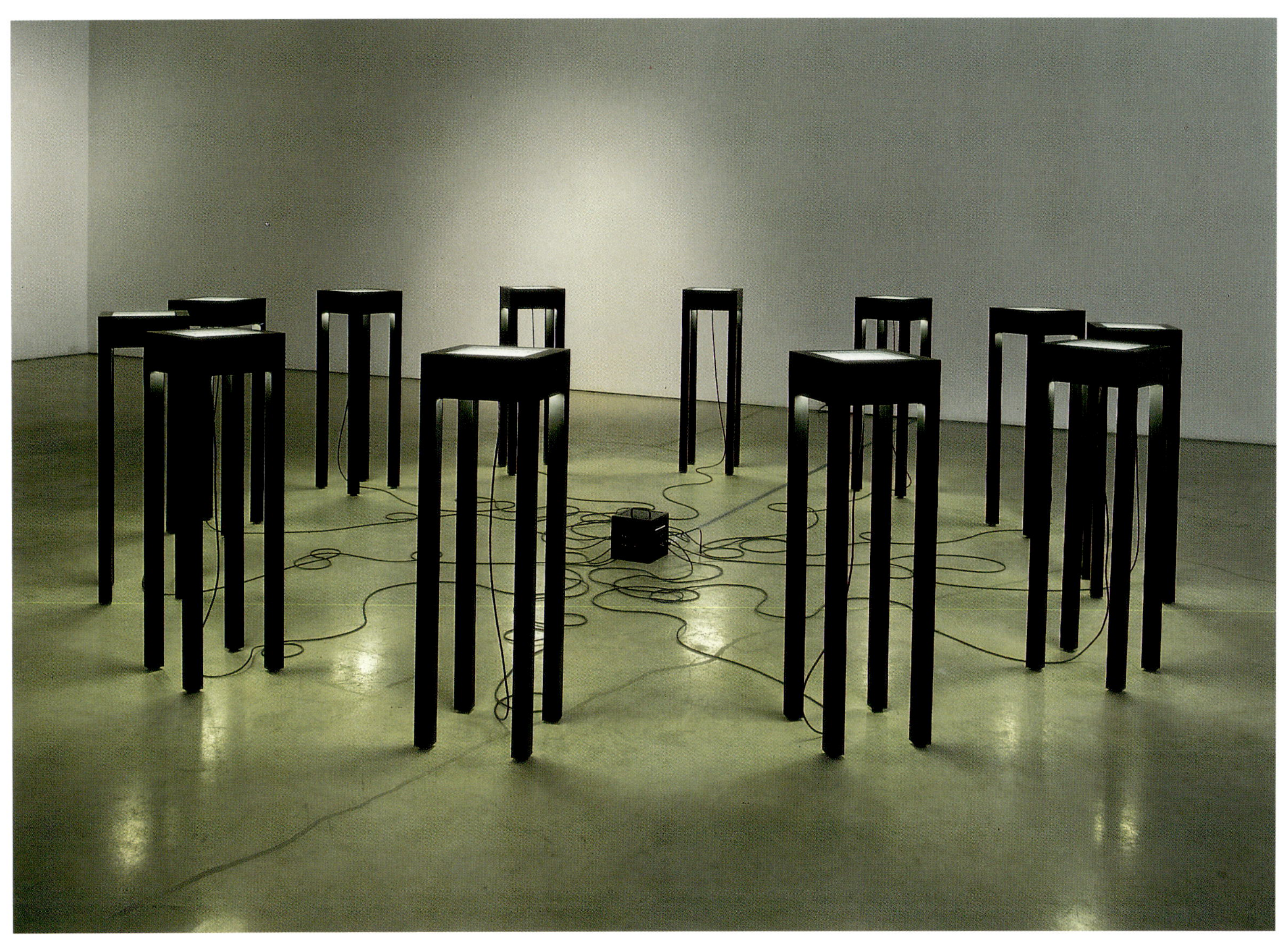

Le dictionnaire des Inquisiteurs, 1992
12 light tables, laser etched contact lenses, fluorescent lighting, electrical cable, power box, each table measures 111 x 34 x 34 cm (photo credit: Peter MacCallum)

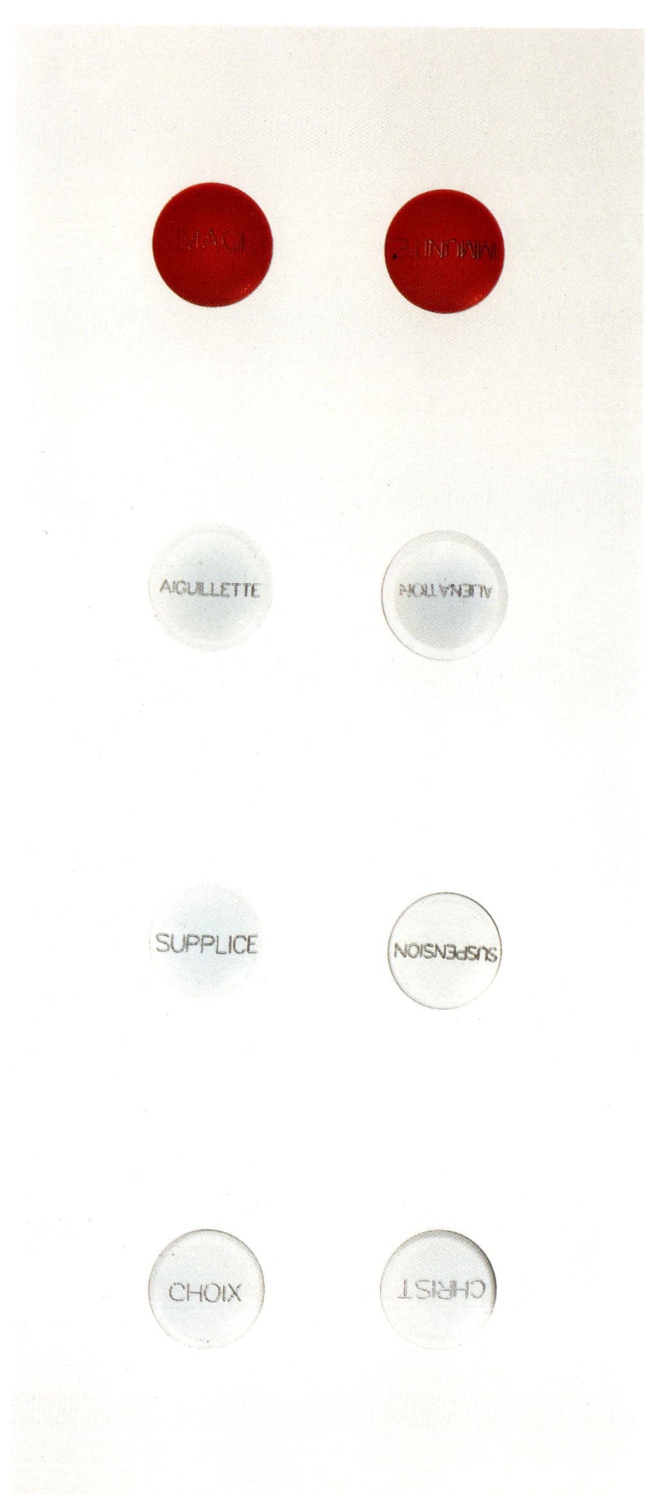

Le dictionnaire des Inquisiteurs, 1992, détail

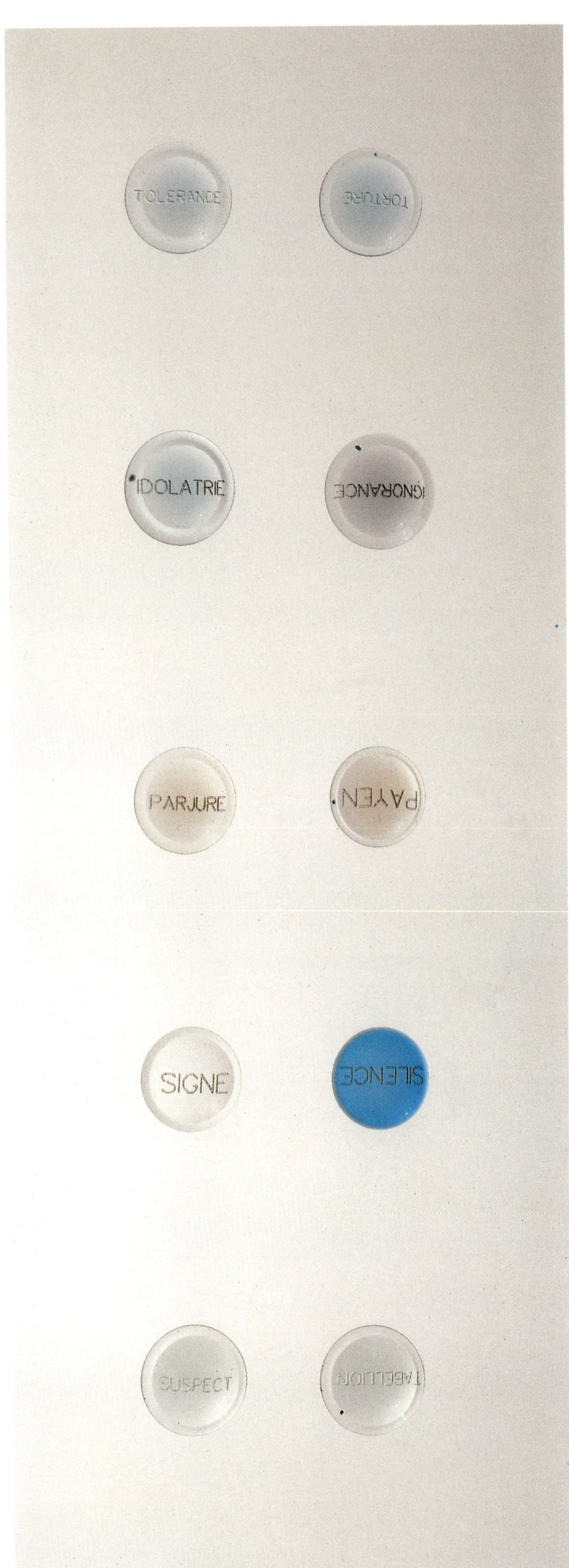

Le dictionnaire des Inquisiteurs, 1992, détail

Eldon Garnet

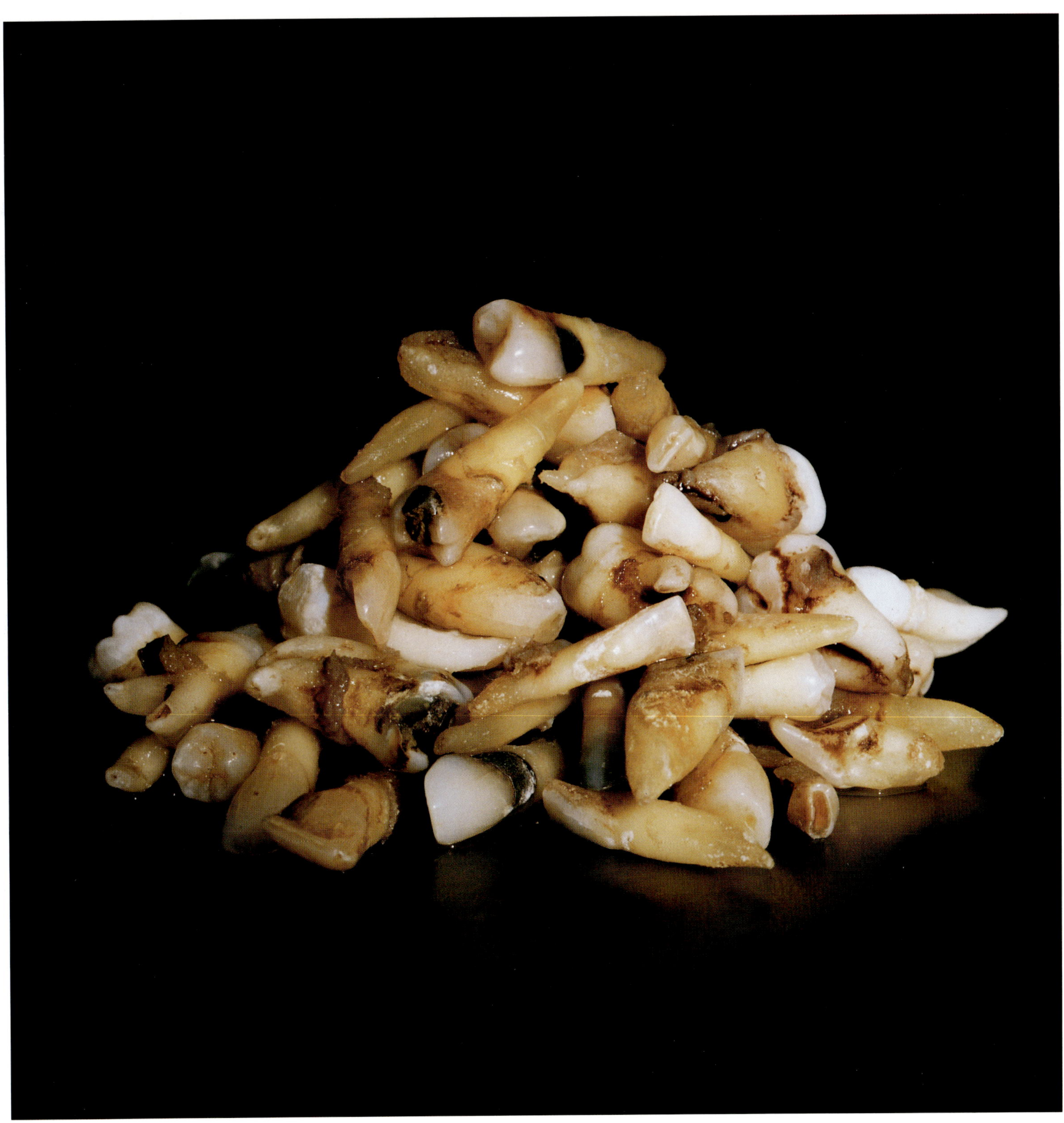

When ? (teeth), 1993
Color print, 120 x 120 cm

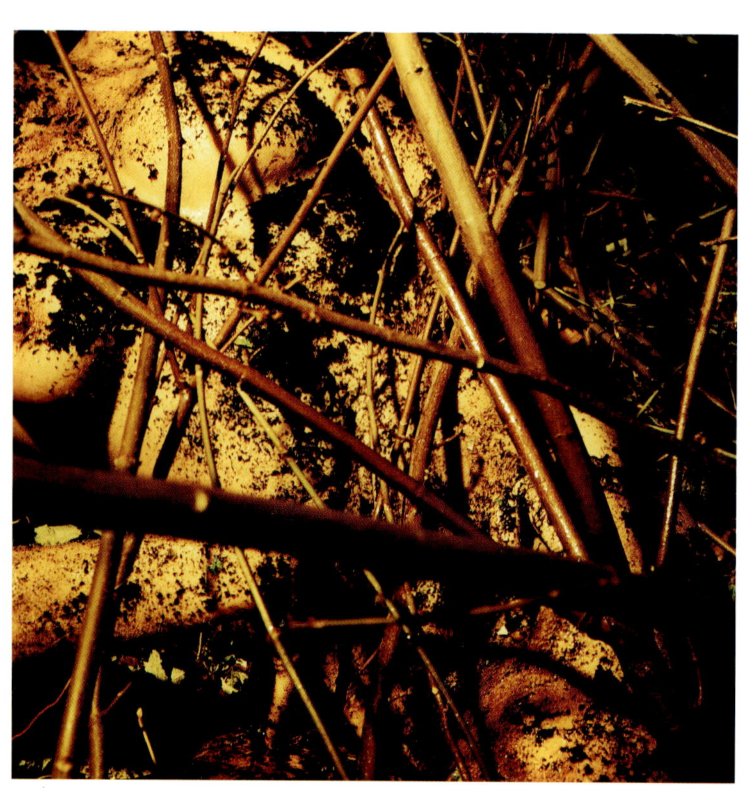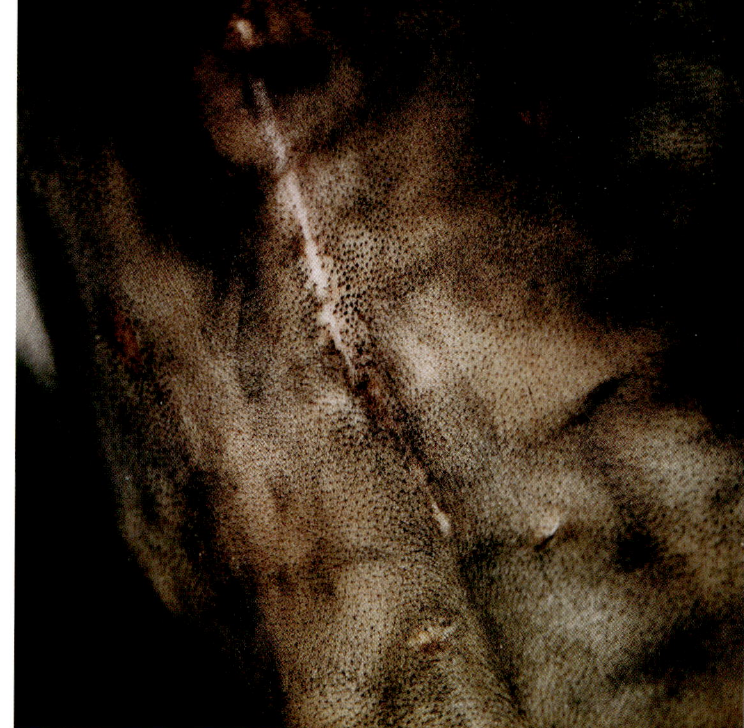

Promise, 1993
A series of 7 color prints, 124 x 124 cm

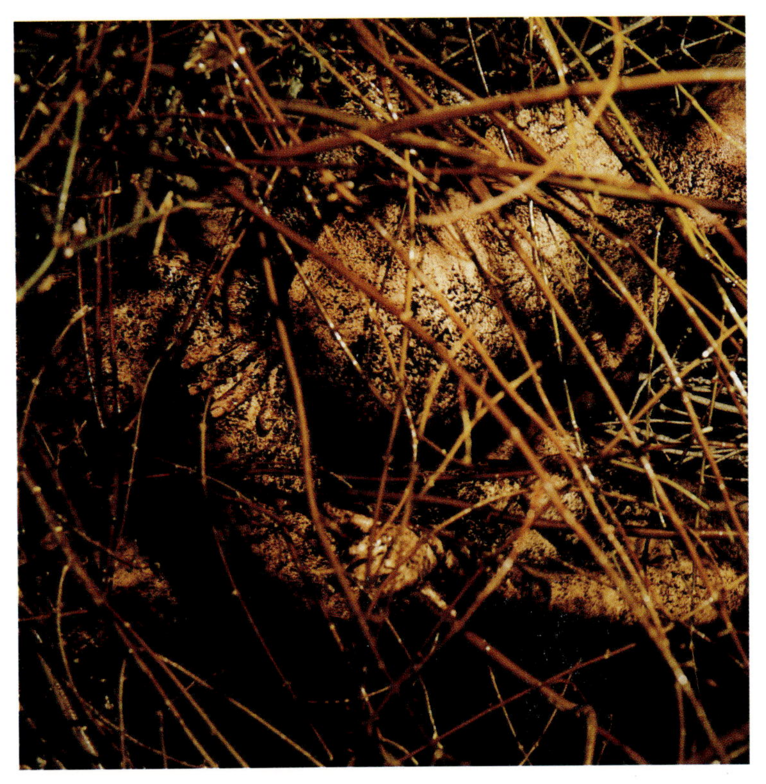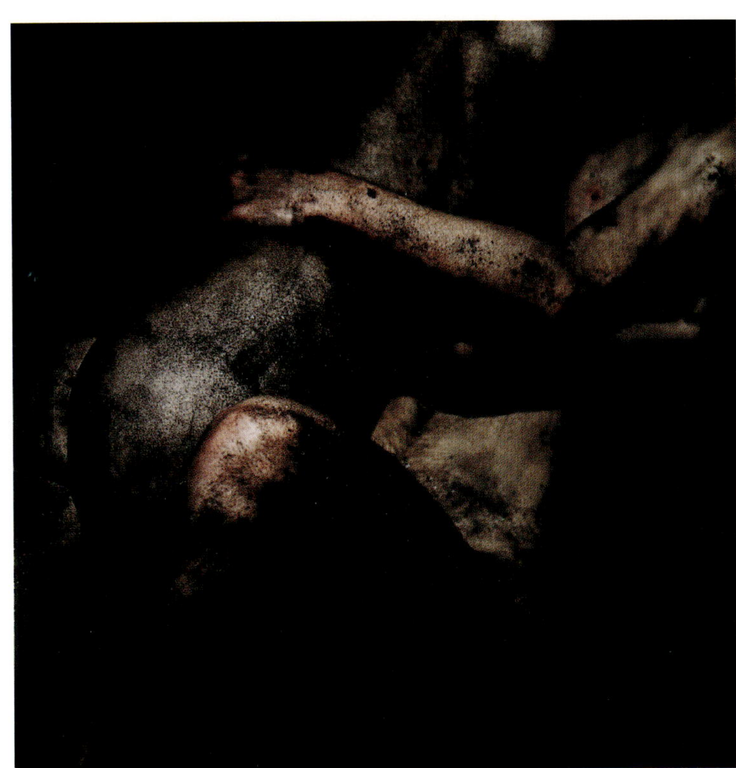

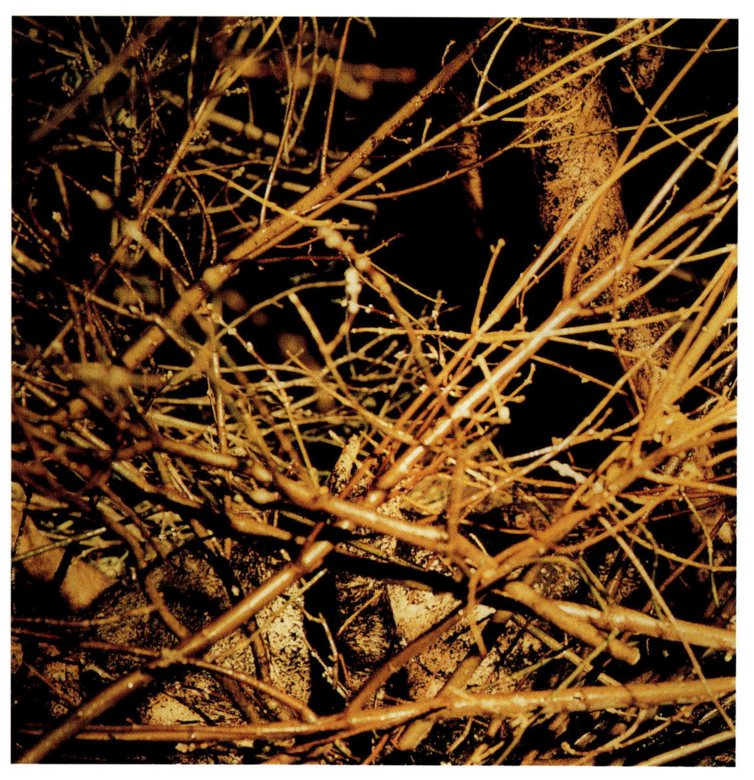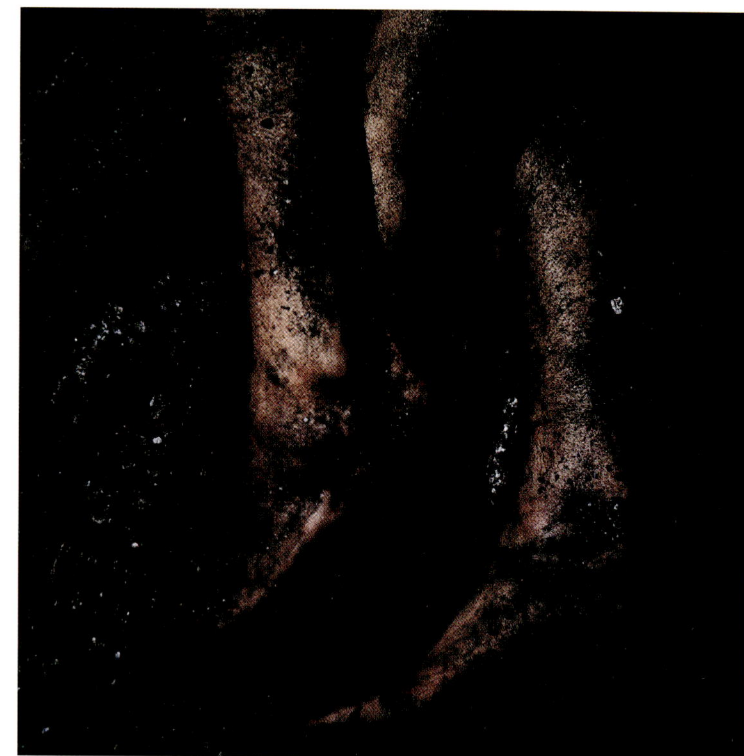

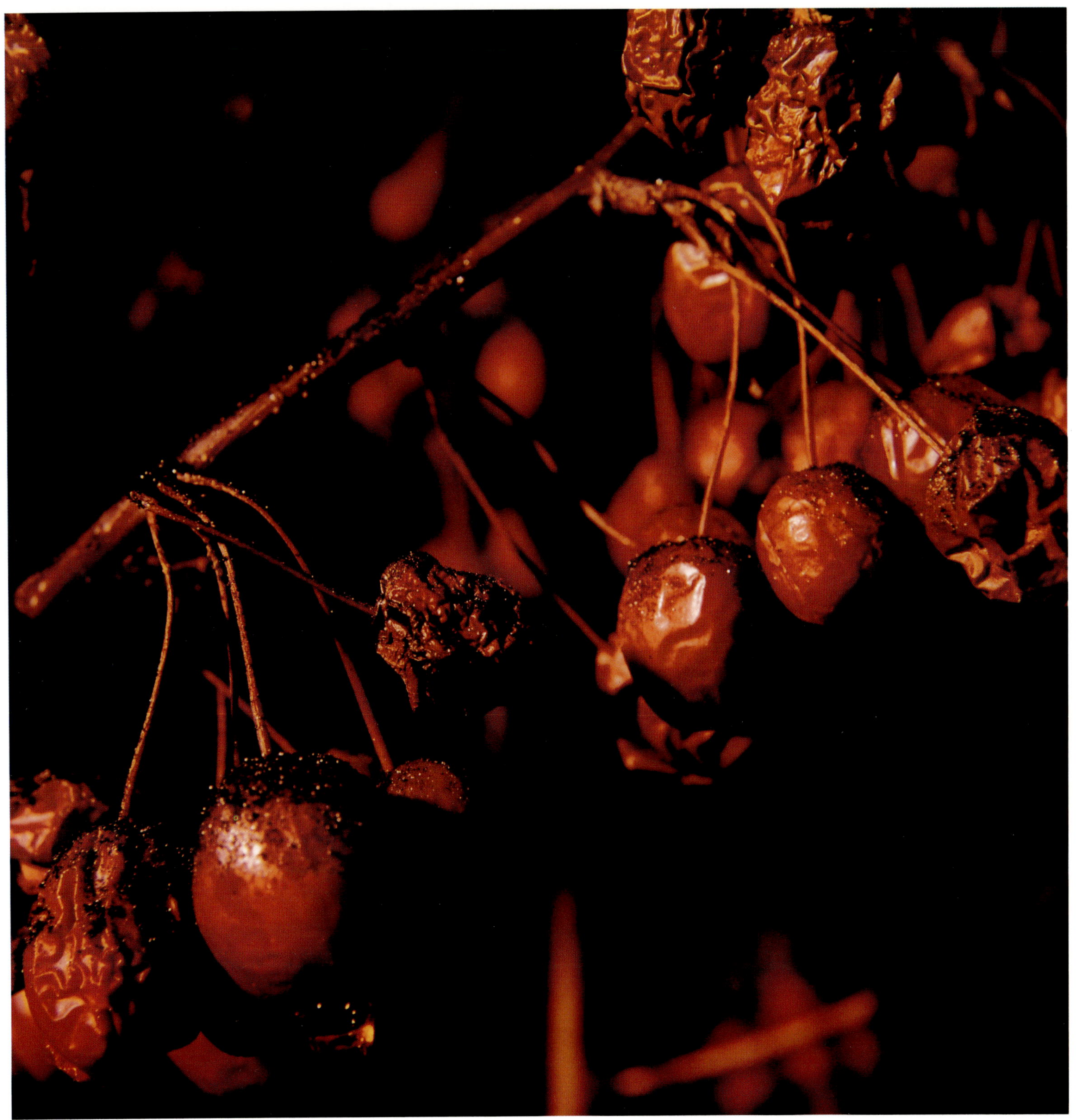

Chuck Samuels

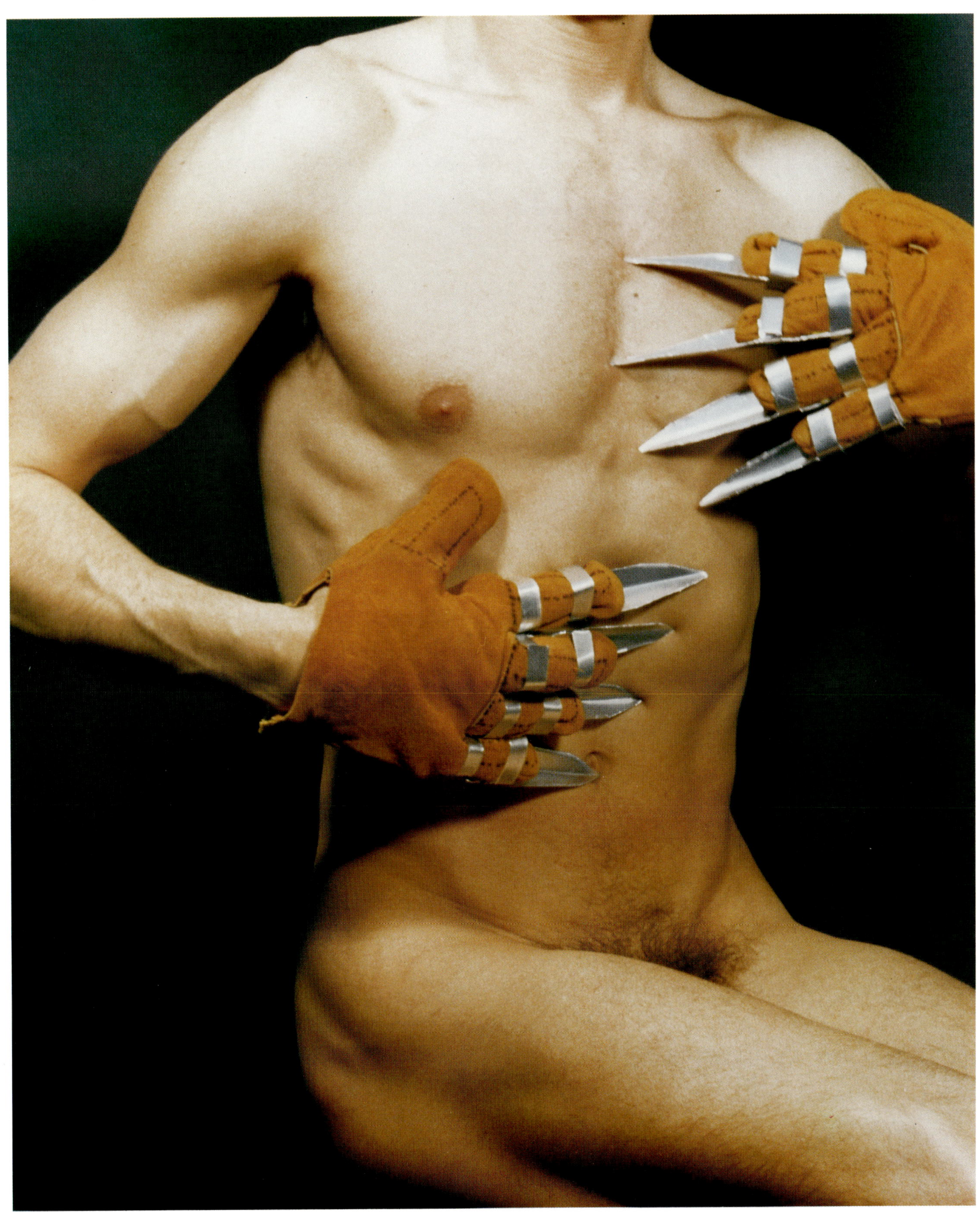

After Outerbridge, 1991, Carbrotype color print from the series Before the Camera, 25,4 x 22,4 cm

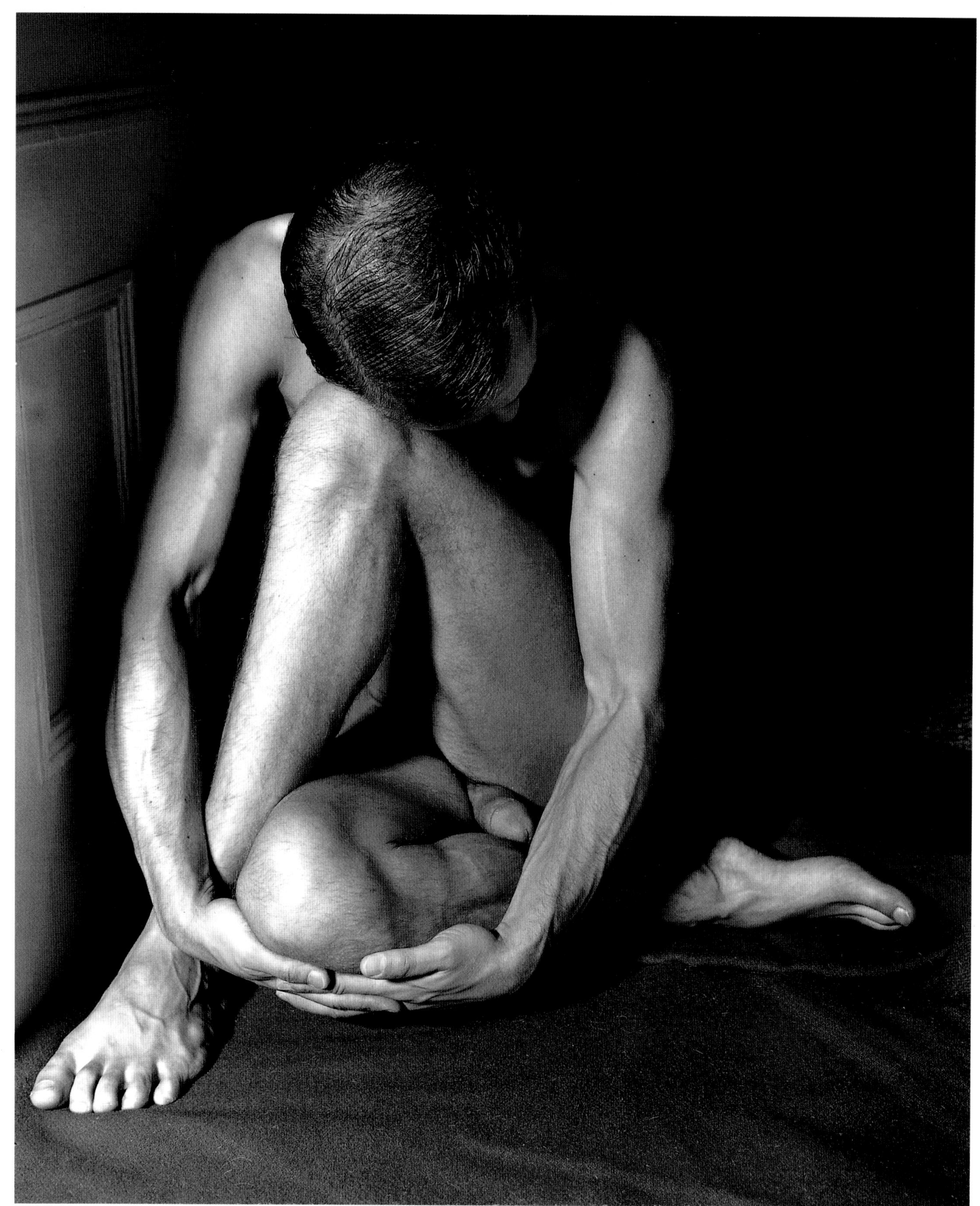

After Weston, 1991, Silver gelatin print from the series Before the Camera, 23,8 × 19 cm

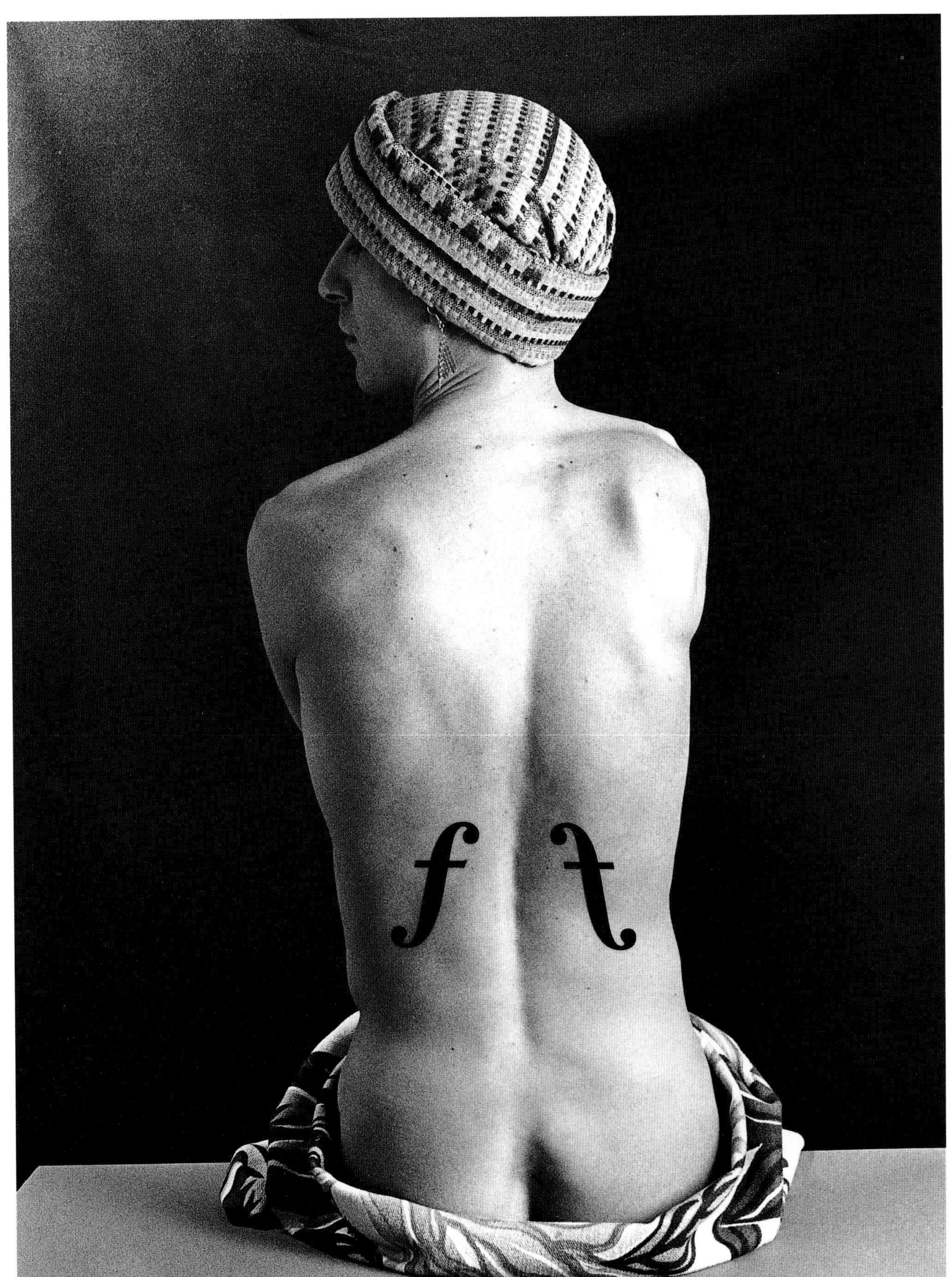

After Man Ray, 1990, Silver gelatin print from the series Before the Camera, 24 x 19 cm

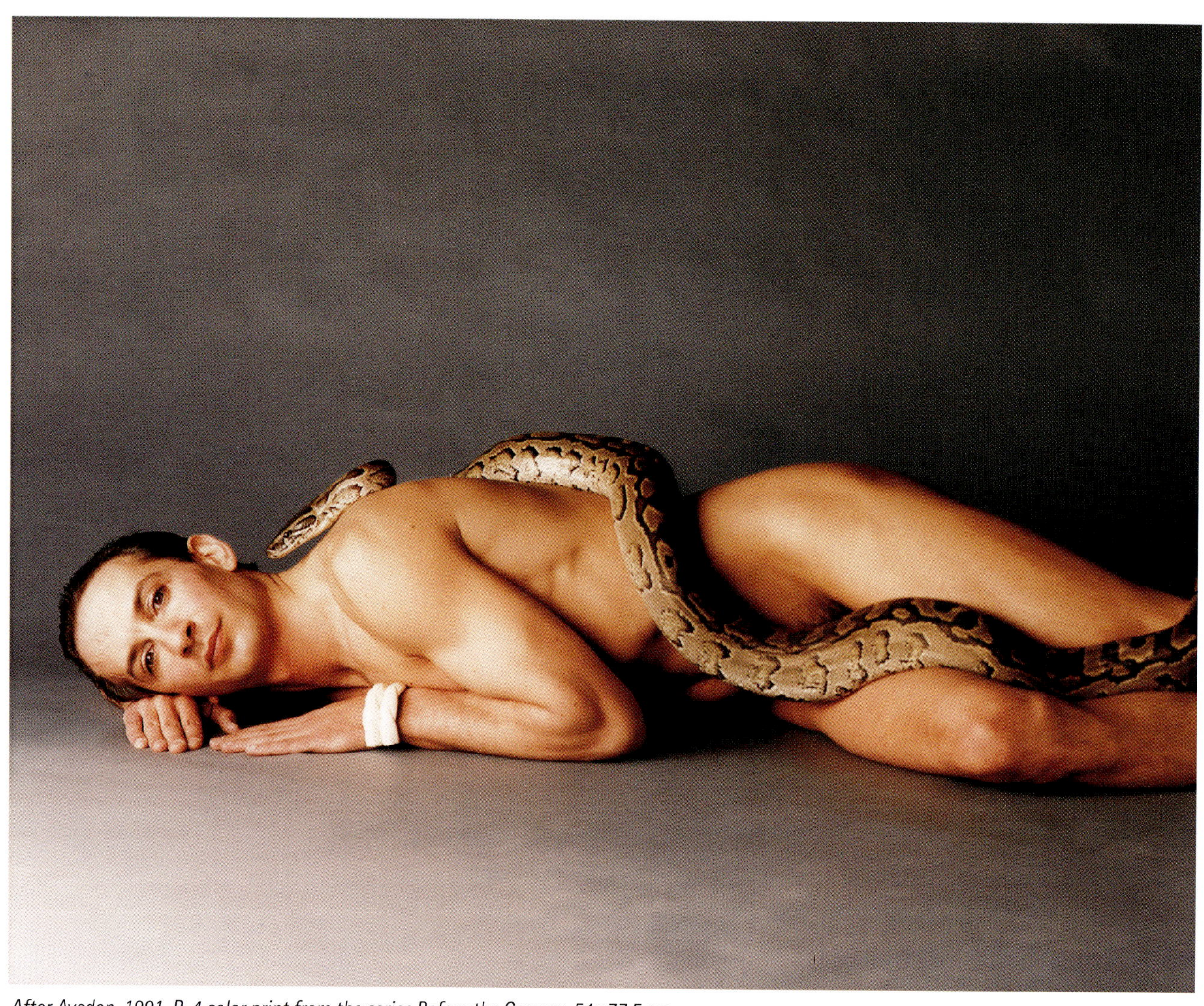

After Avedon, 1991, R-4 color print from the series Before the Camera, 54 x 77,5 cm

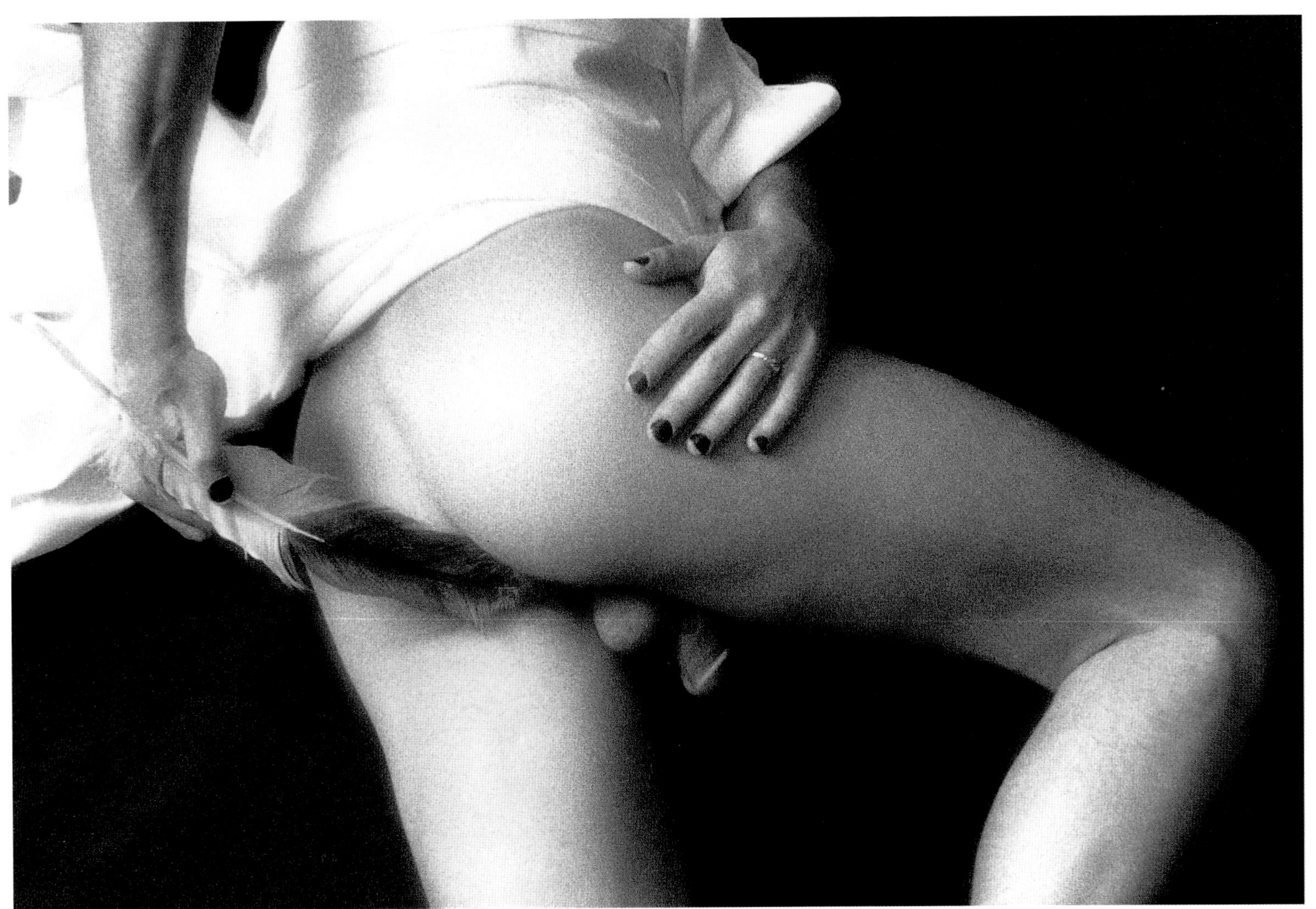

After Gibson, 1990, Silver gelatin print from the series Before the Camera, 30,5×45,7 cm

Brian Piitz

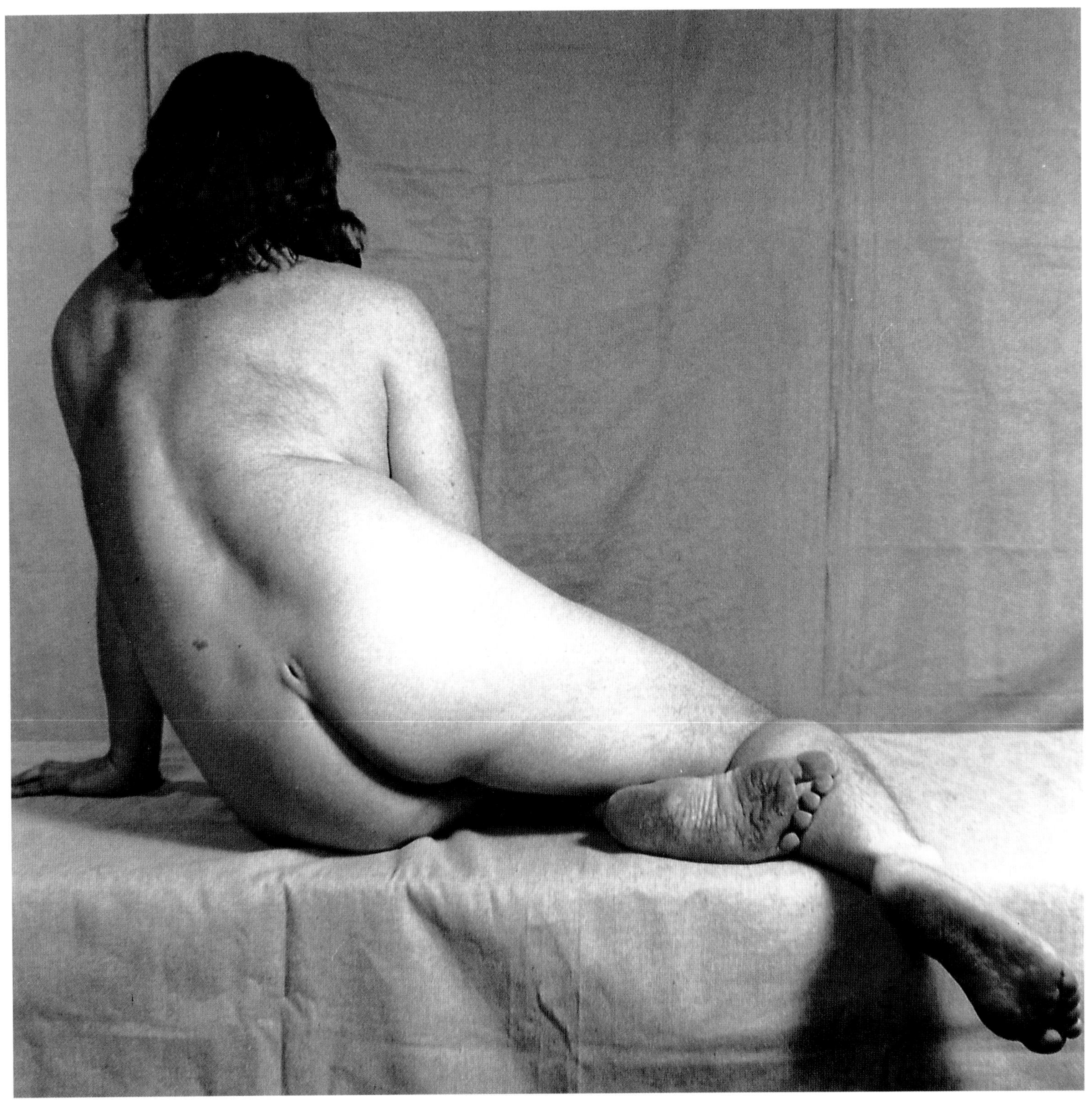

Untitled, 1989, Black-and-white print, 91×91 cm

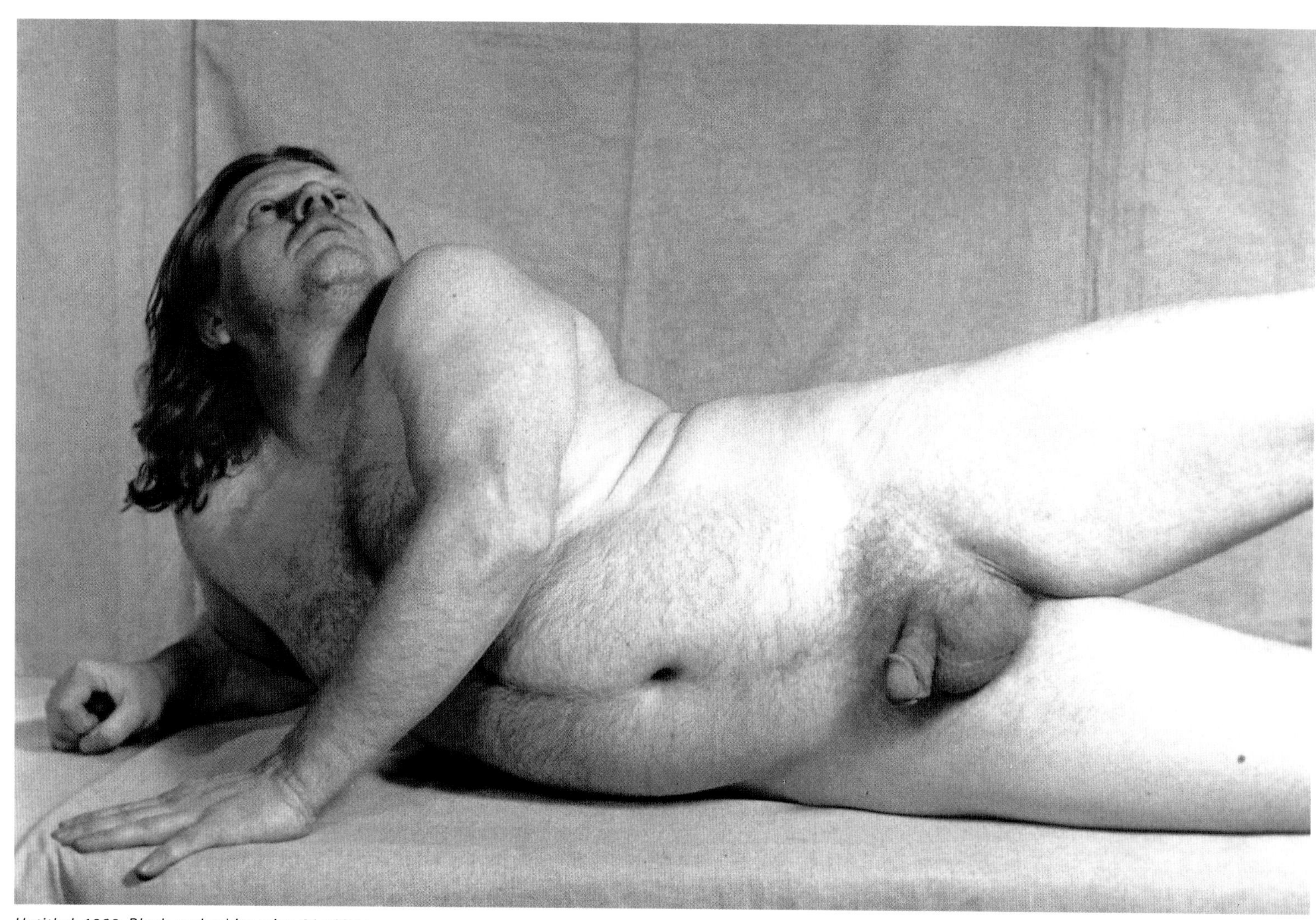

Untitled, 1989, Black-and-white print, 91 x 137 cm

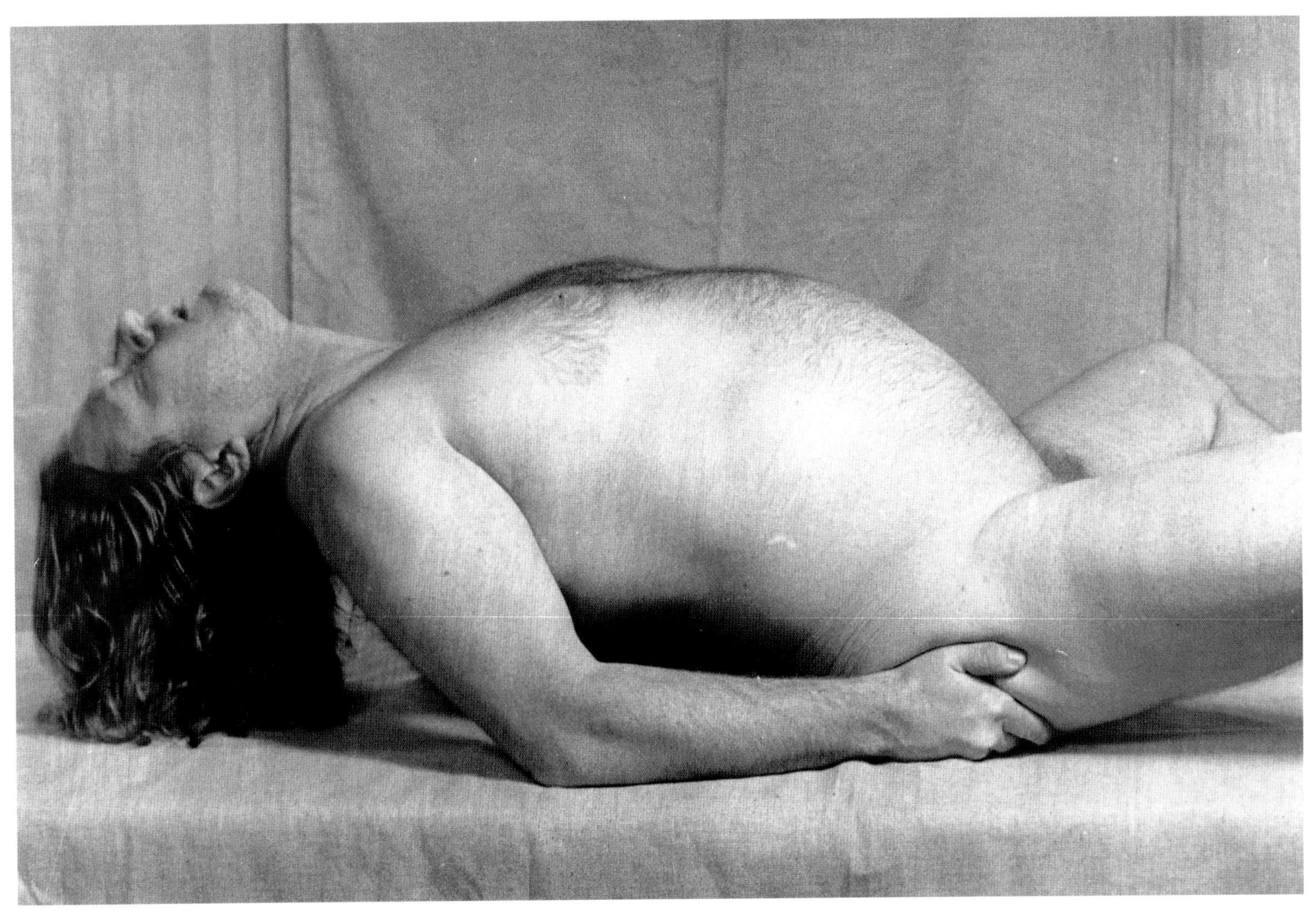

Untitled, 1989, Black-and-white print, 91 x 137 cm

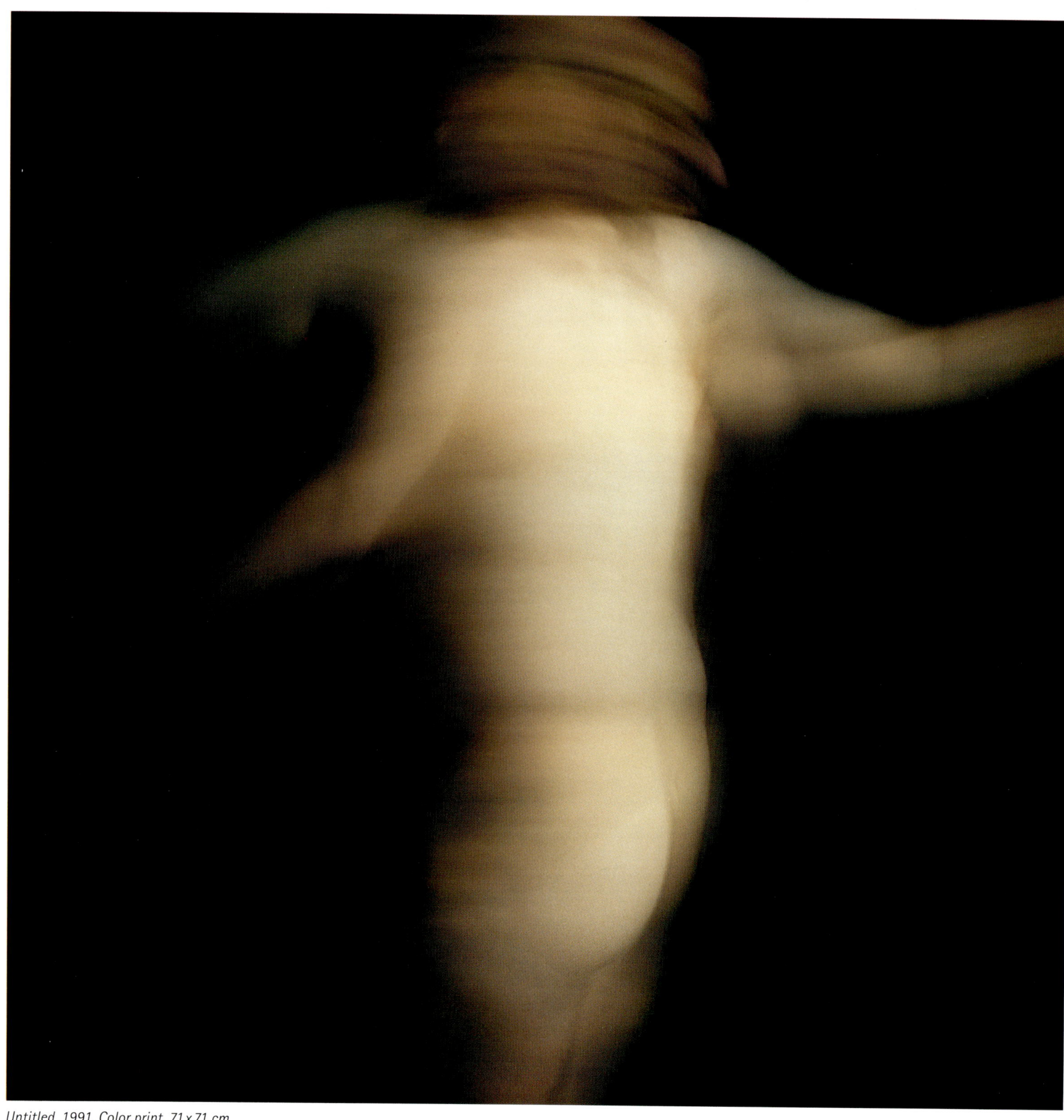

Untitled, 1991, Color print, 71 x 71 cm

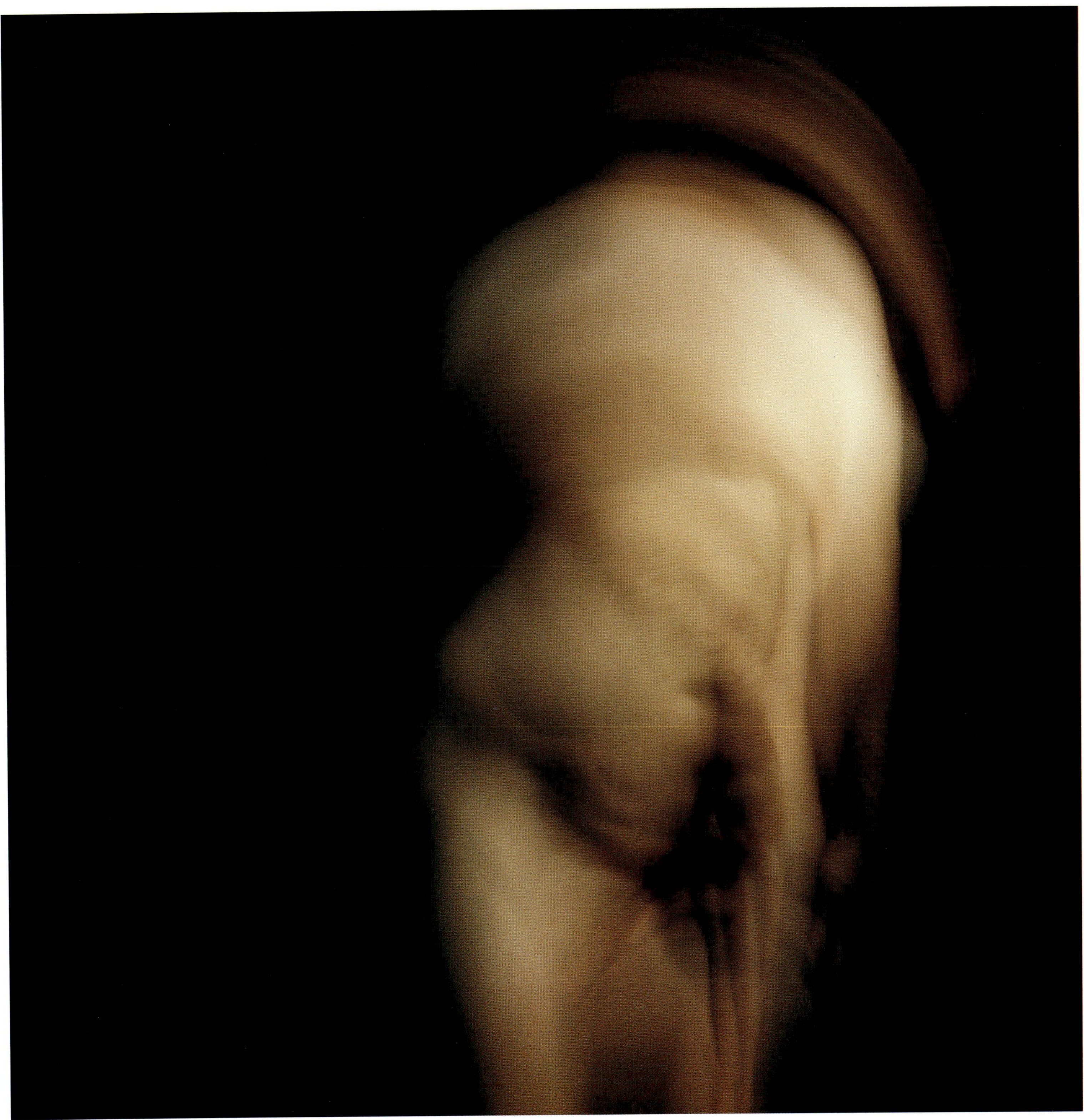

Untitled, 1991, Color print, 71 x 71 cm

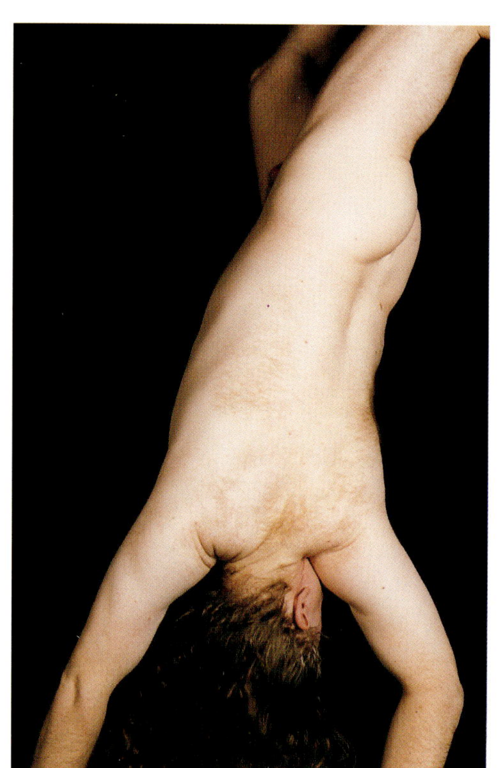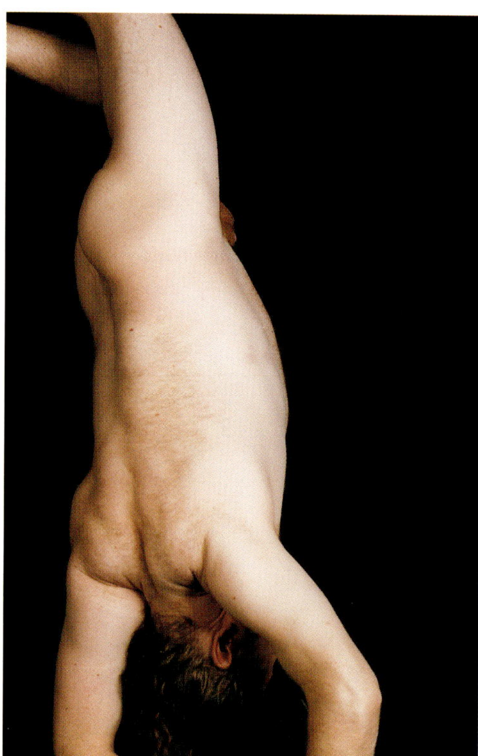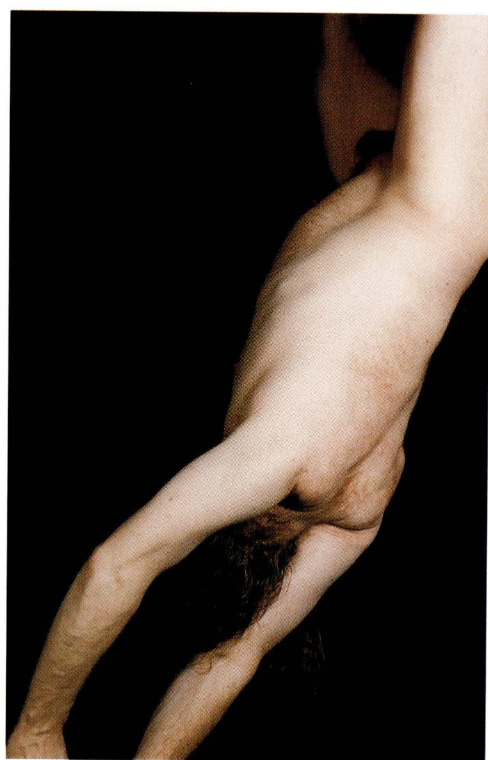

Pitture Infamanti, 1994, From a series of 7 color prints, 16,5 x 9,5 cm

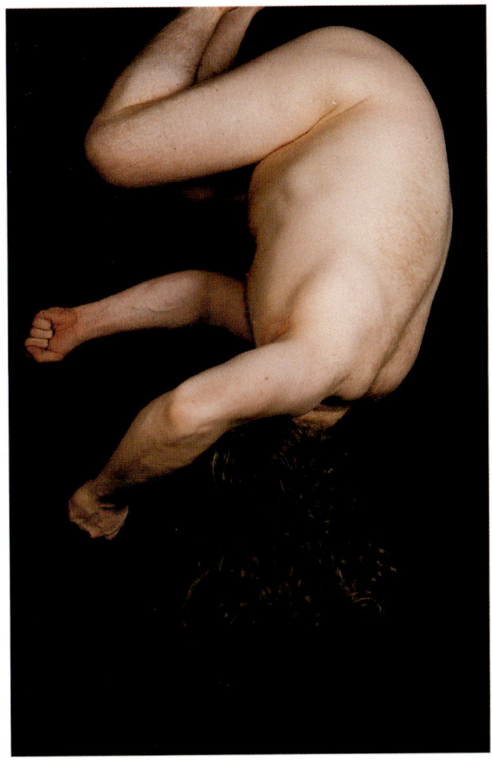 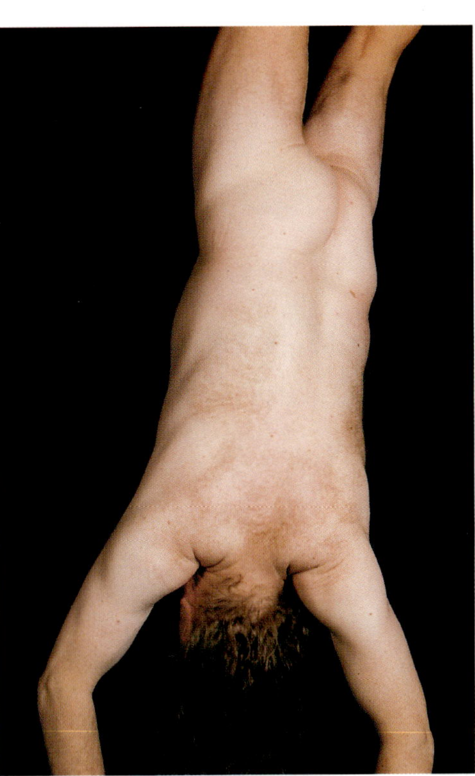

Jean-Jacques Ringuette

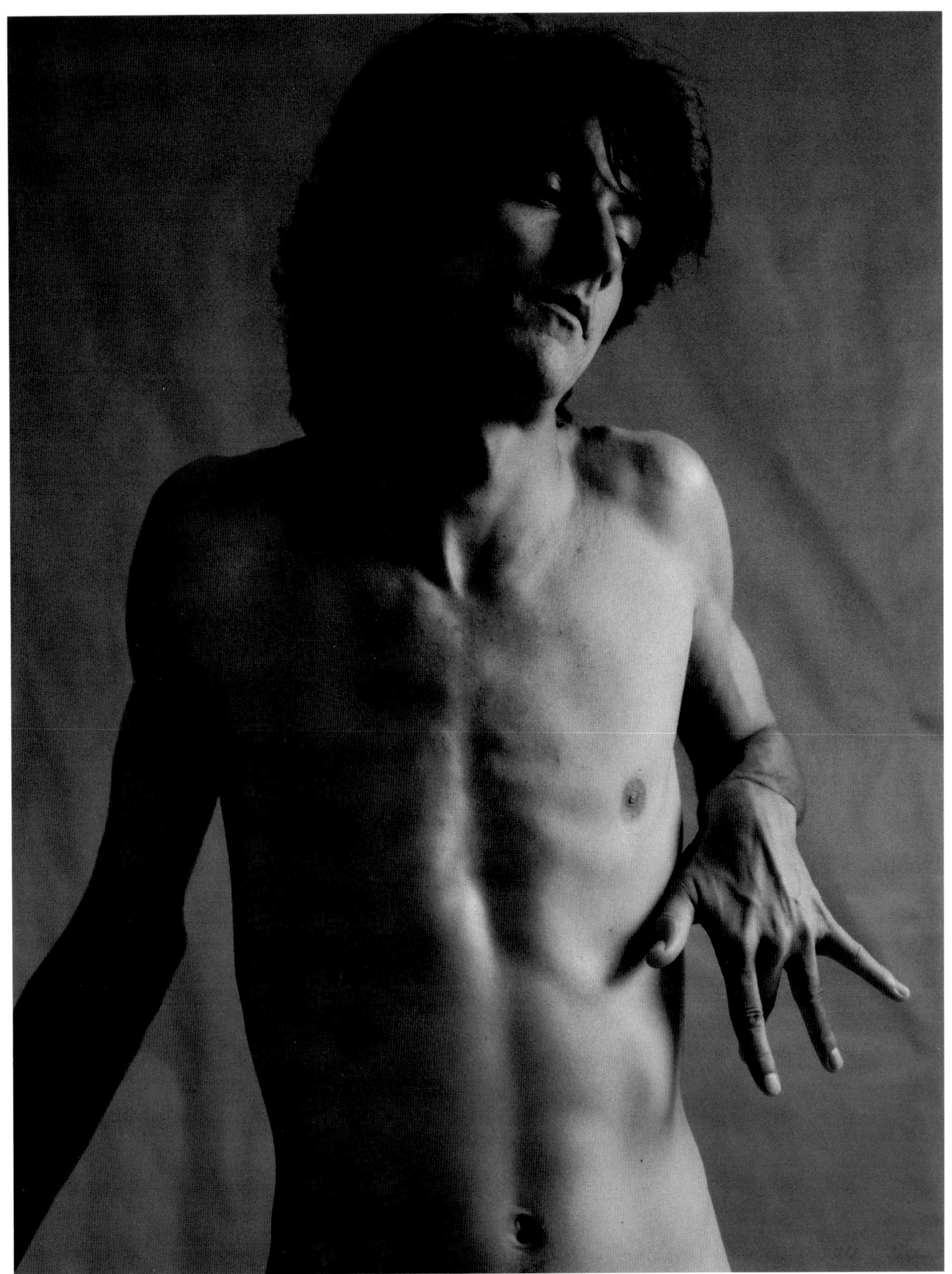

De la série Ecce Homines – Les offenses crépusculaires, 1991–1994, Epreuves argentiques virées sepia, 128 x 105 cm

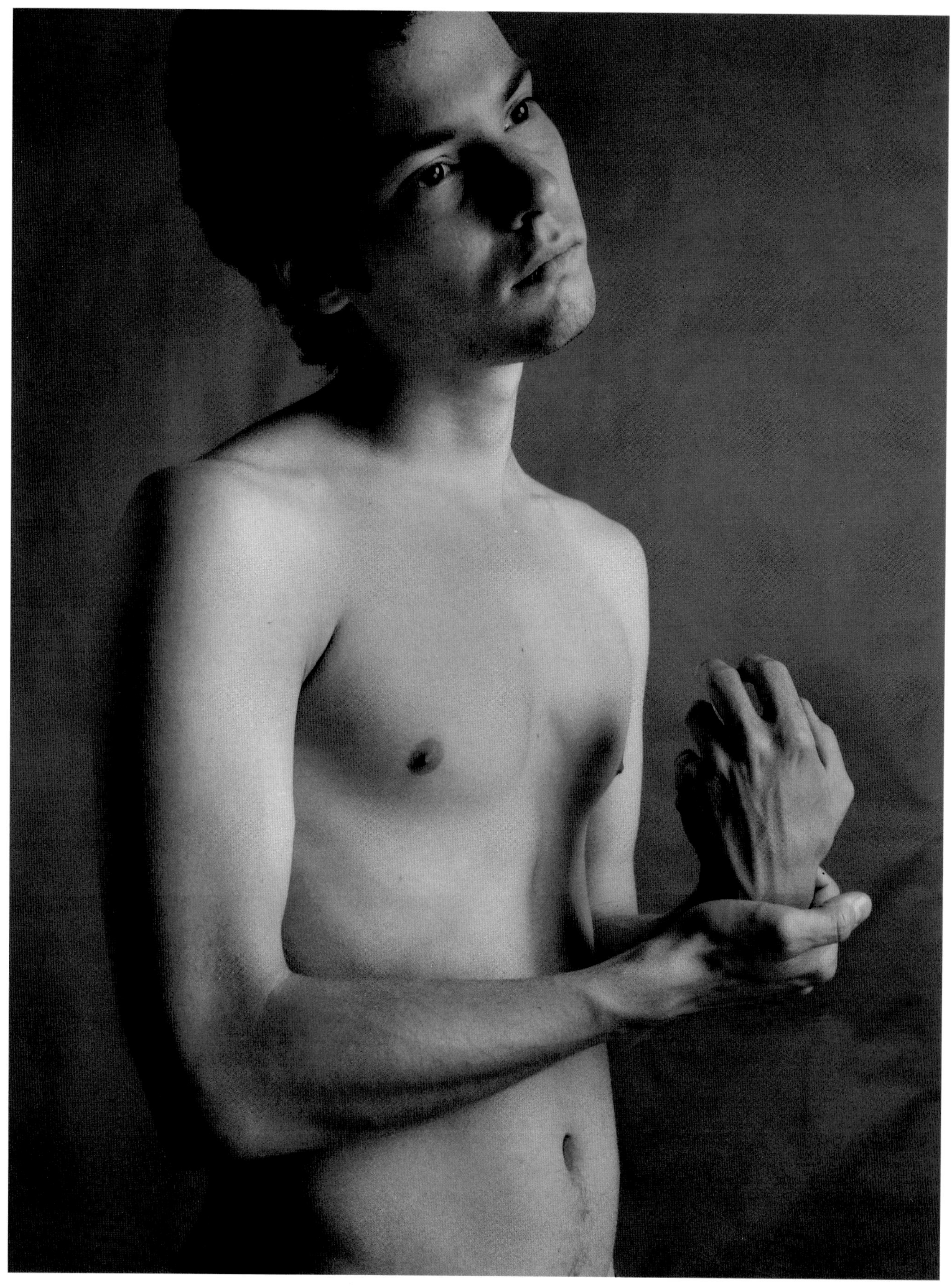

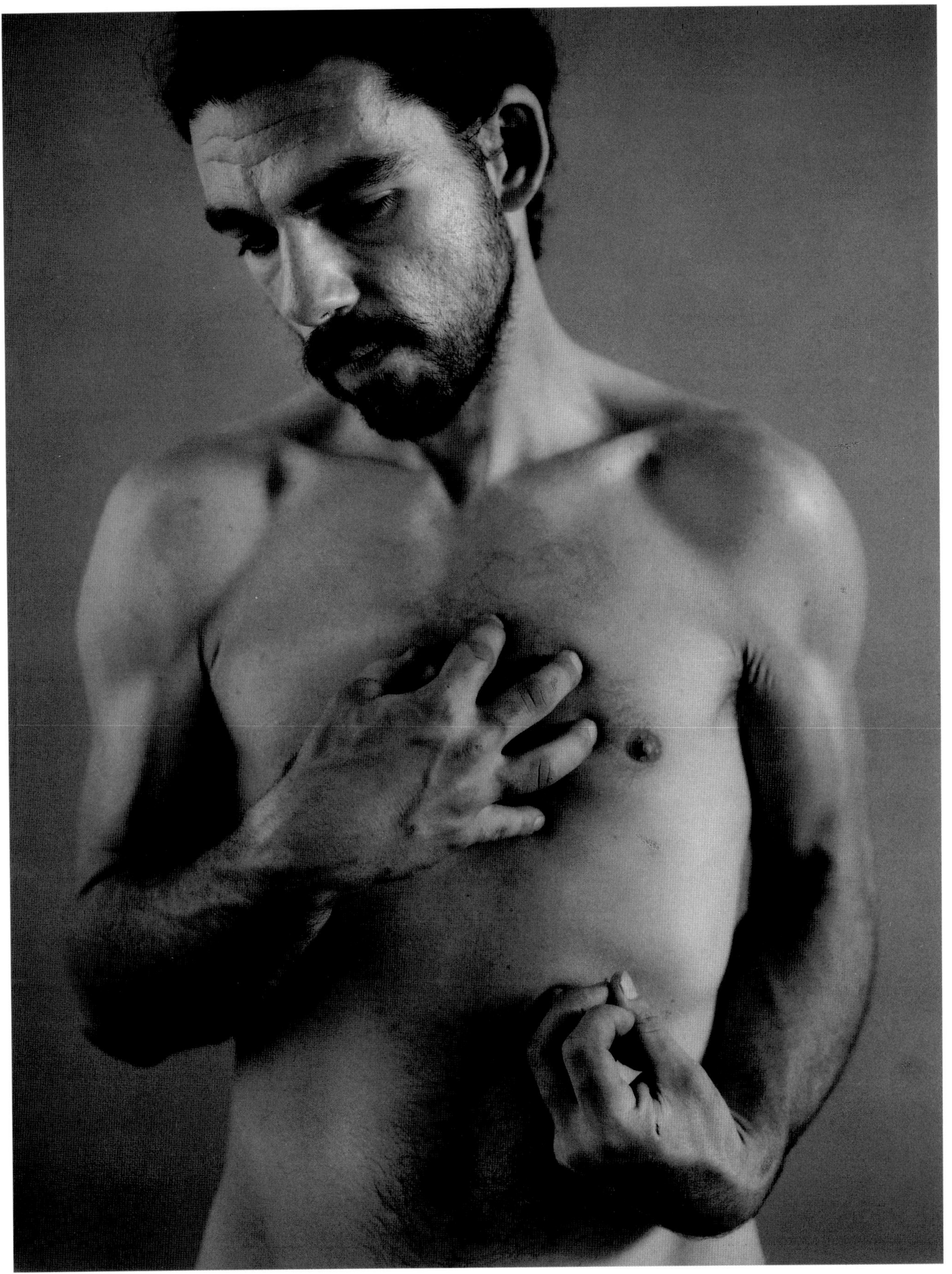

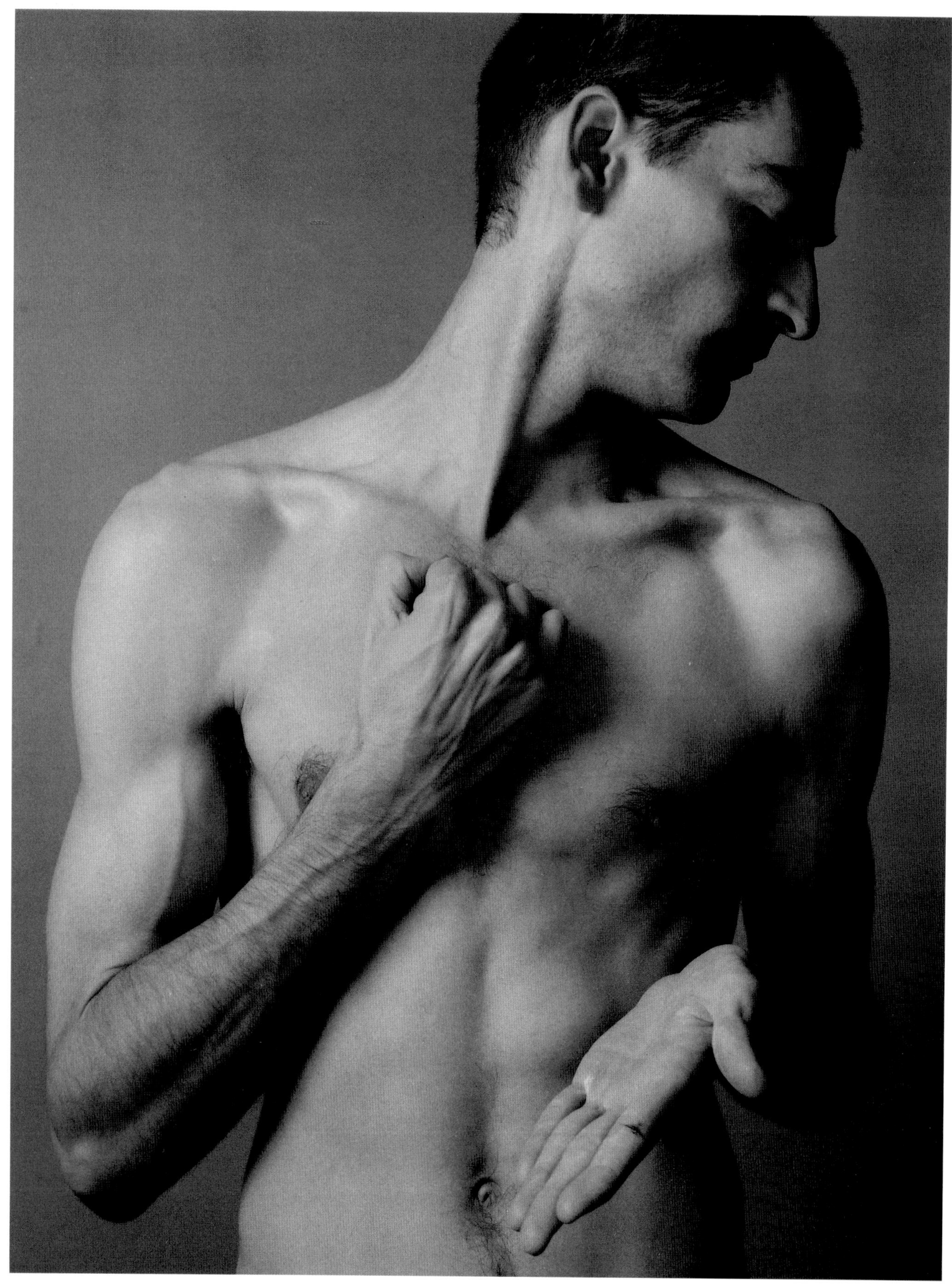

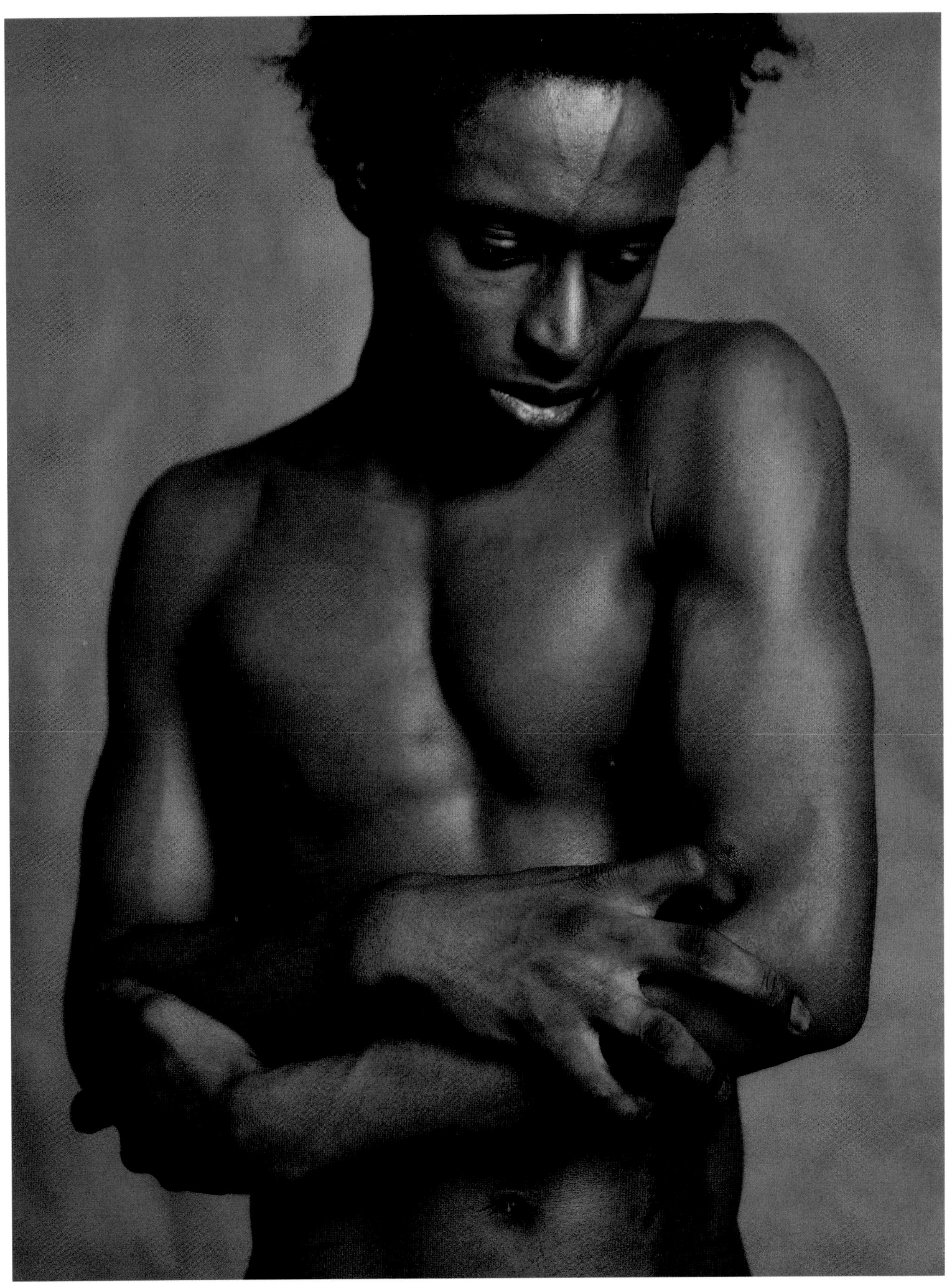

Evergon

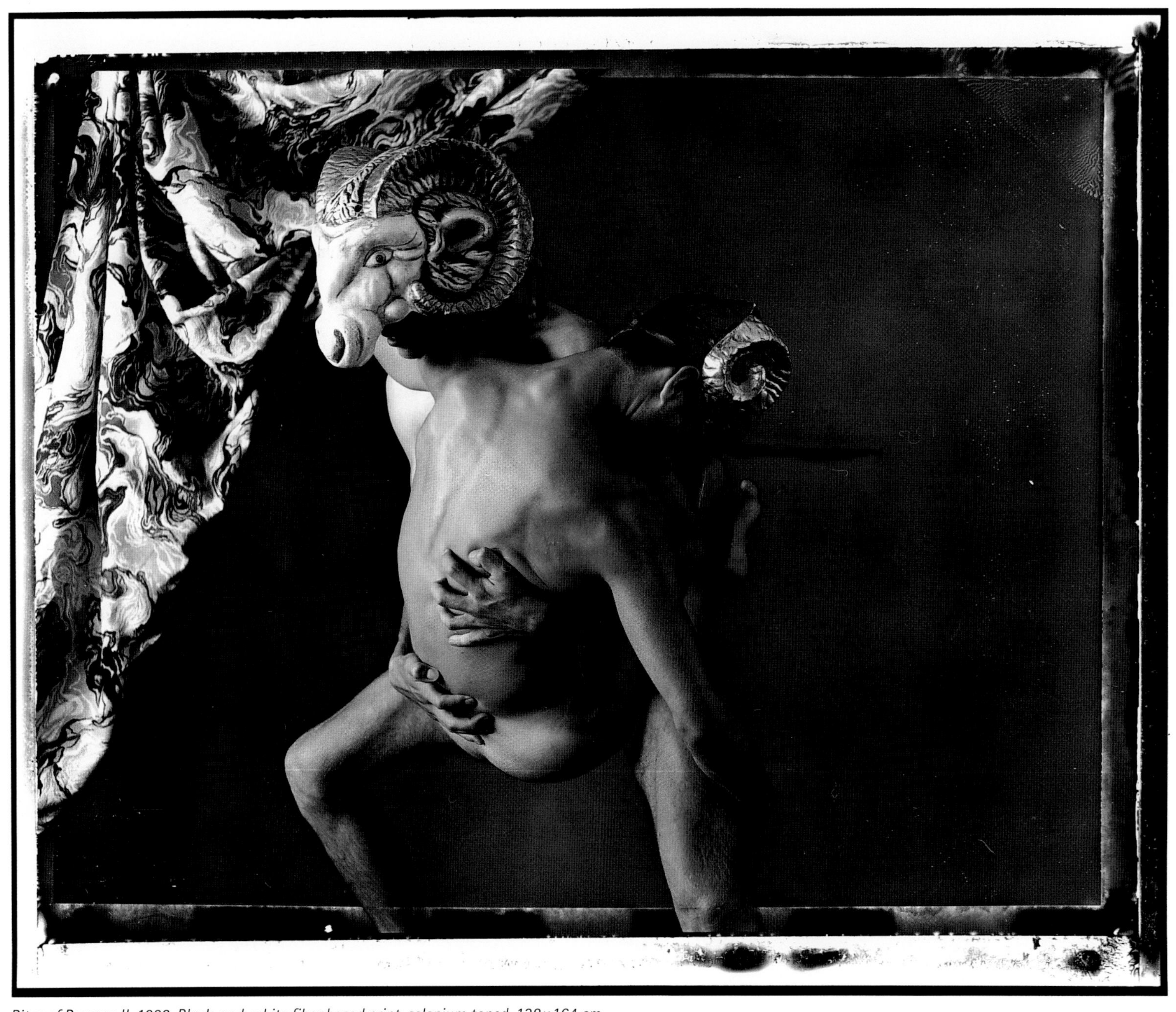

Rites of Passage II, 1992, Black-and-white fiber based print, selenium toned, 138 x 164 cm

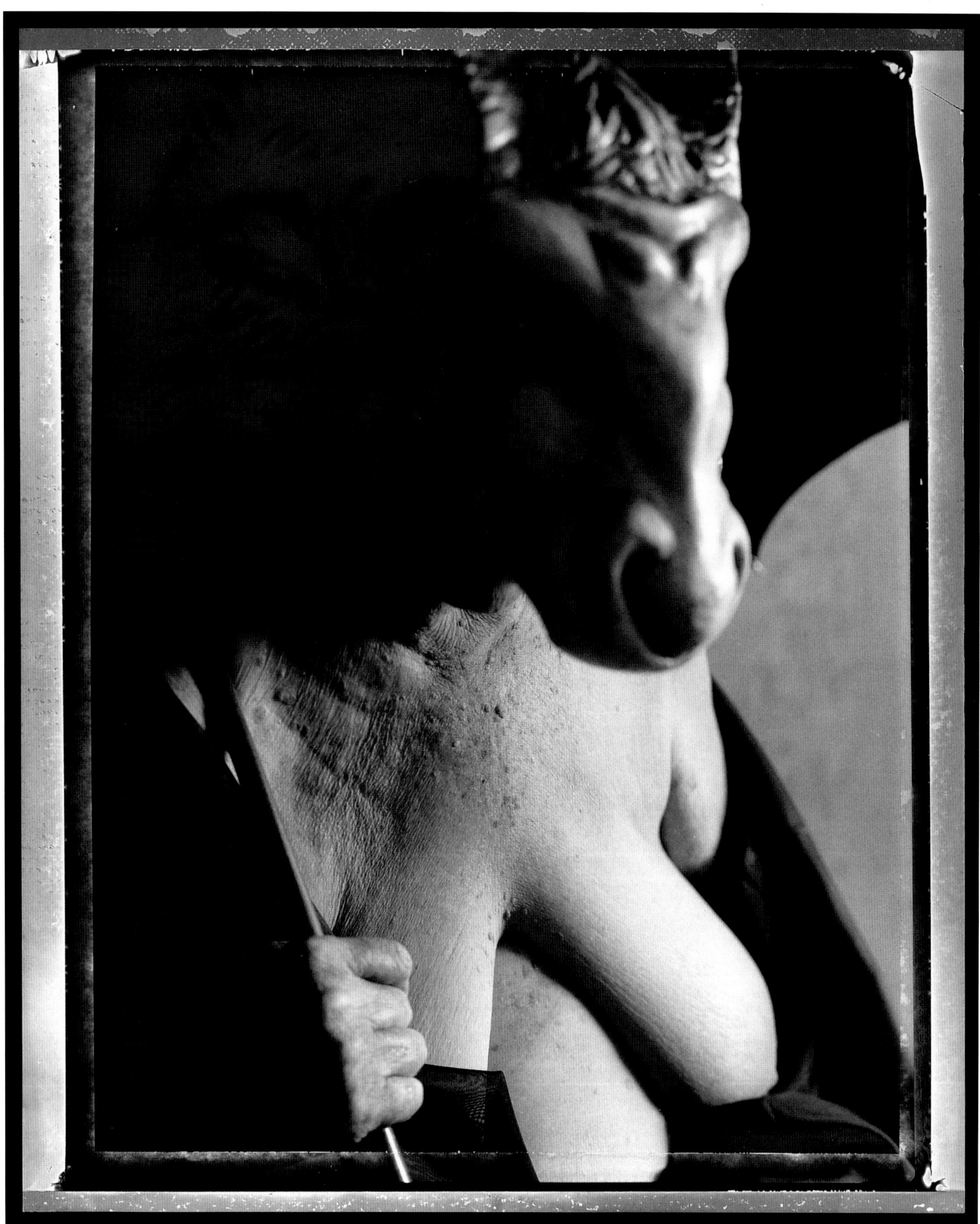

Ramba Mama with Umbrella III, 1991, Black-and-white fiber based print, selenium toned, 58,4 x 49,2 cm

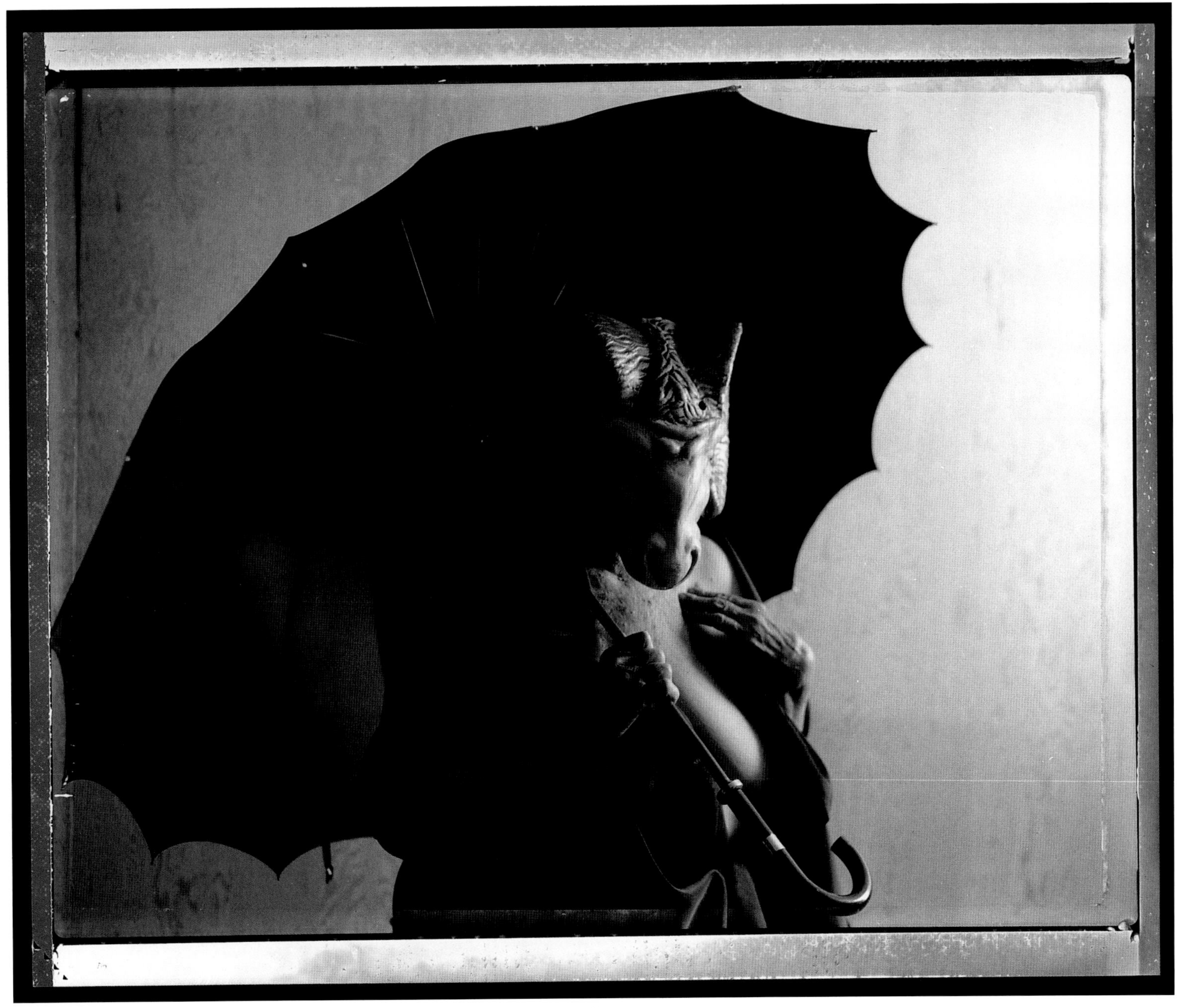

Ramba Mama with Umbrella I, 1992, Black-and-white fiber based print, selenium toned, 107,6 x 129 cm

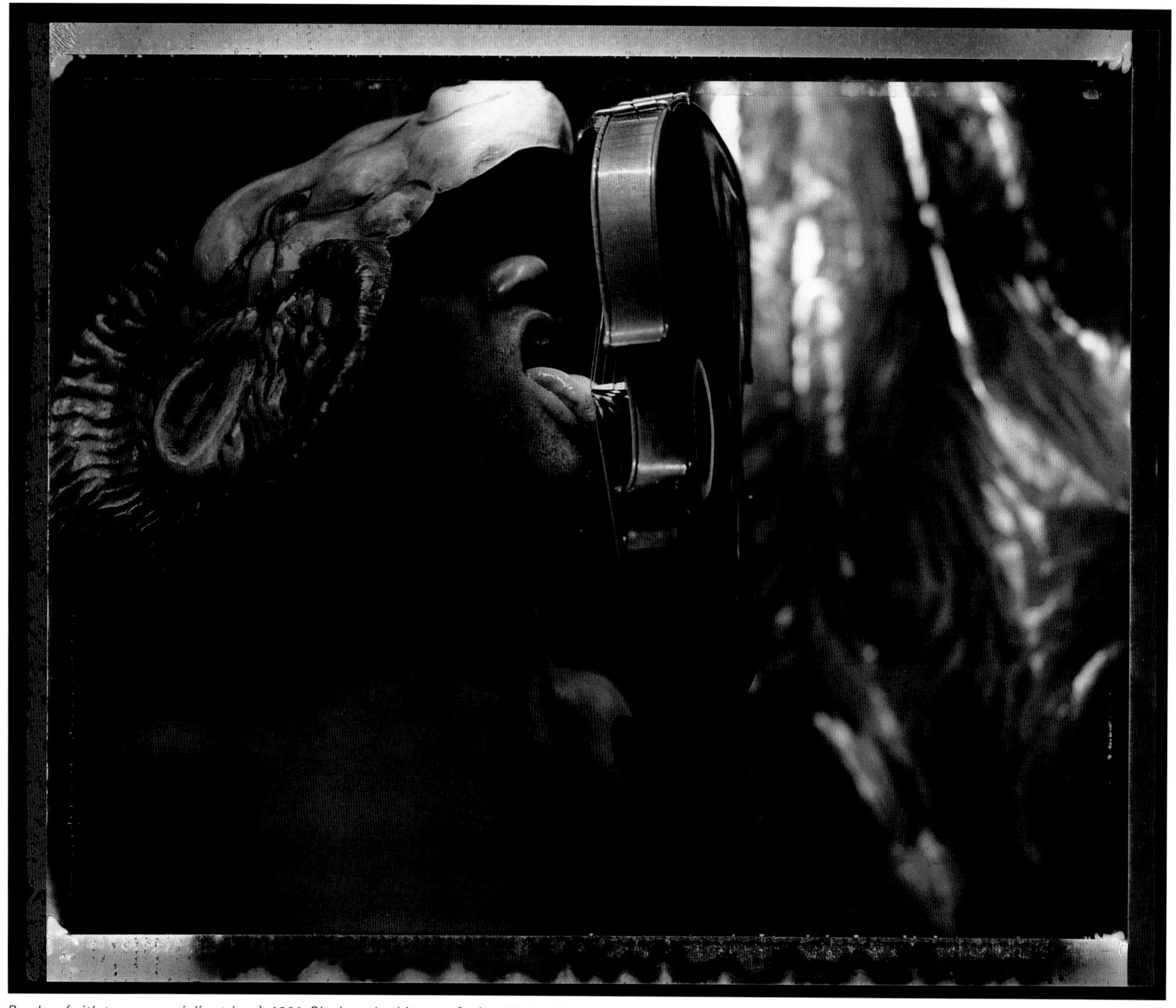

Ramboy (with tongue on violin strings), 1991, Black-and-white proof print, 58,4×49,2 cm

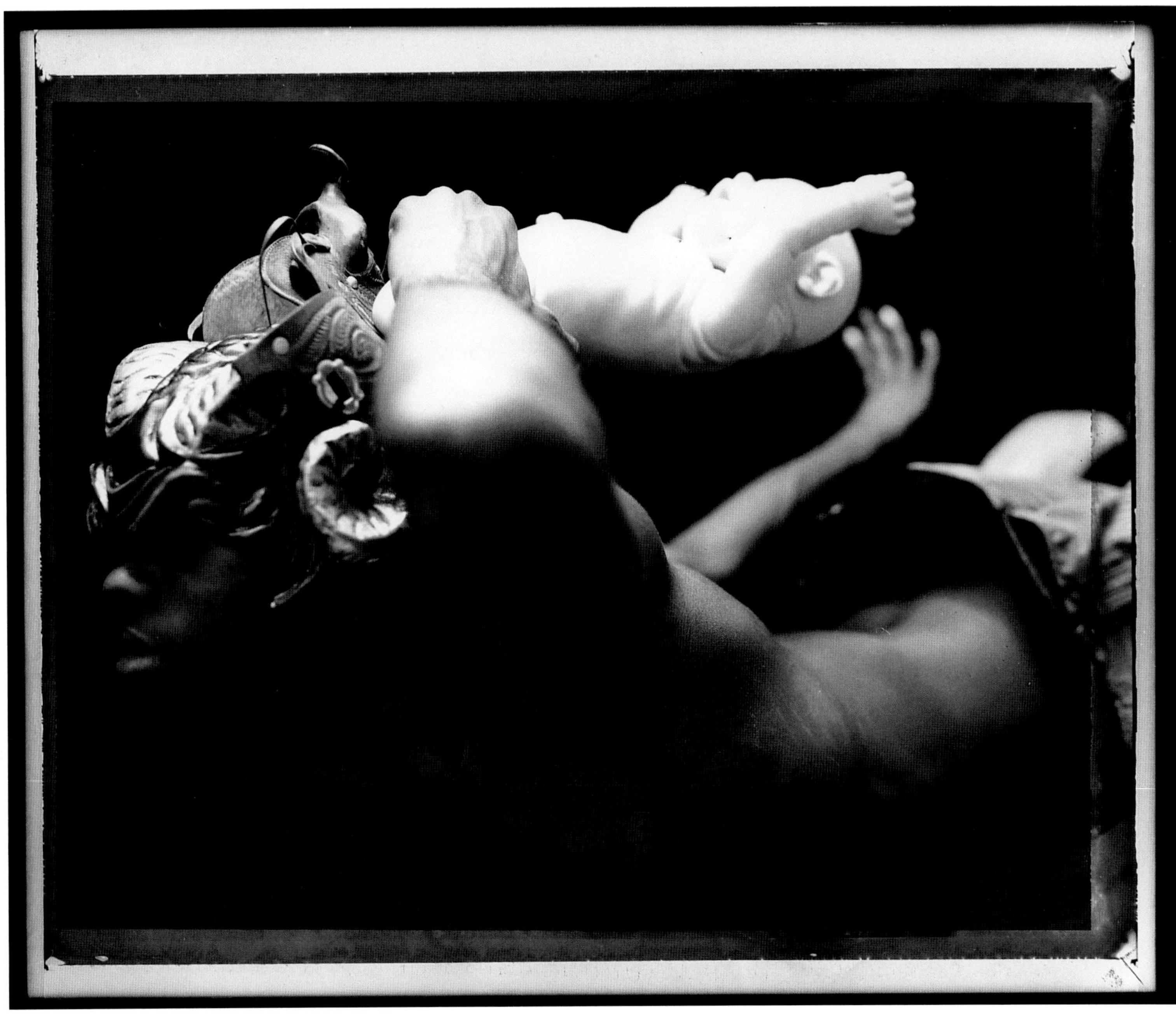

Ramboy in Flight: Stealing the Moon Babies, 1991, Black-and-white proof print, 78,7 x 95,2 cm

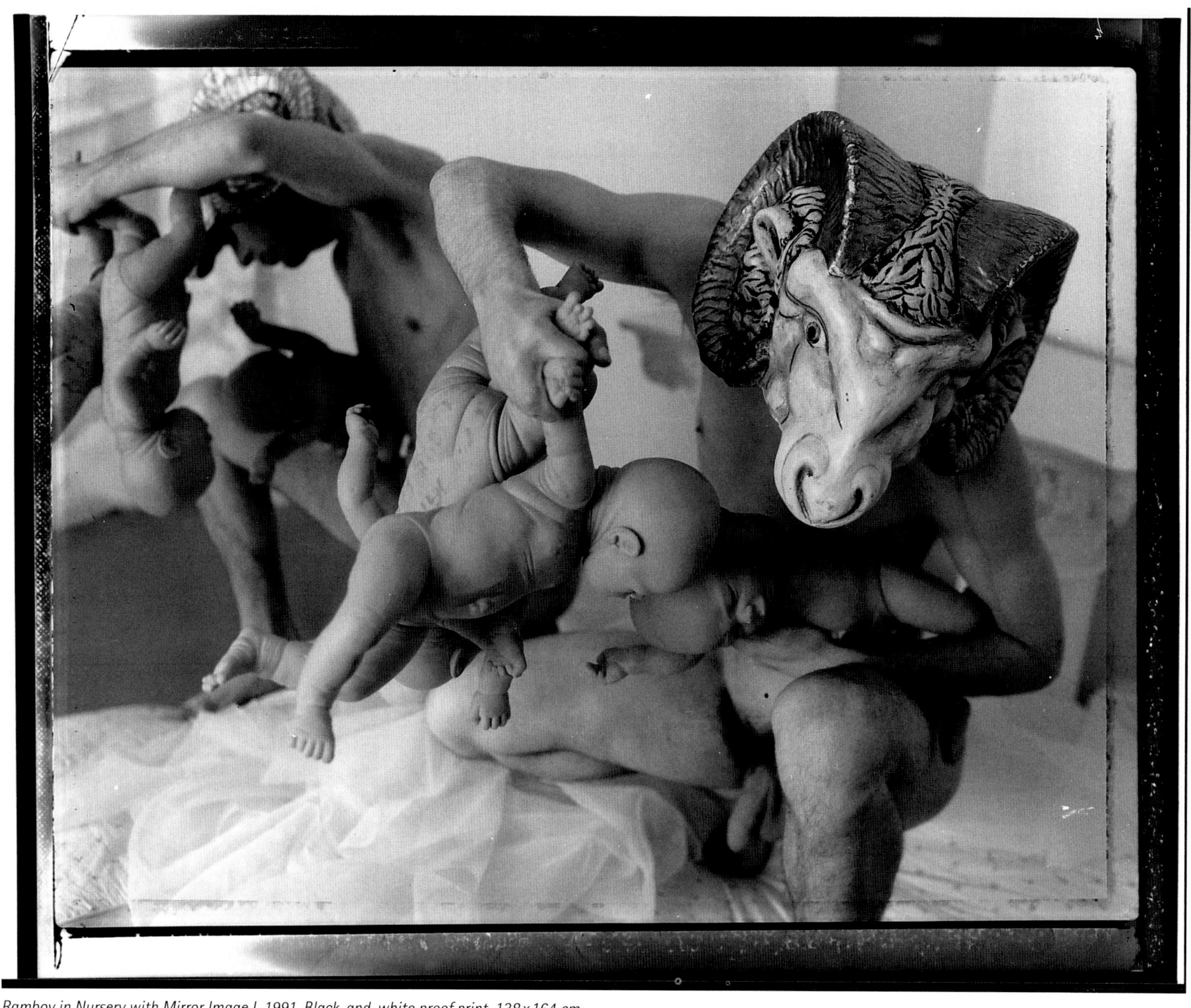

Ramboy in Nursery with Mirror Image I, 1991, Black-and-white proof print, 138 x 164 cm

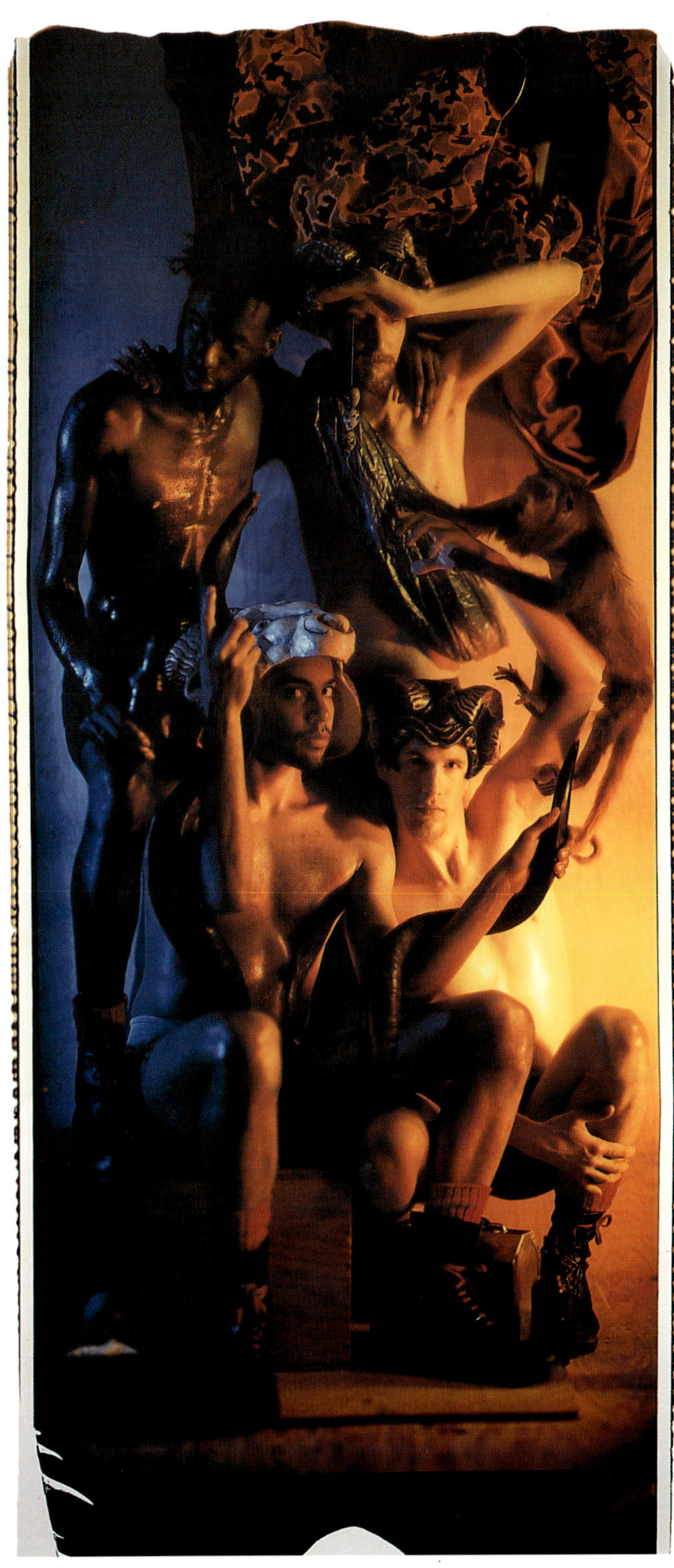

Comrades in Camp, 1993, Polaroid color print, 235 x 112 cm

Spricht man im Zusammenhang einer Kunstausstellung zum Thema «Der Körper» über Körper und Kultur, dann scheint es nahezuliegen, den Begriff der Kultur auf die künstlerische Darstellung zu beschränken und ihm das Sujet des dargestellten menschlichen Körpers als natürlichen Gegenstand gegenüberzustellen, um dann das Spannungsverhältnis von Kultur und Natur zu behandeln. Ich werde in meinem Beitrag jedoch das Thema der künstlerischen Behandlung des menschlichen Körpers ausklammern und mich ausschließlich mit dem menschlichen Körper selbst als Basis, als Gegenstand der Darstellung unter kultursoziologischem Aspekt beschäftigen.

Als Ausgangspunkt bietet sich die These von Marcel Mauss an, daß es in bezug auf den menschlichen Körper kein *natürliches* menschliches Verhalten (weder in Körperhaltung, Bewegung noch in anderen Körpertechniken) gebe, sondern daß dies alles gesellschaftlich geformt sei. Plake resümiert mit Bezug auf den Körper: «Als natürlich wirkt alles, was den Rahmen des (jeweils gültigen; E.U.H.) Durchschnitts nicht verläßt.» Und Schelskys Statement zur menschlichen Sexualität: «Das Natürliche ... ist die anerkannte Sitte» läßt sich verallgemeinern: Unsere Vorstellungen von Natur und Natürlichkeit – und das gilt im besonderen für den menschlichen Körper und seine Körperlichkeit – sind gesellschaftlich und kulturell bestimmt; das heißt auch, sie sind historisch wandelbar und können gleichzeitig in unterschiedlichen Kulturen sehr verschieden sein.

In der heute gebräuchlichen soziologischen Begrifflichkeit würde man diese Sichtweise unter dem Titel «Die gesellschaftliche bzw. kulturelle Konstruktion des Körpers» subsumieren. Damit ist nicht die häufig versuchte Konstruktion des darzustellenden bzw. dargestellten menschlichen Körpers gemeint, wie sie z.B. Fredel in seinem Aufsatz *Ideale Maße und Proportionen: Der konstruierte Körper* beschreibt. Der heute in vielen Wissenschaften verbreitete paradigmatische Ansatz des Konstruktivismus geht vielmehr davon aus, daß der Mensch – da ihm eine biologische Programmierung für ein adäquates Verhalten in seiner Umwelt fehlt – seine Wirklichkeit selbst konstruieren muß. Das bedeutet nicht, daß er Dinge oder Ereignisse erfindet, sondern daß er vorgefundene Dinge, Phänomene und Ereignisse deutet und ihnen im Einklang mit seiner Gruppe Sinn unterlegt. Diese Sinnunterlegung erfolgt kollektiv, wird im Prozeß der Sozialisation weitergegeben, ist die Weltsicht, in die man hineinwächst und in der die Dinge ihren *natürlichen,* richtigen und normalen Sinn in sich selbst zu tragen scheinen. So kann z.B. der Tod als Aufhören aller meßbaren körperlichen Lebensfunktionen gedeutet werden, als absolutes Ende, als vorläufiges Ende mit dem Aspekt einer Auferstehung des Leibes, als Übergang in eine andere menschliche Gestalt, als Übergang in eine vom Verhalten im abgelaufenen Leben abhängige Seinsweise etc.
Ich werde im folgenden versuchen, die kulturelle Bestimmtheit des menschlichen Körpers unter vier Aspekten darzustellen:
- der Körper als Symbol für die Gesellschaft,
- der Körper als Ausdruck des Selbst, des individuellen Ichs,
- der Körper als Symbol, als *Verkörperung* der Gruppenzugehörigkeit des Individuums und
- die grundsätzliche Sicht, was der menschliche Körper eigentlich ist.

Körper und Kultur: Die gesellschaftliche Konstruktion des menschlichen Körpers /

Body and Culture: The Social Construction of the Human Body /

Corps et culture: la construction sociale du corps humain

Erhard U. Heidt

A study on body and culture in connection with an art exhibition "The Body – Le Corps" seems to suggest to apply the concept of culture to the work of art and to contrast it with the represented body as a "natural" object. In this contribution to the topic, however, I will not deal with the artistic representation of the human body but concentrate on the human body itself as the base, as the object of artistic representation from a sociological point of view.

Marcel Mauss was one of the first who claimed that there is nothing *natural* in the way human beings use their bodies, neither in posture, in movement nor in any other body technique; he maintained that all this is culturally moulded. Plake states with respect to the body: "Everything which does not deviate too much from the average seems to us to be natural". Schelsky's summary concerning the forms of human sexuality can be generalized: "what is natural is just the acknowledged custom". Our ideas of nature and what is natural – and that is true, in particular, for the human body and its corporeality – are socially and culturally determined; that means, on the one hand, they are historically changeable and, on the other, that they can vary between different cultures.

In present day sociological terminology, this perspective would be subsumed under the category *the social or cultural construction of the body*. This is not a reference to the many attempts to mathematically or geometrically construct the ideal presentation of the human body as they are described in Fredel's study on ideal measurements and proportions of the body. The constructivist paradigm, which is nowadays accepted in most academic disciplines, is rather based on the assumption that man, having no species-specific environment into which he is born, must provide, create, and construct a stable world necessary for individual and social survival. The construction of this world, which is his "reality", does not mean the construction of events of things, but the construction of meaning which events and things are supposed to have. This construction of meaning is a collective enterprise, transmitted from generation to generation in the process of socialization. It is a view of the world in which things seem to have in themselves a *natural* and correct meaning. Thus death, e.g., can be interpreted as the end of all measurable bodily functions, as a definite end, as a temporary end with the hope of a resurrection of the body, as a transition into another human body, as a change into another form of being which is dependent on one's moral behaviour in the previous form of existence etc.

In this article I shall try to describe the cultural determination of the human body from four different perspectives:
– the body as a symbol for society,
– the body as an expression of self, of individuality,
– the body as a symbol, an *embodiment* of group affiliation of the individual, and
– the fundamental view of what the human body really is.

The Body as a Symbol for Society

In all cultures, not only in Europe, the human body is used as a symbol, a metaphor for political and social order (Douglas 1973; Featherstone 1990). The human body seems to be the natural and ubiquitous symbolic medium for social relationships and social order. Hence we speak of social corpora-

Parlant de corps et de culture dans le cadre d'une exposition d'art sur «Le corps», il semble pertinent de limiter le terme de culture à la représentation artistique et de lui opposer le sujet du corps humain représenté comme un objet «naturel» afin de traiter, ensuite, du rapport conflictuel entre culture et nature. Toutefois, je mettrai entre parenthèses dans mon article le traitement artistique du corps humain pour me consacrer exclusivement au corps humain lui-même, comme base, comme objet de la représentation, sous l'aspect de la sociologie culturelle.

Je prendrai comme point de départ la thèse de Marcel Mauss selon laquelle, concernant le corps humain, il n'existe pas de comportement humain naturel (ni dans la tenue, le mouvement, ni dans d'autres techniques corporelles) mais que celui-ci est un produit social. Plake résume se référant au corps: «Tout ce qui ne dépasse pas le cadre de la moyenne (respectivement valable; E.U.H.) est naturel». Et les affirmations de Schelsky sur la sexualité humaine: «Le naturel ... est la coutume reconnue» peuvent être généralisées: nos idées de nature et de naturel – cela vaut en particulier pour le corps humain et sa corporalité – sont socialement et culturellement définies; cela signifie également qu'elles sont historiquement variables et peuvent être simultanément très dissemblables dans des cultures différentes.

Dans la terminologie sociologique en usage aujourd'hui, on subsumerait cette façon de voir sous le titre: La construction sociale et culturelle du corps. Il n'est pas question ici de la construction souvent tentée du corps humain à représenter ou représenté comme la décrit, par exemple, Fredel dans son article «Ideale Maße und Proportionen: Der konstruierte Körper» («Mensurations et proportions idéales: le corps construit»). L'approche paradigmatique du constructivisme répandue aujourd'hui dans beaucoup de sciences postule davantage que l'homme – puisqu'il lui manque une programmation biologique pour un comportement adéquat dans son environnement – doit construire lui-même sa réalité. Cela ne signifie point qu'il doit inventer des choses ou des événements mais qu'il interprète des choses, phénomènes et événements rencontrés et leur attribue un sens en accord avec son groupe. Cette attribution de sens a lieu collectivement. Elle est transmise dans le processus de socialisation et constitue la vision du monde dans laquelle on grandit et dans laquelle les choses semblent porter en elles-même leur sens naturel, correct et normal. C'est ainsi, par exemple, que la mort peut être interprétée comme l'arrêt de toutes les fonctions vitales corporelles mesurables, comme fin absolu, comme fin provisoire avec l'aspect d'une résurrection du corps, comme passage à une autre forme humaine, comme passage à une façon d'être dépendant du comportement dans la vie expirée, etc..

Je vais essayer maintenant d'exposer la détermination culturelle du corps humain selon quatre aspects:
– le corps comme symbole pour la société,
– le corps comme expression du soi, du moi individuel,
– le corps comme symbole, comme «incarnation» de l'appartenance au groupe de l'individu et
– la vision fondamentale de ce que le corps humain est vraiment.

Körper als Symbol für die Gesellschaft

Nicht nur in den europäischen, sondern in allen Kulturen wird und wurde der menschliche Körper als Metapher, als Symbol für die politische und soziale Ordnung angesehen und verwendet (Douglas 1986; Featherstone 1990). Der menschliche Körper scheint in allen Kulturen als allgegenwärtiges und *natürliches* symbolisches Medium für gesellschaftliche Ordnung und Verhältnisse sozusagen *auf der Hand* zu liegen. So sprechen wir auf den verschiedensten Ebenen von gesellschaftlichen Körperschaften, bestimmen Organe des staatlichen Systems oder der Universitäten, sprechen vom Staatsoberhaupt, dem Kopf einer Verbrecherbande oder dem Arm und Auge des Gesetzes. Schon Paulus sagt den Korinthern, daß *eure Leiber Christi Glieder sind* – ein Motiv, das im Kirchenlied von Zinzendorf wieder aufgegriffen wird: «Er das Haupt, wir seine Glieder.» In der Soziologie ist spätestens seit Durkheim mit dem Konzept der organischen Solidarität die gesellschaftliche Körperanalogie ein allgemein gebräuchliches Konzept.

Dementsprechend wird und wurde die Kontrolle des menschlichen Körpers als Ausdruck der gesellschaftlichen Kontrolle interpretiert. Diese gesellschaftliche Kontrolle schlug sich z.B. im Militär in strengen Regeln für Haarschnitt und Körperhaltung nieder, und ein Vergleich der Körperregeln in der Schule vom 19. Jahrhundert bis heute zeigt eine Parallelität zwischen abnehmender gesellschaftlicher Normierung allgemein und körperbezogenen Regelungen im besonderen (gerades Sitzen, Haarschnitt, Handhaltung etc.).

Nicht nur die gesellschaftliche Ordnung, sondern auch ihre Störung findet ein Analogon im Körperbereich. So ist vom Mittelalter bis zum Absolutismus die Zerstückelung des menschlichen Körpers ein selbstverständliches Mittel, die Störung der gesellschaftlichen Ordnung zu rächen und wiederherzustellen: Auf die Verletzung der gesellschaftlichen Rechtsordnung folgt die analoge Verletzung des Körpers des Übeltäters. Umgekehrt werden auch heute noch gesellschaftliche Probleme in Körpermetaphern ausgedrückt:

«Was heute als Gefahr von rechts erscheint, hat in der Tat mit Kopf, Idee, Gesinnung kaum etwas zu tun. Es gleicht viel eher einer Krankheit, die den Körper der Gesellschaft befällt und ihre lebenswichtigen Funktionen lähmt. Die Krankheit hat tausend Ursachen, greift langsam um sich, schwächt alle möglichen Organe und ist so schwer zu bekämpfen, weil sie so schwer zu diagnostizieren ist» (FAZ, 18.6.93).

Aufgrund dieser symbolischen Wechselbeziehung kann der Körper nun auch als bewußtes Zeichen der Übereinstimmung mit dem gesellschaftlichen System bzw. als Zeichen des Protestes gegen dieses System eingesetzt werden. Besonders deutlich wird dies in all den Fällen, in denen sich Individuen oder Gruppen gegen die umgebende Gesellschaft absetzen. So wurden z.B. in der Studentenbewegung der sogenannten 68er körperliche Sinnlichkeit und Sexualität gegen rationale Geregeltheit und Bürokratie der heutigen Gesellschaft gesetzt. Die Körperbetonung wird zum Kampfmittel gegen die herrschende und als restriktiv empfundene Moral. Hippies, Skinheads und Punks benutzen ihren Körper, im besonderen ihr Haar, als Symbol ihres Verhältnisses zur umgebenden Mehrheitsgesellschaft und belegen so die These von Mary Douglas: «Der körperliche Ausdruck der Zugehörigkeit zur Peripherie der Gesellschaft tendiert immer und überall zum Bizarren und Ungepflegten» (1986, 130).

tions, executive bodies, the head of state, or the eye or the arm of the law. St. Paul tells the Corinthians that *your bodies are the members of Christ*, and a German hymn takes up this metaphor: "he is the head, we are his members". And since Durkheim's concept of organic solidarity the social analogy of the body has become a household word. Hence the control of the biological body is seen as a symbol, a reflection of the controls of the social body.

The degree of social control is reflected, e.g., in the strict military rules for haircut and posture; and a comparison of body rules in schools from the 19th century till today reveals a parallel development between the decrease of coercive norms in general and with respect to body rules in particular, like sitting upright, prescribed haircut or position of hands on the desk.

It is, however, not only social order but also social disorder which is perceived in analogy to the human body. From the Middle Ages to the times of Absolutism the dismemberment of the human body was an accepted means to avenge the violation of social order and to restore that order: the violation of social order was followed by an analogous damaging of the body of the malefactor. Conversely, social problems are expressed in body metaphors even today:

"What appears today as a danger from rightwing groups, has hardly any connection to ideology, ideas and brain. It is rather a disease, which attacks the body of society and paralyzes its vital functions. This disease has a thousand causes, spreads slowly but surely, weakens all organs, and is difficult to keep in check since it is difficult to diagnose" (Frankfurter Allgemeine Zeitung, 18 June 1993).

Because of this symbolic correlation the human body can be used as an intentional symbol of agreement or disagreement with the society one lives in. That is, in particular, obvious in all those cases in which individuals or groups show their disagreement with society. Thus the student revolution of the 1960s put up bodily sensuality and sexuality against the rational system and bureaucracy of modern societies. The accentuation of the body was used as a weapon in the fight against the dominant moral system, which was seen as unduly restricting the human body. Hippies, skinheads, and punks use their body, in particular their hair, as a symbol of their relation to the surrounding majority society and thus support Mary Douglas' thesis that the bodily expression of an affiliation to the periphery of a society always and everywhere tends towards the bizarre and the unkempt.

The Body as an Expression of the Self

Norbert Elias demonstrated that in our western culture since the Middle Ages the appearance of a body has been interpreted as an expression of the inner being, the total personality. Even books of etiquette of today reflect this idea:

"The way someone behaves, the way he stands, walks or moves ... depends on his spirit and is a symbol of his ideas and his emotions, of his attitude as a whole. A lady, e.g., with clumsy and fierce movements shows by this a lack of harmony and peace of mind, and an irrascible man bears the traces of his lack of control in his face" (Oheim 1954, 36).

The inferences made from the visual body to the general personality and the present mood of the individual is common

Corps comme symbole pour la société

Le corps humain est et a été considéré et utilisé comme métaphore, comme symbole de l'ordre politique et social non seulement dans les cultures européennes mais dans toutes les cultures (Douglas 1986; Featherstone 1990). Le corps humain semble être une évidence dans toutes les cultures comme médium symbolique omniprésent et naturel pour l'ordre et les rapports sociaux. Ainsi, nous parlons, aux niveaux les plus divers, de corporations sociales, de certains organes du système étatique ou des universités, nous parlons de chef d'état, du cerveau d'un gang ou du bras et de l'œil de la loi. Paul disait déjà aux Corinthiens que vos corps sont les membres du Christ – un motif qui est repris dans le cantique de Zinzendorf: «Lui la tête, nous ses membres». Depuis Durkheim et son concept de la solidarité organique, l'analogie corporelle sociale est un concept usuel en sociologie.

En conséquence, le contrôle du corps humain est et a été interprété comme l'expression du contrôle social. Ce dernier se retrouve, par exemple, chez les militaires dans des règles strictes concernant la coupe de cheveux et le maintien, et une comparaison des règles corporelles à l'école – du 19ème siècle jusqu'à aujourd'hui – montre un parallèle entre la diminution de la standardisation sociale, en général, et les règlements concernant le corps, en particulier (position assise droite, coupe de cheveux, position des mains etc.)

Si l'ordre social trouve un analogon dans le domaine corporel, sa perturbation également. Ainsi, du moyen-âge à l'absolutisme, le démembrement du corps humain est un moyen naturel pour châtier toute perturbation de l'ordre social et le rétablir: la violation de l'ordre juridique social entraîne la violation analogue du corps du malfaiteur. Inversement, les problèmes sociaux sont encore aujourd'hui exprimés en métaphores corporelles:

«Ce qui aujourd'hui apparaît comme un danger de droite n'a, en fait, que peu de chose à voir avec l'intelligence, les idées, les opinions. Il ressemble bien plus à une maladie qui attaque le corps de la société et qui paralyse ses fonctions vitales. La maladie a des milliers de causes, se répand lentement, affaiblit tous les organes possibles et est d'autant plus difficile à combattre qu'elle est difficile à diagnostiquer» (Frankfurter Allgemeine Zeitung, 18. 6. 93)

En raison de cette interaction symbolique, le corps peut être utilisé maintenant comme un signe conscient de l'accord ou du désaccord avec le système social. Ceci est particulièrement manifeste dans tous les cas où des individus ou des groupes se démarquent de la société environnante. Ainsi, par exemple, on a opposé dans le mouvement étudiant de soixante-huit la sensualité corporelle et la sexualité à l'ordre rationnel et la bureaucratie de la société d'aujourd'hui. L'affirmation du corps devient une arme contre la morale dominante, vécue comme restrictive. Les hippies, skinheads et punks utilisent leur corps, en particulier leurs cheveux, comme symbole de leur rapport à la société majoritaire environnante et corroborent ainsi les thèses de Mary Douglas:

«L'expression corporelle de l'appartenance à la périphérie de la société incline, toujours et partout, au bizarre et au négligé» (1986, 130).

Der Körper als Ausdruck des Selbst

Norbert Elias hat gezeigt, daß in unserem Kulturkreis seit dem Mittelalter die Haltung des Körpers als «Ausdruck des inneren, des ganzen Menschen» gedeutet wird (1976, 101). Anstandsbücher der jüngeren Zeit konkretisieren diesen Gedanken:

«Wie ein Mensch sich gibt, wie er sich hält, wie er geht, wie er sich bewegt, ... ist abhängig von seinem Geist, ist Symbol seiner Ideen und seiner Gefühle, seiner ganzen inneren Haltung. Eine Frau z. B., die heftig und eckig in ihren Bewegungen ist, wird auch in ihrer inneren Haltung Harmonie und Ruhe vermissen lassen, ein jähzorniger Mensch trägt die Spuren seiner Unbeherrschtheit fast immer im Gesicht» (Oheim 1955, 36).

Diese Sichtweise, nämlich der Schluß vom sichtbaren Körper auf die allgemeine Persönlichkeit, den Charakter und die augenblickliche Seelenlage des Individuums, ist nicht nur in unserer Gesellschaft Allgemeingut. Die Folge dieser gesellschaftlichen Deutung ist der Zwang zu permanenter Selbstkontrolle und Selbstdarstellung. Da der Rückschluß von unserer körperlichen Wirkung auf unsere Persönlichkeit in unserem Denken eingebrannt ist, werden wir – auch wenn wir es nicht wahrhaben wollen – zu Schauspielern, die ihren Körper zur Herstellung des gewünschten Eindrucks benutzen. Heutzutage sind wir überall umgeben von Spiegeln, in denen wir uns immer wieder auf Unvollkommenheiten überprüfen und korrigieren. Beobachtet man einmal Menschen vor den allgegenwärtigen Spiegelwänden in Kaufhäusern, so kann man fast immer den schnellen Blick und die anschließende Veränderung der Körperhaltung, den korrigierenden Handgriff zum Haar oder zur Kleidung feststellen.

Das Erkennen dieser *Unvollkommenheit* und die entsprechende Korrektur setzen einen sozialen, einen kulturellen Standard voraus, an dem man sich selbst und andere messen kann. Heute stehen uns idealisierte Körperbilder der Werbung, der Film- und Fernsehbranche ständig zur Verfügung und regen uns zu Vergleichen an: Wir sehen, was wir sind, und wir sehen, was wir – mit einiger Anstrengung – werden könnten.

Die Verkörperung der Gruppenzugehörigkeit des Individuums

Auch wenn uns unser Körper als natürlich erscheint, so zeigen ethnologische kulturvergleichende Untersuchungen, daß der menschliche Körper in Haltung, Bewegung, Gestik etc. interkulturell verschieden ist. So berichtet Mauss von den Schwierigkeiten englischer Soldaten im 1. Weltkrieg, mit der Art und Weise der französischen Spatenhandhabung und des französischen Marschierschritts zurechtzukommen; und von einem Kollegen sagt er: «Er konnte auf große Entfernung den Gang eines Engländers und eines Franzosen unterscheiden» (1975, 202). Unser (deutsches) Ideal des geraden aufrechten Gangs und des festen Blicks ins Auge unseres Gesprächspartners identifiziert uns in vielen ostasiatischen Gesellschaften als Europäer – mit den spontanen Bewertungen *anmaßend, respektlos und unhöflich.*

Unser Körper drückt jedoch – meist ohne daß wir es wollen – nicht nur auf der Ebene unterschiedlicher Gesellschaften und Kulturen unsere jeweilige Zugehörigkeit aus. Auch innerhalb einer Gesellschaft – in einem System von Binnendifferenzierungen – zeigt sich am menschlichen Körper die Zuordnung des Individuums zu verschiedenen Gruppen. So ist in traditionellen Gesellschaften ein Wechsel im sozialen Status, z. B. vom Kind zum Erwachsenen, durch *rites de passages* gekennzeichnet, die häufig den Körper rituell transformieren. Zu diesen körperlichen

knowledge not only in our society. This social interpretation forces us into a state of permanent self-control and self-presentation. Since the inference from our bodily appearance to our personality is etched into our thinking, we all – even against our intentions – become actors who use their body to achieve the desired effects. Today we are everywhere surrounded by mirrors, which we use to examine and correct our imperfections. When one observes one's fellow-beings when they pass the ubiquitous mirrors, e.g., in department stores, one finds that hardly anybody passes without a glimpse and a subsequent change of posture or a correcting motion to one's hair or clothes.

The recognition of these *deficiencies* and the subsequent correction require a social or cultural standard which can be used to measure oneself and others. Nowadays idealized images of the body are permanently available through advertising, through films and television. They incite comparisons: we see what we are, and we see what we could be – with a little bit of effort.

The Embodiment of Group Affiliation of the Individual

Although our body seems to us to be "natural", ethnological studies comparing different cultures show that the human body in posture, movements and gestures is interculturally variable. Thus Mauss (1979) describes the difficulties of English soldiers during the First World War to cope with the way the French soldiers handled their spades and with the way the French soldiers marched; and he maintains that a colleague of his could distinguish the gait of an Englishman and a Frenchman even at great distance. Our (German) ideal of an erect stance and of a firm look into the eye of our interlocutor identifies us in East Asian societies as Europeans – with the automatic evaluation as *arrogant, rude and without respect.*

Our body expresses not only our affiliation on the level of different societies or cultures. Even within our society the human body shows the membership of the individual in different groups. In traditional societies, e.g., a change in social status as from child to adult is demarcated by *rites des passages*, which often ritually transform the body. These bodily markings include circumcisions, tattoos, ornamental scars, or – on a less violent level – a change in hair-style.

In modern societies these ritual transformations of the body are no longer permanent. Here we find the above mentioned intentional body styles of subcultures like Hippies, skinheads, or punks, which show the group affiliation of the individual even if he is naked.

In addition to this intentional use of the body as a group symbol, the body – often involuntarily – *embodies* the class affiliation of the individual. Norbert Elias has identified the distinction between *boorish* and *noble* as a permanent feature in the description of bodily behaviour from the Middle Ages till the 19th century. This idea appears again in Bourdieu's writings, in particular in his concept of *habitus*. Bourdieu explains everyday customs and ways of behaviour from socio-economic conditions and from their social functions. The key concept of *habitus* denotes the internalization of class-specific standards. The differences between lower class and upper class are, in particular, reflected in the human body

Le corps comme expression du soi

Norbert Elias a montré que la tenue du corps est interprétée dans notre culture, depuis le moyen-âge, comme «l'expression de l'homme intérieur, de l'homme entier» (1976, 101). Certains livres récents de savoir-vivre concrétisent cette idée:

«La façon dont une personne se comporte, se tient, marche, bouge, ... dépend de son esprit. C'est le symbole de ses idées et de ses sentiments, de toute son attitude intérieure. Une femme, par exemple, qui est brusque et maladroite dans ses gestes manquera également d'harmonie et de calme dans son attitude intérieure, une personne furieuse porte presque toujours les traces de son irascibilité sur son visage» (Oheim 1955, 36).

Cette manière de voir, à savoir déduire du corps visible la personnalité générale, le caractère et l'état d'âme momentané de l'individu n'est pas uniquement valable dans notre société. La conséquence de cette interprétation sociale est l'obligation de s'auto-contrôler et de s'auto-représenter en permanence. Comme les rapports de cause à effet entre notre corps et notre personnalité sont marqués au fer rouge dans notre pensée, nous devenons – même si nous ne voulons pas l'admettre – des acteurs qui utilisent leur corps pour créer l'impression désirée. Nous sommes aujourd'hui entourés partout de miroirs dans lesquels nous examinons et corrigeons nos imperfections. Si l'on observe les gens devant les miroirs omniprésents dans les grands magasins, on peut presque toujours constater qu'après un bref regard, ils modifient leur tenue ou bien remettent en place leurs cheveux ou leurs vêtements.

La reconnaissance de cette imperfection et la correction qui s'ensuit présuppose un standard social et culturel auquel on peut se mesurer soi-même et mesurer les autres. Aujourd'hui, les images des corps idéalisés de la publicité, du cinéma et de la télévision sont constamment à notre disposition et nous incitent à nous comparer: nous voyons ce que nous sommes, et nous voyons ce que – avec quelques efforts – nous pourrions devenir.

L'incarnation de l'appartenance au groupe de l'individu

Même si notre corps nous apparaît naturel, des recherches ethnologiques en culture comparée montrent que le corps humain dans sa tenue, son mouvement, sa gestuelle etc. est différent selon les cultures. Mauss relate les difficultés des soldats anglais, lors de la 1ère guerre mondiale, à intégrer la façon française de manier la bêche et de marcher au pas; et dit d'un collègue: «Il pouvait distinguer de loin la démarche d'un Anglais et d'un Français» (1975, 202). Notre idéal (allemand) de la démarche droite et du regard fixé dans les yeux de notre interlocuteur nous identifie dans de nombreuses sociétés est-asiatiques comme des Européens et nous gratifie spontanément les qualificatifs arrogants, irrespectueux et impolis.

Toutefois, notre corps ne se limite pas à exprimer – le plus souvent sans que nous le voulions – notre appartenance respective à une société ou culture donnée. Même à l'intérieur d'une société – dans un système de différenciations intérieures – le corps manifeste l'affiliation de l'individu à différents groupes. Ainsi, dans les sociétés traditionnelles, un changement de statut, par exemple de celui d'enfant à celui d'adulte, est marqué par des rites de passages qui transforment sou-

Markierungen gehören unter anderem die Beschneidung, Tätowierungen oder kunstvolle Narben oder auf einer weniger gewaltsamen Ebene eine Änderung der Haartracht.

In unseren modernen Gesellschaften sind diese rituellen Transformationen des Körpers weitgehend zurückgedrängt. Hier dominieren die schon erwähnten bewußt vorgenommenen Körper-Gestaltungen von Subkulturen wie Hippies, Skinheads oder Punks, die eine Gruppenzuordnung selbst des nackten Individuums ermöglichen.

Neben diesem intentionalen Einsatz des Körpers als Gruppenzeichen *verkörpert* sich auch häufig ungewollt die Klassen- bzw. Schichtzugehörigkeit im Körper und wird durch den Körper dargestellt. Norbert Elias hat den Gegensatz von *bäurisch* und *edel* auch in bezug auf unser Körperverhalten vom Mittelalter bis zur Neuzeit dargestellt. In jüngerer Zeit ist dieser Gedanke von Bourdieu aufgegriffen und in seinem Habitus-Konzept ausgebaut und differenziert worden. Bourdieu erklärt die Gewohnheiten und Verhaltensweisen des Alltags – und dazu gehört ganz wesentlich unser Körper – aus den sozio-ökonomischen Entstehungsbedingungen sowie aus ihren sozialen Funktionen. Das Schlüsselkonzept des Habitus bezeichnet dabei die Verinnerlichung der klassenspezifischen Standards. Die Unterschiede zwischen Unterschicht und Mittel-/Oberschicht schlagen sich auch gerade im Körper nieder und zeigen sich in Körper-Volumen, in Gehweise, Sitzen, Gestik etc. Selbst die Körper-Ideale, die durch Sport und Fitness-Programme angestrebt werden, unterscheiden sich entlang dieser Klassen-Dimension: Während bei der Unterschicht der *starke* Körper (body-building) im Vordergrund steht, ist es bei der Mittel-/Oberschicht der *schlanke und gesunde* Körper. Arnold Schwarzenegger wird durch seinen Körper klassifiziert und in den Augen der Oberschicht deklassiert.

Körper-Konzepte

Die Menschen in den verschiedensten Kulturen benutzen und interpretieren nicht nur den sichtbaren Körper und seine Teile; dahinter stehen sehr grundsätzliche Auffassungen darüber, was der Körper eigentlich *ist*. Diese Konzepte wiederum bestimmen unser Verhältnis zum menschlichen Körper, das was wir mit ihm tun können, sollen oder dürfen. Ich werde im folgenden einen kurzen Überblick – ohne Anspruch auf Vollständigkeit – über die verschiedenen Körper-Konzepte geben, die im abendländischen Kulturkreis aufgestellt und entwickelt wurden, um so die Bandbreite der gesellschaftlichen Konstruktion des Körpers zu zeigen.

Zu den am häufigsten erwähnten Körper-Konzepten gehört Juvenals Diktum *mens sana in corpore sano*. Hier wird der Körper unterschieden vom Geist, aber beide scheinen gleichwertig zu sein, befinden sich im Gleichklang. Offen bleibt allerdings die Frage, ob der gesunde Geist den gesunden Körper verursacht, ob der gesunde Körper Voraussetzung für einen gesunden Geist ist oder ob sich beide in einer nicht genau kausal definierbaren Wechselwirkung befinden. Wie auch immer die Beziehung sein mag, so läßt doch der ungesunde bzw. der den jeweiligen Gesundheits- bzw. Unversehrtheitsstandards nicht genügende Körper auf einen dementsprechend beeinträchtigten geistigen oder seelischen Zustand schließen. Diese Vorstellung von der körperlichen Deformation als Indikator eines geistigen oder moralischen Defizits durchzieht die ganze abendländische Kulturgeschichte – von der Darstellung des Judas oder der Christus peinigenden Soldaten bis zur Darstellung der Verbrecher im heutigen Comic. Walt Whitman greift diesen Gedanken der Gleich-

and are expressed in body size, ways of walking, sitting, making gestures etc. Even the body ideals, which people try to approach through sports and fitness programmes, can be distinguished along this class-dimension: While members of the lower classes try to develop a *strong* body (body-building), the upper classes stress the *slim and healthy* body. The body of Arnold Schwarzenegger classifies and devaluates his owner (at least from the point of view of the upper class).

Concepts of the Body

Many different cultures do not just use and interpret the visual body and its parts; behind these interpretations we find quite fundamental concepts about what the body actually *is*. These concepts again determine the relationship to the human body -all that what we can, may or should do with it. In order to show the spread of the social construction of the body, I will give a short survey of important concepts of the body, which have been put forward and developed in the course of European history.

We find one of the most frequently quoted and therefore best known concepts in Juvenale's phrase *mens sana in corpore sano*. Here the body is distinguished from the mind, but both seem to be of equal value and are in harmony. It remains an open question, however, whether the sound mind causes the sound body, whether the sound body is a precondition for a sound mind or whether both elements are bound together in some kind of reciprocal action. No matter how one defines that relationship, one point is clear: a body which does not meet the standards of health or integrity of its time is an indicator of an equally impaired state of mind or soul. This idea of a bodily deformation as indicating a moral or mental deficit pervades the European cultures from the presentation of Judas Iscariot in medieval pictures up to the presentation of gangsters in today's comics. Walt Whitman takes up this concept of the equality, although not necessarily the correlation of body and mind, when he writes: "I have said that the soul is not more than the body, And I have said that the body is not more than the soul."

At least as familiar as the relation just described is the thought that in comparing body and soul the body appears as lower or inferior. Seneca, e.g., calls the body the "cloak of the soul". Epictetus takes a further step towards the devaluation of the body when he says: "There are two elements mingled in our birth, the body which we share with the animals, and the reason and mind which we share with the gods."

Plato adds to this idea that our body is not just the biological but the animal basis of the human personality, which is in contrast to the mental existence of man; he calls the body *the tomb of the soul.*

The Christian religion is often charged with having a distinctly negative attitude towards the body. A closer look, however, shows a wide range of Christian interpretations of the body. It is true that one finds the concept of the inferiority of the body when compared to the spirit – most often quoted in St. Matthew's version: "the spirit indeed is willing, but the flesh is weak". On the other hand, the first book of Moses, tells us that man – in his corporeality – was created in the likeness of God: "And God said, Let us make man in our image, after our likeness". And only through the conversion of the godhead into a human body, the biblical promise was

vent le corps rituellement. La circoncision, les tatouages ou les cicatrices artistiques ou, à un niveau moins violent, un changement de coiffure, en constituent autant d'illustrations.

Dans nos sociétés modernes, ces transformations rituelles du corps sont largement refoulées. Elles sont avant tout pratiquées consciemment par des subcultures, comme les hippies, les skinheads ou les punks et permettent d'affilier l'individu, même nu, à un groupe.

Outre cette utilisation intentionnelle du corps comme signe d'appartenance à un groupe, l'appartenance à une classe ou à une couche sociale s'incarne souvent involontairement dans le corps et est représentée par celui-ci. Norbert Elias a exposé l'opposition entre rustre et noble *également concernant notre comportement corporel du moyen-âge aux temps modernes. Cette idée a été reprise récemment par Bourdieu qui l'a étendue et différenciée dans son concept d'*habitus. *Bourdieu explique les habitudes et conduites du quotidien – et le corps en fait essentiellement partie – à partir des conditions socio-économiques de leur origine ainsi qu'à partir de leurs fonctions sociales. Le concept clé d'*habitus *désigne ici l'intériorisation des standards spécifiques à une classe. Les différences entre le prolétariat, la classe moyenne et la classe supérieure se traduisent précisément dans le corps et s'affichent dans le volume du corps, la façon de marcher, la position assise, la gestuelle etc. Même les idéaux corporels qui sont ambitionnés par le sport et les programmes de fitness se partagent le long de cette ligne de démarcation sociale: tandis que le prolétariat se reconnaît dans le corps* musclé (body-building), *la classe moyenne et supérieure privilégie le corps* mince et sain. *Arnold Schwarzenegger est classé d'après son corps et déclassé aux yeux de la classe supérieure.*

Conceptions du corps

Les hommes des cultures les plus différentes n'utilisent et n'interprètent pas uniquement le corps visible et ses parties; cette attitude masque des conceptions fondamentales sur ce que le corps est vraiment. Ces concepts déterminent à leur tour notre rapport au corps humain, ce que nous pouvons ou devons faire avec lui. Je donnerai ci-après un bref aperçu – sans prétention à l'exhaustivité – sur les différentes conceptions du corps qui ont été établies et développées dans la culture occidentale afin de montrer l'envergure de la construction sociale.

Le dicton de Juvenal mens sana in corpore sano *fait partie des conceptions du corps les plus souvent mentionnées. Ici, le corps est distingué de l'esprit, mais tous deux semblent de même valeur, en harmonie. Demeure cependant sans réponse la question de savoir si l'esprit sain est responsable d'un corps sain ou si le corps sain est la condition préalable à un esprit sain ou bien encore si les deux se trouvent dans une relation causale qui ne peut être exactement définie. Bref, le corps malsain, ou insatisfaisant en regard des standards respectifs de santé, laisse conclure à un état spirituel ou psychique analogue. Cette idée de la déformation corporelle comme indicateur d'un déficit spirituel ou moral traverse toute l'histoire de la culture occidentale – de la représentation de Juda ou des soldats suppliciant le Christ jusqu'à celle des criminels dans la bande dessinée actuelle. Walt Whitman reprend cette idée d'égalité des droits, même si ce n'est pas forcément l'idée de la dépendance du corps et de l'esprit, quand il écrit: «I have*

berechtigung, wenn auch nicht unbedingt der Abhängigkeit von
Körper und Geistigem auf, wenn er schreibt: «I have said that the
soul is not more than the body, And I have said that the body is
not more than the soul.»

Mindestens ebenso geläufig wie diese gleichberechtigte
Wechselbeziehung zwischen Körper und Geist ist die Vorstellung, daß der Körper in einem solchen Vergleich niedriger oder
minderwertiger ist. Seneca z.B. spricht vom Körper als dem «Kleid
der Seele». Einen Schritt weiter in der Abwertung des Körpers
geht Epiktet, wenn er sagt: «Bei unserer Geburt mischen sich
zwei Elemente, der Körper, den wir mit den Tieren gemeinsam
haben, und der Verstand und die Vernunft, die wir mit den Göttern teilen.»

Dieser Gedanke, daß unser Körper nicht nur die biologische,
sondern die animalische Basis der menschlichen Persönlichkeit
darstellt, die sich im Gegensatz zur geistig-seelischen Existenz
des Menschen befindet, wird von Plato noch weiter verschärft,
wenn er den Körper als *das Grab der Seele* bezeichnet.

Trotz der oft unterstellten grundsätzlichen Leib-Feindlichkeit der christlichen Religion zeigt eine genauere Analyse
eine große Spannweite christlicher Körper-Interpretationen.
Zwar findet sich auch hier die Vorstellung der Minderwertigkeit
des Körpers gegenüber dem Geist, am häufigsten zitiert in
der Matthäus-Version: «Der Geist ist willig, aber das Fleisch
ist schwach»; doch ist in der Version der Genesis der Mensch –
in seiner Körperlichkeit – als Ebenbild Gottes erschaffen worden: «Und Gott sprach: Laßt uns Menschen machen – ein Bild,
das uns gleich sei.» Erst durch den Übertritt Gottes in die
Körperlichkeit wird die biblische Verheißung vollendet: «Und
das Wort ward Fleisch, und wohnte unter uns, und wir sahen
seine Herrlichkeit, eine Herrlichkeit als des eingeborenen Sohns
vom Vater, voller Gnade und Wahrheit» (Johannes I, 14). Gott
wird erst faßbar und darstellbar – im Gegensatz zur Vorstellung und zur Kunst des Islams – in menschlicher körperlicher
Form. Doch Gott offenbart sich nicht nur in einer einmaligen
körperlichen Gestalt, sondern gerade wegen dieser Verkörperung hat jeder menschliche Körper teil am Göttlichen: «Oder
wisset Ihr nicht, daß euer Leib ein Tempel des heiligen Geistes
ist, der in euch ist, welchen Ihr habt von Gott, und seid nicht
euer selbst?» (I. Korinther,6, 19). Die christlich geprägten Darstellungen des Körpers seit dem Mittelalter zeigen diese Spannweite zwischen dem Menschen als Bild Gottes bzw. Gott in
menschlicher Verkörperung einerseits und dem Körper als
Gefängnis, Käfig der fleischlichen Lust und der Verwerflichkeit
andererseits.

In der Renaissance eröffnet sich ein neuer Aspekt, den Descartes prägnant auf den Punkt bringt: «Der Körper ist (wie) eine
Maschine.» Aus dieser Sicht gewinnt der Körper eine bisher nicht
so gesehene Ding-Qualität, und durch den Vergleich oder die
Gleichsetzung mit einer Maschine gerät das angemessene
«Funktionieren» ins Blickfeld. Das impliziert nicht nur die funktionsbezogene Verbesserbarkeit der Körper-Maschine, sondern
auch ihre Reparierbarkeit – ein Gedanke, der in unserer Zeit der
Organtransplantation, der orthopädischen Korrekturen etc. Allgemeingut geworden ist.

Die klassische Unterscheidung von Körper einerseits und
Seele/Geist andererseits kann auch im Konzept des Ich, des
Selbst aufgehoben werden. So schreibt Sartre: «Der Körper ist
was ich unmittelbar bin ... ich bin mein Körper.» Körper und Identität werden hier gleichgesetzt.

accomplished: "And the Word was made flesh, and dwelled among us, (and we beheld His glory, the glory of the only begotten of the Father) full of grace and truth" (St. John 1, 14). In contrast to the Islamic concept and its art, the Christian God becomes only tangible and representable in a human bodily form. But God does not reveal himself only in a solitary human body; it is rather that, because of this embodiment, every human body participates to a certain degree in divinity: "What? know ye not that your body is the temple of the Holy Ghost which is in you, which ye have of God and you are not your own?" (1 Corinthians 6, 19). The representations of the body in Christian art since the Middle Ages reflect this range from man as the image of God or God in a human body, on the one hand, and the body as a prison, as a cage of fleshly lust and abjectness.

The Renaissance brings a new view of the body, in Descartes' words: "The human body may be considered as a machine". From this point of view the body gains a hitherto not perceived thing-like quality, and the comparison or equation with a machine puts the focus onto the adequate "functioning" of this body-machine. This does not only imply the possibility of a functional improvement of the body, but also the chance to repair it – a concept, which has become common knowledge in our era of organ-transplantation, surgical corrections etc.

The classical distinction of, on the one hand, the body and, on the other hand, the mind or soul can be dissolved in the concept of 'I', of the self – in the words of Sartre: "The body is what I immediately am ... I am my body to the extent that I am". In this view, the body is equated with personal identity.

From an opposite point of view it is proposed that one *is* not a body, but that one *has* a body: "This is *my* body". Here the body is not identified with the self, but is one's property or possession. Hence women who favour a choice on the issue of abortion proclaim: "Our bodies belong to us!" This position also entails difficult legal questions: When decisions about organ-transplantations have to be taken, who is the owner of the body or of parts of the body? Is it the deceased, is it his inheritor, or is it the state? Different societies or different social groups answer these questions in very different ways. The view of the body as property became also evident in the case of a 14-year old girl in Ireland, which hit the headlines in 1993. The parents of the girl, which had been raped and because of that became pregnant, had asked for a court permission for an abortion. The Irish court not only refused that permission but put an abortion – even if it would be performed abroad – under a penalty. Thus the state declared itself virtually as the owner of the body of that girl; the body became in the true sense of the word *nationalized*.

From a Marxist point of view, in particular, the body has not only a use value, but also – and sometimes more important – an exchange value. The body becomes capital, which can be used and exploited in socio-commercial transactions. Bourdieu refers to the body as *physical capital* or, in more general terms, as *cultural capital*. Nowadays the rise of body-building shows that the development of muscles does not increase the use value of a body; the evidently strong muscles, which are developed by special exercises, are not used directly as instruments or tools of strength. Their only pur-

said that the soul is not more than the body, and I have said thad the body is not more than the soul.»

L'idée que le corps est inférieur à l'esprit est au moins aussi fréquente que cette relation basée sur l'égalité des droits entre le corps et l'esprit. Seneca, par exemple parle du corps comme «l'habit de l'âme». Epictète fait un pas de plus dans le sens de la dévaluation du corps quand il dit: «Lors de notre naissance, deux éléments se mélangent, le corps que nous avons en commun avec les animaux, et l'entendement et la raison que nous partageons avec les dieux.»

En désignant le corps comme «la tombe de l'âme», Platon appuie l'idée que notre corps ne représente pas seulement la base biologique mais également la base animale de la personnalité humaine qui se trouve en opposition avec l'existence spirituelle et psychique de l'homme.

Malgré l'hostilité fondamentale que l'on attribue souvent à la religion chrétienne vis-à-vis du corps, une analyse plus pointue montre la grande diversité des interprétations chrétiennes du corps. On trouve certes ici aussi l'idée de l'infériorité du corps par rapport à l'esprit, le plus souvent citée dans la version de Matthieu: «L'esprit est prompt mais la chair est faible»; cependant, dans la version de la Genèse, l'homme – dans sa corporalité – a été créé à l'image de dieu: «Dieu dit: Faisons l'homme à notre image, comme notre ressemblance». *La promesse biblique n'est accomplie que par le passage de dieu dans la corporalité: «Et le Verbe s'est fait chair et il a habité parmi nous, et nous avons contemplé sa gloire, gloire qu'il tient de son Père comme Fils unique, plein de grâce et de vérité» (Evangile selon Saint Jean I, 14). Dieu ne devient compréhensible et représentable – contrairement à l'idée et à l'art de l'Islam – que dans la forme corporelle humaine. Toutefois dieu ne se manifeste pas seulement dans une forme corporelle unique. C'est précisément à cause de cette incarnation que chaque corps humain participe du divin: «Ou bien ne savez-vous pas que votre corps est un temple du Saint Esprit, qui est en vous et que vous tenez de Dieu? Et que vous ne vous appartenez pas?» (Première épître aux Corinthiens, 6, 19). Les représentations du corps d'inspiration chrétienne depuis le moyen âge témoignent de cette variété qui va de l'homme, image de dieu ou dieu incarné dans l'homme, au corps, prison, cage du plaisir charnel et de l'abjection.*

La renaissance inaugure un nouvel aspect que Descartes explicite d'une manière concise: «Le corps est (comme) une machine». De ce point de vue, le corps acquiert une qualité de chose qui n'avait pas été perçue jusque là, et son «fonctionnement» convenable – de par la comparaison ou l'équivalence avec une machine – prend une place particulière. Cela implique non seulement la perfectibilité du corps-machine au niveau fonctionnel mais également sa réparabilité – une idée qui s'est généralisée à notre époque des transplantations d'organe, des corrections orthopédiques etc.

La distinction classique entre le corps d'un côté et l'âme/-esprit de l'autre peut être également abolie dans le concept du moi, du soi. Sartre écrit: «Le corps est ce que je suis immédiatement ... je suis mon corps». Le corps et l'identité sont mis ici au même niveau.

On y opposera la conception que l'on n'est pas un corps mais que l'on a un corps: «C'est mon corps». Le corps n'est pas ici identique avec le moi mais propriété, possession. Cela ne conduit pas uniquement au slogan des partisans de l'avor-

Im Gegensatz dazu steht die Auffassung, daß man nicht Körper *sei,* sondern einen Körper *hab*e: «Das ist *mein* Körper». Der Körper ist hier nicht mit dem Ich identisch, sondern Eigentum, Besitz. Das führt nicht nur zu dem Slogan der Abtreibungsbefürworterinnen: «Mein Bauch gehört mir!», sondern wirft auch schwierige rechtliche Fragen auf: Wer ist bei der Entscheidung über mögliche Organtransplantationen der Eigentümer von Körperteilen? Ist es der Tote, sind es seine Erben, oder ist es der Staat? Unterschiedliche Gesellschaften bzw. gesellschaftliche Gruppen beantworten diese Frage sehr unterschiedlich. Besonders deutlich zeigt sich dieser Eigentumsaspekt am Fall eines vergewaltigten 14jährigen Mädchens in Irland im vergangenen Jahr. Dort hatten die Eltern des Mädchens, das durch die Vergewaltigung schwanger geworden war, eine gerichtliche Erlaubnis zum Schwangerschaftsabbruch beantragt. Das irische Gericht verweigerte nicht nur die Erlaubnis, sondern stellte einen Abbruch dieser Schwangerschaft unter Strafandrohung. Damit erklärt sich der Staat zum Eigentümer des Körpers dieses Mädchens; es wird im wahrsten Sinne des Wortes *enteignet.*

Aus – vor allem – marxistischer Sicht hat der Körper nicht nur einen Gebrauchswert, sondern ganz wesentlich einen Tauschwert. Der Körper wird zum Kapital, das in gesellschaftlichen Verwertungsprozessen eingesetzt werden kann. Bourdieu spricht in diesem Zusammenhang vom Körper als *körperlichem Kapital* oder allgemeiner von *kulturellem Kapital.* Heutzutage läßt sich am Phänomen des body-building zeigen, daß es bei der Entwicklung der körperlichen Muskeln nicht um den Gebrauchswert geht; die durch spezielle Übungen entwickelten kräftigen Muskeln werden nicht als Stärke-Instrumente unmittelbar gebraucht. Sie sollen nur den männlichen (und zum Teil auch bereits den weiblichen) Körper attraktiver machen und seinen Tauschwert im erotischen Wettbewerb erhöhen. Auch das traditionelle Ideal der Jungfräulichkeit bei Ehebeginn fällt in die Kapital-Kategorie. Jungfräulichkeit wird in unserer Kultur mit Reinheit gleichgesetzt, d.h. Geschlechtsverkehr ohne Heiratsschein bedeutet eine Verunreinigung; damit verliert der weibliche Körper an Tauschwert – ein Gedanke, der in einem vor einiger Zeit sehr populären Etikette-Buch mit der Formulierung auf den Punkt gebracht wird, daß «mangelnde Erfahrung ... wertvollstes Kapital eines jungen Mädchens» sei (Graudenz/Pappritz 1966, 115). Diese Betrachtungsweise des Körpers als Ware zeigt sich auch in der Bezeichnung von Prostituierten als «Frauen, die ihren Körper verkaufen».

Schließlich sind – nicht nur in unserer Kultur – bestimmte Körperteile so mit Peinlichkeit beladen, daß selbst das Sprechen darüber gesellschaftlich kaum möglich ist. Wir haben keine gesellschaftlich akzeptierten alltagssprachlichen Begriffe für Körperteile, die mit Ausscheidungen oder Sexualität in Verbindung stehen, noch für die Tätigkeiten, die wir auf der Toilette verrichten. Noch immer gilt der Grundsatz: «Junge Damen mögen die gute alte Anstandsregel beherzigen, nach welcher in Gesellschaft niemals von dem gesprochen wird, was ‹unter dem Tisch› ist ... Ausdrücke, die Funktionen des Körpers betreffen, sind verpönt» (Ebhardt 1921, 207). Muß man diese Bereiche dennoch zur Sprache bringen, so bietet die gesellschaftliche Vermeidungstaktik mehrere Möglichkeiten: den Ausweg in Umschreibungen, Kindersprache oder medizinische Begrifflichkeit. Selbst in unserer Zeit, die sich nicht nur in dieser Hinsicht als aufgeklärt und von *altmodischen* Hemmungen befreit empfindet, wird eine Zerrung des

pose is to make the male – and sometimes the female – body more attractive and to increase its exchange value in the field of erotic competition. The idea of the body as capital is also reflected in the tradition of virginity when entering marriage. In our culture, virginity is equated with purity, i.e. sexual intercourse without the appropriate certificate results in some kind of pollution. Thus the female body loses its exchange value. Not too long ago a popular book of etiquette summarized this idea when it stated that "a lack of experience with men is the most valuable capital of a young lady" (Graudenz/Pappritz 1966, 115). The view of the body as a commodity is also obvious in the description of prostitutes as "women who sell their bodies".

Not only but also in our cultures, certain parts of the body are considered so embarrassing that it is almost impossible to find a socially acceptable way to even talk about them. We have no socially accepted everyday terms for parts of the body which are connected with excretion or sexuality nor for those actions for which we use the toilet. The rule still holds: "Young ladies should observe the good old rule of etiquette according to which one never talks in civilized society about what is 'below the table' ... expressions which refer to functions of the body are taboo" (Ebhardt 1921, 207).

If nevertheless one has to talk about those things, our social tactics of avoidance offer several possibilities: We can take resort to paraphrasing, to children's language, or to medical terminology. Even in our time, which thinks of itself as enlightened and as liberated from *old-fashioned* restraints and inhibitions, the strain in the gluteal muscles of tennis player Michael Stich is referred to as *slight problems with the left part of the bum*. In a test report on bicycle frames the crotch is referred to as *that certain part of the body*; and a sociologist entitles a chapter on rules of body behaviour as *Developments of behaviour with respect to urination, defecation and flatulation* (Krumrey 1984, 209).

Even if the survey in this chapter is presented in a roughly historical order, it would be wrong to think that one body-concept, one construction of corporeality supercedes and takes the place of its forerunner. It is rather the case that the scope of body-concepts, of different interpretations of the human body is permanently extended. This development results in today's large repertory of such interpretations, which comprises all historical options and which can be used by artists dealing with the subject of the human body. Thus the body can be seen as being in harmony with mind and soul or in contrast to mind and soul, as temple or as tomb, as machine or as self, as private or as public, as personal property or as common property, as good or bad, as friend or enemy, as something which one has to accept as given or as something which one can use and change. One of the basic questions from the Middle Ages till today is: is the body something which we have to overcome and to subdue or do we have to accept and welcome it, since self-experience is bound to one's body and since individuals meet and experience one another only in their corporeality? The first option leads to asceticism, self-castigation, abstinence – even if one calls it *dieting* – and body-building or the extreme adventures of people like Reinhold Messner, which – if successful – show the *triumph of the human mind and the human will*. The second option results in the acceptance even of bodily imperfections

tement: «Mon ventre m'appartient!», mais soulève également des questions juridiques épineuses: Qui est le propriétaire des parties du corps lorsqu'une décision doit être prise concernant de possibles transplantations d'organes? Le mort, les héritiers, ou l'Etat? Les réponses divergent beaucoup selon les sociétés ou les groupes sociaux. Cet aspect de la propriété est particulièrement sensible dans le cas d'une jeune fille de 14 ans violée l'année dernière en Irlande. Les parents de la victime, enceinte à la suite d'un viol, ont fait une demande d'interruption de grossesse par voie juridique. Le tribunal irlandais n'a pas seulement rejeté la demande mais placé une interruption de grosse sous peine comminatoire. L'Etat se déclare ainsi propriétaire du corps de cette jeune fille; elle se retrouve dépossédée dans toute l'acceptation du terme.

D'un point de vue essentiellement marxiste, le corps n'a pas seulement une valeur d'usage mais principalement une valeur d'échange. Le corps devient capital qui peut être utilisé dans des processus sociaux d'exploitation. Bourdieu parle dans ce contexte du corps comme capital corporel *ou plus* généralement *de* capital culturel. *On peut montrer aujourd'hui, à l'exemple du body-building, que le développement des muscles corporels n'a rien à voir avec la valeur d'usage; les muscles puissants acquis par des exercices spéciaux ne sont pas directement utilisés comme des instruments de force. Ils doivent rendre le corps masculin (et parfois le corps féminin) plus séduisant et augmenter sa valeur d'échange dans la compétition érotique. L'idéal traditionnel de la virginité au début du mariage tombe également dans la catégorie* capital. *Dans notre culture, la virginité est mise au même niveau que la pureté, à savoir que les rapports sexuels sans certificat de mariage sont synonymes d'impureté; le corps féminin perd de sa valeur d'échange – une idée explicitée dans un livre de savoir-vivre qui a connu il y a quelques années une très grande popularité: «le manque d'expérience (est) ... le capital le plus précieux d'une jeune fille» (Graudenz/Pappritz 1966, 115). Cette manière de voir le corps comme une marchandise se retrouve également dans la définition de la prostituée qui «se donne à quiconque la paie».*

Enfin, certaines parties du corps – pas seulement dans notre culture – inspirent une telle gêne qu'il n'est guère possible d'en parler en société. Nous n'avons pas de termes du langage courant acceptés socialement pour les parties du corps qui sont en relation avec des excrétions ou la sexualité ni pour les activités que nous accomplissons aux toilettes. On s'en tient toujours au principe suivant: «Que les jeunes dames prennent à cœur la règle de bienséance qui veut qu'on ne parle jamais en société de ce qu'il y a «sous la table» ... Toutes les expressions concernant les fonctions du corps sont réprouvées» (Ebhardt 1921, 207).

Si l'on doit malgré tout aborder ce domaine, les techniques sociales de l'esquive offrent plusieurs possibilités: la sortie par des périphrases, la langue enfantine ou la terminologie médicale. Même à notre époque, qui, de ce point de vue, ne se sent pas seulement éclairée et libérée des inhibitions démodées, *une contracture des muscles fessiers du joueur de tennis Michael Stich est décrite comme* de légers problèmes au derrière, *d'un joueur de football qui reçoit le ballon dans les parties génitales on dit qu'il a été* touché à l'endroit le plus sensible de son anatomie *et un sociologue donne comme titre à son chapitre sur les règles du comportement corporel*

Gesäßmuskels beim Tennisspieler Michael Stich als *leichte Probleme an der linken Po-Backe* beschrieben, beim Test von Fahrradrahmenhöhen heißt die Stelle zwischen den Beinen *die bewußte Körperstelle*, und ein Soziologe überschreibt sein Kapitel über Regeln des Körperverhaltens *Entwicklungen des Verhaltens beim Urinieren, Defäzieren und Flatulieren* (Krumrey 1984, 209).

Auch wenn in diesem Abschnitt in großen Zügen eine historische Folge skizziert wurde, sollte doch nicht der Eindruck entstehen, als ob ein Körper-Konzept, eine Konstruktion von Körperlichkeit durch eine andere abgelöst würde. Wir haben es vielmehr mit einer permanenten Ausweitung von Körper-Konzepten, von unterschiedlichen Sinn-Unterlegungen des menschlichen Körpers zu tun. Diese Entwicklung führt dazu, daß wir heute über ein großes Repertoire solcher Interpretationen verfügen, das alle historischen Möglichkeiten umfaßt und auf das Künstler, die sich mit dem Thema des menschlichen Körpers befassen, zurückgreifen können. So kann der Körper gesehen werden in Harmonie mit Geist und Seele oder im Gegensatz zu Geist und Seele, als Tempel oder als Grab, als Maschine oder als Selbst, als privat oder öffentlich, als persönliches Eigentum oder als Gemeinschaftseigentum, als gut oder böse, als Freund oder Feind, als gegeben zu akzeptieren oder als verfügbar und veränderbar. Eine der Grundfragen vom Mittelalter bis heute lautet: Muß oder soll der Körper überwunden werden oder soll der Körper bejaht werden, da man sich nur im Körper erfährt und da Menschen sich gegenseitig nur in ihrer Körperlichkeit erfahren und begegnen können? Die Konsequenz im ersten Fall heißt Askese, Kasteiung, Fasten – auch als Diät – und heute äußert sich dies in body-building oder den Extrembelastungen eines Reinhold Messner, an deren erfolgreichen Ende dann der *Triumph des Geistes und des menschlichen Willens* steht; die andere Option führt zur Bejahung auch der körperlichen Unvollkommenheit (z.B. *Big is beautiful*) oder zu den Sensitivity-Seminaren, in denen das positive Umgehen mit der Körperlichkeit erprobt und trainiert wird.

Unter diesen Möglichkeiten unterschiedlicher Sichtweisen des Körpers liegt heute ein besonderer Akzent auf folgenden Aspekten:

– Der Körper ist generell verfügbar und veränderbar. Er ist

a) formbar: abgesehen von den Möglichkeiten der plastischen Chirurgie ist der Körper auch mit Anstrengung und Übungen in eine gesellschaftlich und individuell erwünschte Form zu bringen. *Vorzeitiges* körperliches Altern verweist dann auf mangelnde Bemühung und damit auf charakterliche oder moralische Laxheit: jemand *läßt sich gehen*.

b) *bionic*: damit ist die Übertragung von biologischen Funktionen auf technische Geräte gemeint. Sie zeigt sich in bezug auf den menschlichen Körper in den heute selbstverständlichen künstlichen Reparatur-Stoffen und in den Ersatzteilen, die von der Herzklappe über den Schrittmacher bis zum künstlichen Hüftgelenk selbstverständlicher Bestandteil unseres medizintechnologischen Alltags geworden sind.

c) gemeinschaftlich: Hierzu rechnet nicht nur der der Gemeinschaft gegenüber verantwortliche Umgang mit dem eigenen Körper, sondern auch die öffentlich eingeforderte Verpflichtung, den Körper bzw. seine Teile anderen Menschen nutzbar zu machen, so wie es sich in den Aufforderungen zu Organspenden und zum Erwerb eines Organspender-Ausweises niederschlägt.

(e.g., *big is beautiful*) or in sensitivity courses, during which a positive attitude towards one's body is tried and practiced.

Within the field of different views of the body today, the following points carry a special emphasis (Synnott 1992):
- The body can be moulded and changed at will. It is
  a) plastic: apart from the achievements of plastic surgery, individual efforts and exercises can shape the body according to a social and individual ideal. *Premature* bodily ageing, then, indicates a lack of effort and hence a laxness of character or morals;
  b) *bionic*: that means the transfer of biological functions to technical inventions. These have become an unquestioned and *natural* feature of today, the artificial substances and parts ranging from cardiac valves and pacemakers to artificial hip-joints and plastic blood vessels;
  c) communal: this does not only include a socially responsible treatment of one's body, but also the publicly demanded duty to make one's body or its parts available to other people, as shown in the call for donations of one's organs and in the issuing of donor cards.
- The body is as well the property of the individual as the symbol of the self. It is in need of special social protection, which is shown in the general ban of mutilation, torture, or capital punishment. A recent example for the importance of that view is the worldwide discussion about the justification of a verdict on a young American passed in Singapore. He was sentenced to six strokes of the rattan (a bamboo stick), and that part of the verdict caught all the attention, while the additional four months in prison and the fine of 1.500 S\$ were hardly mentioned.
- The body is accepted as the physical base for enjoyment and pleasure and no longer restrained – as it was in former more puritan periods – by strict rules and obligations.

The development of medical technology, in particular, raises new questions or results in new answers to old questions, concerning, e.g.:
- the relation of body, consciousness and identity: which or how many parts of my body can I replace before my identity changes and before *I* stop to be *I*?
- the definition of death or of human life: the simple criterion of the stop of the heartbeat is not precise enough to determine the permitted time to remove an organ for a transplant; and the definition of the deadline for a socially acceptable abortion – if at all – has turned into a dispute about which week distinguishes just biological from more human life.
- the property and the power to dispose of a body or parts of it: this discussion ranges from the problem of mandatory vaccinations over post-mortem examinations and organ transplants to the question, whether the bodily functions of a clinically *dead* mother have to be sustained in order to save the *life* of a foetus.

Body Standards

When a sector of everyday life is charged with such a multiplicity of meanings as the human body is, then the cultural anthropologist knows that he can expect to find that sector ordered and regulated by a multitude of social norms and rules. If one examines the modern body to find out which parts are not left in their *natural state* but have been inten-

Evolutions du comportement lors de la miction, défécation et flatulence *(Krumrey 1984, 209)*.

Ce petit chapitre historique ne devrait pas cependant donner l'impression qu'une conception du corps, une construction de la corporalité, en aurait remplacée une autre. Nous avons davantage à faire à une extension permanente des concepts du corps, des attributions de sens différentes du corps humain. Cette évolution conduit, aujourd'hui, à ce que nous disposions d'un grand répertoire d'interprétations qui englobent toutes les possibilités historiques et auquel les artistes, qui traitent du corps humain, peuvent avoir recours. Ainsi, on peut voir le corps en harmonie ou en opposition avec l'esprit et l'âme, comme temple ou comme tombeau, comme machine ou comme soi, comme privé ou public, comme propriété personnelle ou comme propriété collective, comme bien ou mal, comme ami ou ennemi, à accepter comme quelque chose de donné ou comme disponible et transformable. Une des questions fondamentales, du moyen âge à aujourd'hui, est: le corps doit-il être surmonté ou doit-il être affirmé parce qu'on ne se connaît que dans le corps et que les hommes ne peuvent se connaître et se rencontrer mutuellement que dans leur corporalité. Dans le premier cas, la conséquence s'appelle l'ascèse, la mortification, le jeûne – ou le régime – et aujourd'hui, ceci se manifeste dans le body-building ou les expériences extrêmes d'un Reinhold Messner qui marquent, après une issue victorieuse, le triomphe de l'esprit et de la volonté humaine. *L'autre option conduit également à l'affirmation de l'imperfection corporelle (par exemple:* Big is beautiful*) ou à des séminaires de sensibilité dans lesquelles on expérimente et entraîne la relation positive avec la corporalité.*

Parmi ces possibilités émanant de différentes visions du corps, l'accent est mis aujourd'hui sur les aspects suivants:
- *Le corps est généralement disponible et transformable. Il est*
  a) formable: sans parler des possibilités de la chirurgie plastique, le corps, certes avec des efforts et par des exercices, peut être modelé dans la forme désirée socialement et individuellement. Le vieillissement corporel prématuré renvoie à un manque d'effort et donc à un laxisme caractériel ou moral: on se laisse aller.
  b) bionique: il est question ici du transfert des fonctions biologiques à des appareils techniques. Il s'exprime en rapport avec le corps humain dans les substances réparatrices artificielles et dans les pièces de rechange qui – de la valvule cardiaque à la hanche artificielle en passant par le stimulateur cardiaque – sont devenues des éléments évidents de notre quotidien médico-technologique.
  c) collectif: non seulement la communauté compte sur une gestion responsable du corps de chacun mais également sur l'obligation exigée publiquement de rendre utile son corps et ses parties à d'autres individus comme cela se traduit dans les demandes exhortant aux dons d'organes et à l'acquisition d'une carte de donateur d'organes.
- *Le corps est d'une part la propriété de l'individu et de l'autre le symbole du soi. Il doit être particulièrement protégé, c'est ce que montre la mise au ban générale des atteintes à l'intégrité corporelle, de la torture et de la peine de mort. Le dernier exemple en date est celui de la discussion qu'a suscité la peine à six coups de bâton ordonnée, à Singapour, à un jeune américain – la peine de prison de quatre mois et l'amende de 1.500 \$\$ n'ont, en général, pas été mentionnées.*

- Der Körper ist einerseits Eigentum des Individuums und andererseits Symbol des Selbst. Er ist daher besonders schutzbedürftig, und das zeigt sich vor allem in der generellen Ächtung von Körperverletzungen, Folter oder Todesstrafe. Ein aktuelles Beispiel für diese Bewertung ist die weltweite Diskussion über die in Singapur verhängte Strafe von sechs Stockschlägen für einen jungen Amerikaner – wobei die gleichzeitige viermonatige Gefängnisstrafe sowie die Geldstrafe in Höhe von 1.500 S\$ in der Regel mit keinem Wort erwähnt wird.
- Der Körper wird als eine der wesentlichen Grundlagen von Freude und Vergnügen bejaht und nicht wie in stärker puritanischen Epochen strengen Zwängen unterworfen.

Besonders die medizinisch-technologische Entwicklung wirft dabei neue Fragen auf bzw. führt zu neuen Antworten auf alte Fragen, so z.B. nach

- dem Zusammenhang von Körper, Bewußtsein und Identität: Welche oder wieviele Teile des Körpers kann ich ersetzen, bevor meine Identität sich ändert bzw. bevor *ich* aufhöre, *ich* zu sein?
- der Definition von Tod oder von menschlichem Leben: Das simple Kriterium des Herzstillstandes ist bei der Bestimmung für den Zeitpunkt der Organ-Entnahme nicht mehr genau genug, und bei der Bestimmung des Zeitpunktes für eine erlaubte Abtreibung streitet man sich um Wochen, die biologisches von menschlichem Leben trennen sollen.
- dem Eigentum bzw. der Verfügungsgewalt über Körper und Körperteile: Diese Diskussion reicht von dem Problem staatlich verordneter Impfungen über Leichenobduktionen und Organtransplantationen bis zur Frage, ob die Funktionen eines klinisch *toten* Mutter-Körpers aufrechtzuerhalten seien, um das *Leben* eines Fötus zu erhalten.

Körper-Standards

Wenn ein Bereich kulturell so vielfältig mit Sinn belegt wird wie der des menschlichen Körpers, dann weiß der Kultursoziologe, daß zu erwarten steht, diesen Bereich durch viele gesellschaftliche Normen und Handlungsanweisungen geordnet und reguliert zu finden. Betrachtet man den modernen abendländischen Körper unter dem Aspekt, welche Teile nicht in ihrem *Naturzustand* belassen, sondern in irgendeiner Weise durch gezielte Eingriffe gestaltet sind, dann zeigt sich, daß es keinen Bereich des Körpers gibt, für den keine Regeln, Standards im Sinne von besser – weniger gut, erwünscht – nicht erwünscht etc. existieren. Ein kurzer Blick auf einige Beispiele soll diese These belegen:

- Die Fingernägel werden nicht nur ihres permanenten Wachstums wegen in regelmäßigen Abständen gekürzt, sie werden gleichzeitig geformt, häufig gefärbt oder durch das Aufsetzen von künstlichen Nägeln einem in natürlicher Weise schwer zu erreichenden Ideal angepaßt.
- Die Haare werden auf dem Kopf, im Gesicht und am Körper in unterschiedlicher Weise gestaltet. Man läßt sie absichtlich lang wachsen, schneidet sie auf bestimmte Längen, rasiert sie ab oder reißt sie aus. Man kann sie färben, ihren Stil verändern oder fehlendes Haar durch künstliche Haare vertuschen.
- Die Haut wird durch Pflegecremes, Lip-gloss, Lotionen und Hornhautentfernungen in den gewünschten faltenlosen und geschmeidigen Zustand gebracht.

tionally shaped or changed, one can see that there is no part of the body for which no rules or standards – in the sense of better / less good, desired / less desired etc. – exist. The following examples will support this finding:

- Fingernails are not only periodically shortened because of their permanent growth; at the same time they are formed, often coloured or adapted to an ideal, which otherwise is difficult to achieve, by means of artificial nails.
- Hair growth on our head, in our face and on our body is differently dealt with. We may let them grow, cut them to a certain length, shave them off or pluck them. They can be coloured, changed in style, and flaws or a lack of natural hair can be concealed by wigs and hair-pieces.
- Our skin is transformed into the desired smooth and unwrinkled state with the help of creams, lotions, lip-gloss and by the removal of callous layers.
- The natural colour of the hair of the head, of eyebrows, eyelashes, eyelids, cheeks and nails is artificially changed - at least by ladies. Nowadays, however, even men artificially tan their skins in order to show the desired sporty body colour.
- The natural body odour is masked and concealed by soap, shampoo, deodorant, toothpaste, mouthwash, perfume, and scented sprays for other parts of the body.
- *Esthetic blemishes* are permanently corrected. We change the way our teeth grow, the form of our nose, the wrinkled face, the female breast, which is considered either too small or too large, and we transplant hairs from one part of the body to another.
- Body size and muscles are changed by body-building and diet.
- Body posture and bearing are culturally formed from childhood by parental exhortations: "Sit and stand upright! Don't swing your arms! Don't walk like a duck!"

A search for the meaning behind these intentional changes of the body will reveal two salient aspects. On the one hand, there is a general tendency to conceal all those manifestations and indications which remind us of our animal days. We tame the *animal* in us by submitting our biology to the strict control of an intentional cultivation and shaping. In doing so we do not just cut our claws but artistically change them; the human odour is covered wherever it may appear; and we subject our fur to complicated rituals of cutting and grooming. The treatment of our hair, in particular, shows that those sections which are unchanged or seem to be unchanged are seen and interpreted as an expression of heightened sensuality, i.e. the long hair of the female and the male breast hair. Other examples for this *animal taboo* are certain parts and functions of our body which we conceal from others in order to avoid embarrassment and the reputation of being shameless. Hence we cover those parts or transfer these functions to private space like bedroom, bath, or toilet.

On the other hand, the substance of these standards shows that the antagonism between female and male, between femininity and masculinity is determinant in all sectors of our society. The special form of male and female shaping of the body serves the symbolic representation of the differences between the sexes. Although this article deals with *the human body*, I have to admit that this is only possible on a rather high level of abstraction. There is no *body per se*: it is always either

- *Le corps est affirmé comme un des fondements essentiels de la joie et du plaisir et non soumis à de sévères contraintes comme à des époques fortement puritaines.*

L'évolution médico-technologique soulève à ce sujet de nouvelles questions et conduit à de nouvelles réponses à d'anciennes questions, comme par exemple

- *le lien entre le corps, la conscience et l'identité: quelles et combien de parties du corps puis-je remplacer avant que mon identité soit modifiée, avant que je ne cesse d'être je?*
- *la définition de la mort ou de la vie humaine: le simple critère de l'arrêt du cœur n'est plus suffisant pour fixer le moment du prélèvement d'organes, et pour fixer le moment d'un avortement légal, on se querelle pour des semaines sensées séparer la vie biologique de la vie humaine.*
- *la propriété ou le pouvoir de disposition sur le corps et des parties de celui-ci: cette discussion va du problème des vaccinations ordonnées par l'Etat à la question de savoir si les fonctions du corps d'une mère cliniquement* morte *doivent être maintenues afin de préserver la* vie *d'un fœtus en passant par l'autopsie des cadavres et les transplantations d'organes.*

Standards corporels

Lorsqu'un domaine est culturellement aussi diversement investi de sens que l'est le corps humain, le sociologue de la culture sait qu'il faut s'attendre à ce que ce domaine soit ordonné et régulé par un grand nombre de normes et d'instructions sociales. Si l'on considère le corps occidental moderne sous l'aspect des parties qui ne sont pas laissées dans leur état naturel *mais façonnées, d'une quelconque manière, par des interventions ciblées, on s'aperçoit qu'il n'existe aucune partie du corps pour laquelle on ne trouve des règles, des standards dans le sens du mieux – moins bon, désiré – non désiré. Un bref regard sur quelques exemples appuiera cette thèse:*

- *Les ongles ne sont pas coupées régulièrement parce qu'ils poussent constamment. Ils sont en même temps taillés, souvent colorés ou bien adaptés, par la pose d'ongles artificiels, à un idéal difficilement accessible naturellement.*
- *Le système pileux est traité de différentes manières sur la tête, le visage et le corps. On peut le laisser pousser, le couper à une certaine longueur, le raser ou l'épiler. On peut le teinter, changer son style ou pallier à son absence par différentes techniques.*
- *La peau est conservée dans l'état de souplesse et de douceur désiré par des crèmes de soin, lip-gloss, lotions et l'élimination de la corne.*
- *La couleur naturelle des cheveux, sourcils, cils, paupières, joues et ongles est souvent changée artificiellement – du moins chez les femmes; les hommes fréquentent également les solariums afin de pouvoir exhiber le bronzage sportif souhaité.*
- *L'odeur naturelle du corps est dissipée par le savon, shampoing, déodorant, dentifrice, eau dentifrice, parfum, spray intime et spray pour les pieds.*
- *Les déficits esthétiques sont durablement corrigés. Nous changeons la disposition des dents, la forme du nez, le visage ridé, les seins trop petits ou trop grands et transplantons les cheveux d'une partie du corps sur une autre.*
- *Nous modifions le volume du corps et nos muscles par le body-building et le régime.*

- Die natürliche Farbe von Kopfhaar, Brauen, Wimpern, Augenlidern, Wangen und Nägeln wird – zumindest bei Frauen – oft künstlich verändert; doch auch Männer suchen Sonnenstudios auf, um die ersehnte sportliche Körperbräune vorweisen zu können.
- Der natürliche Körpergeruch wird durch Seife, Shampoo, Deodorant, Zahnpasta, Mundwasser, Parfum, Intimspray und Fußspray überdeckt.
- *Ästhetische Defizite* werden dauerhaft korrigiert. Wir ändern Zahnstellungen, Nasenformen, das faltige Gesicht, die zu kleine oder zu große weibliche Brust und transplantieren Haare von einem Körperteil auf das andere.
- Körpervolumen und Muskelbild verändern wir durch body-building und Diät.
- Unsere Körperhaltung wird von Kindesbeinen an durch Ermahnungen, wie «Sitz und steh gerade! Schlenker nicht so mit den Armen! Setz die Füße beim Gehen nicht so weit auseinander!», kulturspezifisch geformt.

Fragt man nach dem Sinn, der hinter all diesen Formungen der Körper-Gestalt liegt, so scheinen mir zwei Aspekte von besonderer Bedeutung zu sein. Zum einen zeigt sich eine durchgehende Tendenz, alle die Erscheinungs- und Verhaltensweisen zu verbergen, die an unsere animalische Basis erinnern. Wir zähmen das *Tier* im Menschen, indem wir unsere Biologie durch eine absichtliche Kultivierung und Gestaltung einer strengen Kontrolle unterwerfen. Dabei werden die Krallen nicht nur der notwendigen Kürzung unterworfen, sondern künstlerisch gestaltet; der menschliche Geruch wird überall dort, wo er entstehen könnte, überdeckt; und unser Fell unterziehen wir komplizierten Schneide- und Pflegeritualen. Gerade beim Haar läßt sich zeigen, daß die ungestalteten bzw. ungestaltet wirkenden Teile – bei der Frau das lange Haar und beim Mann das Brusthaar – als Ausdruck von besonderer Sinnlichkeit gelten und interpretiert werden. In diesen tabuisierten Bereich gehören auch bestimmte Körperzonen und -funktionen, die wir – um Scham und Peinlichkeit zu vermeiden – vor anderen Menschen verbergen, indem wir sie bedecken bzw. in privatisierte Intimräume, wie Schlafzimmer, Bad oder Toilette, verlegen.

Zum anderen zeigt sich in den jeweiligen inhaltlichen Festlegungen der Regeln, daß der Gegensatz von Mann und Frau, von Männlichkeit und Weiblichkeit alle Bereiche unserer Gesellschaft bestimmt. Die spezielle Form männlicher und weiblicher Körpergestaltung dient der symbolischen Darstellung des Geschlechtsunterschiedes. Auch wenn in diesem Artikel bisher immer von *dem menschlichen Körper* gesprochen wurde, so war das nur auf einer hohen Abstraktionsebene möglich. Es gibt keinen *Körper an sich*: er ist immer entweder weiblich oder männlich.

Ein Blick auf die Schönheitsideale der verschiedenen Epochen belegt die durchgehende Kontrastierung von Geschlechtsidealen und -rollen. Am weiblichen Körper gelten andere Teile als attraktiv oder schön als beim Mann. Da Geschlechtsstandards in unserer Kultur immer entgegengesetzt sind, wird auch jedes Abweichen von den Standards des eigenen Geschlechts als Annäherung an das andere Geschlecht interpretiert: Dem Mann wird unterstellt, er sei *verweiblicht* oder *weibisch*, und der Frau, sie sei *männlicher* geworden. Auch heute noch soll ein Mann «gut aussehen», aber kein *Schönling* sein, während der Schönheit der Frau keine Grenzen gesetzt sind.

female or male. A survey of beauty ideals through the ages demonstrates the general contrast of gender ideals and gender roles. For a female other parts of the body are considered as attractive or beautiful than for a male. Since gender standards in our culture are always opposite, each deviation from the standards of one's own sex are interpreted as a move towards the other sex: In such a case, a man is supposed to be *effeminated* and a woman to be *rather masculine*. Even today a man should be *good looking*, but not beautiful, while the beauty of a female has no social limits.

Looking at the body with the perspective of a cultural anthropologist offers not just an interesting but otherwise irrelevant view from another academic field. The realization and understanding of the social interpretation and construction of meaning with respect to different aspects of our corporeality helps us not only to better understand the intentions of the artists, but also our own responses to their works of art. It is only because there are socially transmitted concepts, norms, and standards for – and that means, collective responses to – the human body, in particular for
- what the human body means,
- the difference and opposition between male and female body,
- old and young,
- healthy or mutilated bodies,
that artists can *play* with our expectations. The artists represented in the exhibition *The Body – Le Corps* set their work – at least to some extent – off against our everyday life ideals of the body, transmitted daily, in particular, through mass media. Thus they set their pictures and installations against our expectations and present bodies which explicitly do *not* meet our general standards. Only because we have these standards, artists can violate these rules, and thus disappoint our expectations, question our *natural* assumptions, shock us and thus stimulate our interest and provide us with food for thought.

– Notre tenue est formée, en fonction de la culture, dès le plus jeune âge par des admonestations comme «Assis-toi! ou Tiens-toi droit! Ne marche pas les bras ballants! N'écarte pas tant les pieds quand tu marches!».

Si l'on interroge le sens qui se cache derrière tous ces façonnages du corps, deux aspects me semblent particulièrement importants. D'une part, on remarque une tendance continue à dissimuler tous les aspects et comportements qui rappellent notre base animale. Nous domptons l'animal en astreignant notre biologie à un contrôle stricte par une culture et un façonnage intentionnels. Les griffes ne sont pas seulement soumises à des tailles mais sont artistiquement taillées; l'odeur humaine est absorbée partout où elle pourrait apparaître; et nous soumettons notre peau à des rituels compliqués de coupe et soin. On voit à l'exemple du système pileux que les parties non traitées ou qui semblent non traitées, les cheveux longs pour les femmes, les poils pectoraux pour les hommes, sont interprétés et considérés comme l'expression d'une sensualité particulière. Nous dérobons au regard des autres certaines zones et fonctions du corps tabouisées – afin d'éviter honte et gêne – en les couvrant et en les circonscrivant à des espaces intimes privatisés comme la chambre à coucher, la salle de bain ou les toilettes.

D'autre part, la définition du contenu des règles démontre que l'opposition homme et femme, masculinité et féminité détermine tous les domaines de notre société. La mise en forme spéciale du corps masculin et féminin sert à la représentation symbolique de la différence sexuelle. Même s'il a toujours été question dans cet article du corps humain, ceci n'était possible qu'à un haut niveau d'abstraction. Il n'y pas de corps en soi: il est toujours masculin ou féminin. Un coup d'œil sur les idéaux de beauté des différentes époques montre l'antagonisme continu entre idéaux et rôles sexuels. Les parties du corps considérées comme attractives ou belles ne sont pas les mêmes pour la femme et l'homme. Comme les standards sexuels sont toujours opposés dans notre culture, toute déviation des standards du propre sexe est interprétée comme un rapprochement vers l'autre sexe: on dit de l'homme qu'il est effeminé et de la femme qu'elle est devenue plus masculine. Aujourd'hui encore, un homme doit être beau sans être un bellâtre tandis qu'il n'y a pas de limite à la beauté de la femme.

L'étude de la détermination culturelle du corps humain dans le cadre d'une exposition d'art comme celle-ci ne constitue pas seulement une échappée vers une autre discipline scientifique. La connaissance des attributions de sens et interprétations sociales des différents aspects de la corporalité n'aide pas seulement à mieux comprendre les intentions des artistes mais également notre réaction à ces œuvres d'art. Seule l'existence de concepts, normes et standards – et ainsi de réactions collectives – exprimés socialement pour le corps humain, en particulier pour
- *ce que le corps est et signifie,*
- *la différence et l'opposition entre le corps féminin et masculin,*
- *des corps jeunes et vieux ou bien*
- *sains ou mutilés,*
permet aux artistes de jouer avec nos attentes. Les artistes qui sont représentés dans l'exposition The Body – Le Corps *s'érigent en partie consciemment contre nos images idéales du*

Die Beschäftigung mit der kulturellen Bestimmtheit des menschlichen Körpers in Zusammenhang mit einer Kunstausstellung wie dieser ist keineswegs nur ein Ausblick in einen anderen Wissenschaftsbereich. Gerade die Einsicht in die gesellschaftlichen Sinnunterlegungen und Deutungen der verschiedenen Aspekte von Körperlichkeit hilft nicht nur, die Absichten der Künstler, sondern auch unsere Reaktion auf diese Kunstwerke besser zu verstehen. Nur weil es gesellschaftlich vermittelte Konzepte, Normen und Standards – und damit kollektive Reaktionen – für den menschlichen Körper gibt, im besonderen für

– das, was der Körper ist bzw. bedeutet,
– den Unterschied und Gegensatz von weiblichem und männlichem Körper,
– alte und junge,
– gesunde oder versehrte Körper,

können Künstler mit unseren Erwartungen *spielen*. Die Künstler, die in der Ausstellung *The Body – Le Corps* vertreten sind, setzen sich zum Teil bewußt gegen unsere vor allem durch die Massenmedien täglich vermittelten Körper-Idealbilder und damit gegen unsere Erwartungen und präsentieren Körper, die diesen Standards explizit *nicht* entsprechen. Nur weil es solche Regeln gibt, können Künstler mit ihnen spielen, gegen sie verstoßen und so unsere Erwartungen enttäuschen, unsere Selbstverständlichkeiten in Frage stellen, uns auch schockieren und so zum Nachdenken anregen.

Literatur

P. Bourdieu: Die feinen Unterschiede: Kritik der gesellschaftlichen Urteilskraft. Frankfurt/M.: Suhrkamp 1987.

M. Douglas: Ritual, Tabu und Körpersymbolik: Sozialanthropologische Studien in Industriegesellschaft + Stammeskultur. Frankfurt/M.: Fischer 1986.

F. Ebhardt: Der gute Ton in allen Lebenslagen. Leipzig: Klinkhardt 1921.

N. Elias: Über den Prozeß der Zivilisation. Bd. 1: Wandlungen des Verhaltens in den weltlichen Oberschichten des Abendlandes. Frankfurt/M.: Suhrkamp 1976.

M. Featherstone et al (eds): The Body: Social Process and Cultural Theory. London: Sage 1990.

J. Fredel: «Ideale Maße + Proportionen: Der konstruierte Körper». In: B. Fliedl/Ch. Geismar (eds), Die Beredsamkeit des Leibes: Zur Körpersprache in der Kunst. Salzburg: Residenz 1992, 11–42.

K. Graudenz/E. Pappritz: Etikette neu. München: Südwest Verlag 1966.

H.V. Krumrey: Entwicklungsstrukturen von Verhaltensstandards. Frankfurt/M.: Suhrkamp 1984.

M. Mauss: «Die Techniken des Körpers». In: M. Mauss, Soziologie und Anthropologie Bd. 2. München: Hanser Verl. 1975, 197–220.

G. Oheim: Einmaleins des guten Tons. Gütersloh: Bertelsmann 1955.

K. Plake: «Die Schönheit des Körpers im Zeitalter der technischen Machbarkeit». In: K. Plake (ed), Sinnlichkeit + Ästhetik: Soziale Muster der Wahrnehmung. Würzburg: Königshausen + Neumann 1992, 178–205.

Ch. Shilling: The Body and Social Theory. London: Sage 1993.

A. Synnott: «Tomb, Temple, Machine + Self: The Social Construction of the Body». In: British Journal of Sociology, 43 (1), 1992, 79–110.

References

Bourdieu, P., Distinctions: A Social Critique of the Judgement of Taste. Cambridge, MA: Harvard University Press, 1984.

Douglas, M., Natural Symbols: Explorations in Cosmology. London: Barrie & Jenkins, 1973.

Ebhardt, F., Der gute Ton in allen Lebenslagen. Leipzig: Klinkhardt, 1921.

Elias, N., The Civilizing Process. Vol. I: The History of Manners. Oxford: Basil Blackwell, 1978.

Featherstone, M. et al (eds.), The Body: Social Process and Cultural Theory. London: Sage, 1990.

Fredel, J., "Ideale Maße und Proportionen: Der konstruierte Körper". In: B. Fliedl/Ch. Geissmar (eds.), Die Beredsamkeit des Leibes: Zur Körpersprache in der Kunst. Salzburg: Residenz 1992, 11–42.

Graudenz, K./E. Pappritz, Etikette neu. München: Südwest Verlag, 1966.

Krumrey, H.V., Entwicklungsstrukturen von Verhaltensstandards. Frankfurt/M.: Suhrkamp, 1984.

Mauss, M., "Body Techniques". In: M. Mauss, Sociology and Psychology: Essays. London: Routledge and Kegan Paul, 1979.

Oheim, G., Einmaleins des guten Tons. Gütersloh: Bertelsmann, 1955.

Plake, K., "Die Schönheit des Körpers im Zeitalter der technischen Machbarkeit". In: K. Plake (ed.), Sinnlichkeit und Ästhetik: Soziale Muster der Wahrnehmung. Würzburg: Königshausen und Neumann 1992, 178–205.

Shilling, Ch., The Body and Social Theory. London: Sage, 1993.

Synnott, A., "Tomb, Temple, Machine and Self: The Social Construction of the Body". In: British Journal of Sociology, 43(1), 1992, 79–110.

corps dont les mass-médias nous abreuvent quotidiennement, et ainsi contre nos attentes, et présentent des corps qui ne correspondent pas explicitement à ces standards. C'est parce que de telles règles existent que les artistes peuvent jouer avec celles-ci, les violer et décevoir nos attentes, mettre en question nos évidences, nous choquer également et nous inciter à la réflexion.

Bibliographie

P.Bourdieu: La distinction: critique sociale du jugement. Les éditions de minuit, Paris 1979.

M. Douglas: Ritual, Tabu und Körpersymbolik; Sozialanthropologische Studien in Industriegesellschaft + Stameskultur. Frankfurt/M.: Fischer 1986.

F. Ebhardt: Der gute Ton in allen Lebenslagen. Leipzig: Klinkhardt 1921.

N. Elias: Über den Prozeß der Zivilisation. Vol. 1: Wandlungen des Verhaltens in den weltlichen Oberschichten des Abendlandes. Frankfurt/M.: Suhrkamp 1976.

M. Featherstone et al (eds): The Body: Social Process and Cultural Theory. London: Sage 1990.

J. Fredel: «Ideale Maße und Proportionen; Der konstruierte Körper». In: B. Fliedl/Ch. Geismar (eds), Die Beredsamkeit des Leibes: Zur Körpersprache in der Kunst. Salzburg: Residenz 1992, 11–42.

K. Graudenz/E. Pappritz: Etikette neu. München: Südwest Verlag 1966.

H.V Krumrey: Entwicklungsstrukturen von Verhaltensstandards. Frankfurt/M.: Suhrkamp 1984.

M. Mauss: «Techniques du corps» in Sociologie et Anthropologie, P.U.F., Paris 1973.

G. Oheim: Einmaleins des guten Tons. Gütersloh: Bertelsmann 1955.

K. Plake: «Die Schönheit des Körpers im Zeitalter der technischen Machbarkeit». In: K. Plake (ed), Sinnlichkeit + Ästhetik: Soziale Muster der Wahrnehmung. Würzburg; Königshausen + Neumann 1992, 178–205

Ch. Shilling: The Body and Social Theory. London: Sage 1993.

A. Synnott: «Tomb, Temple, Machine + Self: The Social Construction of the Body». In: British Journal of Sociology, 43 (1), 1992, 79–110.

Donigan Cumming

Geboren 1947 in Danville, Virginia
Born in 1947 in Danville, Virginia
Né en 1947 à Danville, Virginia

Lebt und arbeitet in Montréal
Lives and works in Montréal
Vit et travaille à Montréal

Einzelausstellungen (Auswahl)
Solo Exhibitions (selection) / *Expositions individuelles (sélection)*

1974 «Hommage to John Marlowe», Photo Progression, Montréal
1978 «Gardens», Photo Progression, Montréal
«Portraits of Men», Photo Progression, Montréal
«Boxing», Photo Progression, Montréal
1983 «Selections from Reality and Motive 1», The
Photography Gallery, Toronto;
Bourget Gallery, Montréal
1984 University of Ottawa, Ottawa
1985 Glengarry Historical Society, Cornwall, Ontario
Coburg Gallery, Vancouver
1986 «Reality and Motive in Documentary Photography»,
Canadian Museum of Contemporary Photography, Ottawa
«La Réalité et le Dessein dans la photographie
documentaire», Centre National de la Photographie, Paris
«Reality and Motive in Documentary Photography 1 & 2»,
O.K. Harris, New York
«Reality and Motive in Documentary Photography 3»,
49th Parallel, New York
«Selections from Reality and Motive 1 & 2», Grunwald
Gallery, Toronto
Blue Sky Gallery, Portland, Oregon
1987 Université Laval, Québec, Québec
Photographers Gallery, Saskatoon, Saskatchewan
1988 Musée de la Photographie, Charleroi, Belgien
«Selections from work in progress for 'The Mirror, The
Hammer and The Stage'», Grunwald & Watterson Gallery, Toronto
Richard F. Brush Gallery, Canton, New York
1989 XYZ Fotografie vzw, Gent, Belgien
1990 «The Mirror, The Hammer and The Stage», The Museum of
Contemporary Photography, Chicago
The Floating Gallery & Main/Access Gallery,
Winnipeg, Manitoba
1991 Glendon Gallery, York University, Toronto
1992 «The Mirror, The Hammer and The Stage», Photographic
Resource Center, Boston
1993 «Donigan Cumming: Diverting the Image», Les Cents Jours
d'art contemporain, Montréal
«Donigan Cumming: Diverting the Image», Art Gallery of
Windsor, Windsor, Ontario
1994 «Harry's Diary: Extracts from Pretty Ribbons», Bravin
Post Lee Gallery, New York
«Harry's Diary: Extracts from Pretty Ribbons», Genereux
Grunwald Gallery, Toronto

Gruppenausstellungen (Auswahl)
Group Exhibitions (selection) / *Expositions de groupe (sélection)*

1983 Photo Union Gallery, Hamilton, Ontario
«Fait», Galerie Articule, Montréal
«Document: Aspects of Canadian Life», The Photo Gallery,
National Film Board, Ottawa
1984 «Contemporary Canadian Photography from the National Film
Board», Edmonton Art Gallery, Edmonton, Alberta
Photographers Gallery, Saskatoon, Saskatchewan
1985 «Contemporary Canadian Photography», National Gallery of
Canada, Ottawa
«Portraits», Galerie Articule, Montréal
«Document: Aspects of Canadian Life», New Brunswick Craft
School, Fredericton, New Brunswick; Winnipeg Art Gallery,
Winnipeg, Manitoba
1986 «Photography: Suggestions and Facts», Mandeville Gallery,
La Jolla, California
«Art Support», Galerie John Schweitzer, Montréal
«Document: Aspects of Canadian Life», Hamilton Art
Gallery, Hamilton, Ontario; Watson Gallery,
Houston, Texas; Dalhousie Art Gallery,
Halifax, Nova Scotia
1987 «Foto(con)tekst», Perspektief Gallery, Rotterdam
«The Working Artist», A Space Gallery, Toronto
«Un si grand âge ....», Centre National de la photographie, Paris
«Photographs from the Permanent Collection», Concordia
Art Gallery, Montréal
«Document: Aspects of Canadian Life», Musée du Québec, Québec
1988 «Photograhic Truth», The Bruce Museum, Greenwich, Connecticut
«Vivre Longtemps», Musée de la civilisation, Québec, Québec
1989 «Culture Medium», International Center of Photography, New York
«Faire Image: penser la photographie», Musée de la civilisation, Québec,
Québec
«Zones Critiques», le mois de la photo
Maison de la Culture Mercier, Montréal
«What is Photography?», Manes Center, Prag
Krakow Gallery, Krakau
«Interiors», Concordia Art Gallery, Montréal
«Power Plays», Contemporary Photography from Canada,
Stills Gallery, Edinburgh; Canada House, London;
Fotogallery, Cardiff, Wales; Artunion, Budapest
1990 «Strip-Tease de l'intime», mois de la photo à Paris,
Galerie Urbi et Orbi, Paris
«Op-Positions», Fotografie Biennale II, Rotterdam
«Public Exposures: One Decade», Museum of Contemporary Canadian
Photography, 1980–1990, Photographers Workshop, Toronto
Grunwald Gallery, Toronto
1991 «Découvertes», Grand Palais, Paris
«Portraits, autoportrait et représentation(s)»,
Galerie Photogramme, Montréal
1992 «Women Photographed 1849–1988», National Gallery of Canada,
Ottawa
Genereux Grunwald Gallery, Toronto
«Real Stories: Revisions in Documentary and Narrative
Photography», Museet for Fotokunst, Odense, Dänemark;
Norrköpings Konstmuseum, Norrköping, Schweden; Aineen Taidemuseo,
Tornio, Finnland; Fotomuseum Winterthur, Winterthur, Schweiz;
Museum Folkwang, Essen
«Beau». «A reflection on the nature of beauty in photography»,
Canadian Museum of Contemporary Photography, Ottawa;
Centre culturel canadien, Paris
1993 «Site Survey», Canadian Museum of Contemporary Photography, Ottawa
«Observing Traditions: Contemporary Photography 1975–1993»,
National Gallery of Canada, Ottawa
1994 «Auction of Fine Art Photographs», Photographic Resource Center,
Boston

Bibliographie (Auswahl)
Bibliography (selection) / *Bibliographie (sélection)*

1983 Thérèse Saint-Gelais, «Brian Collins, Donigan Cumming,
Robert Ouellet», in: Vanguard, Bd.12, Nr.9, Nov., S.43–44
Peter Wollheim, «Documents: Aspects of Canadian Life»,
in: Vanguard, Bd.12, Nr.7, Sept., S.42–43
1984 Graham Robert, «Donigan Cumming: Undoing Documentary»,
in: Parachute, Nr.34, März/April/Mai, S.19–24
Clara Gutsche, «Open Parody, Hidden Agenda: Donigan Cumming»,
in: Vanguard, Bd.13, Nr.4, Mai, S.21–25
1986 Georges Bogardi, «The Dark Visions of Donigan Cumming»,
in: Canadian Art, Bd.3, Nr.1, Frühjahr, S.70–73
Monika Gagnon, «Abuse of the Title», in : C Magazine, Nr.11, Sept.,
S.38–39
Georges Bogardi, «Donigan Cumming: Reality and Motive in
Documentary Photography, Part 3», Katalog zur Ausstellung,
49th Parallel, New York, ohne Seitenangabe
Martha Langford, «Donigan Cumming: Crossing Photography's
Chalk Lines», Katalog zur Ausstellung «Reality and Motive
in Documentary Photography», Canadian Museum of Contemporary
Photography, Ottawa, S.14–35
Robert Graham, «Documentary and the Powers of Description»,
Katalog zur Ausstellung «Reality and Motive in Documentary
Photography», Canadian Museum of Contemporary Photography,
Ottawa, S.6–13
1987 Peter Wollheim, «Cumming/Goldberg/Woodman: Beyond
Semiotics», in: Photo Communique, Bd.9, Nr.2, S.9–21
Noël Bourcier, «Donigan Cumming: Palais de Tokyo (C.N.P.)»,
in: Art Press, Nr.112, März, S.80
Richard Baillargeon, «Le regard limitrophe de Donigan Cumming»,
in: Photo Sélection, Juli, S.39, 54
1988 Michael Gibbs, «Documentary in a New Context»,
in: Perspektief, Nr.31/32, April, S.46–56
1989 Pierre Dessuréault, «Quelques images de la collection du
Musée canadien de la photographie contemporaine», in:
Summum (Sainte-Foy), Bd.2, Nr.3, April/Mai, S.14–19
Gaétan Gosselin, «Tactics and Strategies: The Question of Politics
in Current Québec Photography»,
in: Blackflash (Saskatoon), Bd.7, Nr.4, Winter, S.3–9
Annie Walther, «A Montréal: La Photographie Canadienne
Contemporaine»,
in: Photographies Magazine, Nr.17, Nov., S.33–34
R. Powell, «Power Plays: Contemporary Photography from Canada»,
Katalog der Stills Gallery, Edinburgh, S.3–5
Charles Stainback, «Culture Medium», Katalog des International
Center of Photography, New York, ohne Seitenangabe
1990 Terry Byrnes, «Taking Photography to Pieces», in:
Photo Life, Bd.15, Nr.2, März, S.2–18
Sylvain Campeau, «Espaces révélateurs: là, au travers,
hors de là et retour», in: Parachute, Nr.57, Jan./Feb./März, S.52–56
Georges Bogardi, «In Camera: The Photography of Donigan Cumming»,
Canadian Museum of Contemporary Photography, Ottawa,
S.66–78
Nina Levitt und Hamish Buchanan, «On Mapping a Decade»,
Public Exposures. One Decade of Contemporary Canadian
Photography, 1980–1990, Photographers Workshop, Toronto, S.47–53
Richard Brilliant, «Portraits. A Recurrent Genre in World Art»,
The Center for African Art, New York, S.11–29
Peter Wollheim, «A Short History of Documentary Photography»,
Public Exposures. One Decade of Contemporary Canadian
Photography, 1980–1990, Photographers Workshop, Toronto, S.21–26

1991 Gabriel Bauret, «Joseph Koudelka, Prix HCB», in:
Photographies Magazine, Nr.34, Sommer, S.30–31
Terry Byrnes, «Stage Fright», in: Photo Life, Bd.16, Nr.9, Nov., S.6–7
Robert Enright, «Pretty Ribbons: Photographs by Donigan Cumming»,
in: Border Crossings (Winnipeg), Bd.10, Nr.1, Jan., S.25–33
John Hodgert, «The Many Faces of Vulnerability»,
in: Border Crossings (Winnipeg), Bd. 10, Nr.2, April, S.65–66
Jan-Erik Lundström, «Fotografie Biennale Rotterdam II:
Op-Positions», in: Perspektief, Nr.40, Jan., S.67–70
Mirelle Thijsen, «Op-Positions: Rotterdam's Second Biennial»,
in: European Photography, Bd.12, Nr.45, Jan./Feb./März, S.13–15
1992 A.D. Coleman, «Up Canada Way: le mois de la photo à Montréal»,
in: European Photography, Bd.13, Nr.49, Winter, S.9–11
Patrick Roegiers, «Autobiographie au Québec», L'Oeil multiple,
Editions La Manufacture (Paris), S.245–248
Martha Langford, «Beau» A reflection on the nature of
beauty in photography», Katalog des Canadian Museum of Contemporary
Photography, Ottawa, ohne Seitenangabe
Jan-Erik Lundström, «Real Stories», Katalog des Museet for Fotokunst,
Odense, Dänemark, S.2–10, 66
1993 Nicole Gingras, «Disquieting Poses», Katalog zur Ausstellung
«Donigan Cumming: Diverting the Image», Art Gallery Windsor, Windsor,
Ontario, S.32–40
Patrick Roegiers, «A Decent into the Hell of Donigan Cumming»,
Katalog zur Ausstellung «Donigan Cumming: Diverting the Image»,
Art Gallery Windsor, Windsor, Ontario, S.53–56
Sylvain Campeau, «Diverting the Image/Donigan Cumming/Détournements
de l'image», in: Parachute, Nr.71, Juli/Aug./Sept.
Robin Laurence, «Docu-Dismantler», in: Border Crossings (Winnipeg),
Bd.12, Nr.1, Feb., S.58–59
Jean-Pierre Legrand, «La mise à nu: travestissement et dévoilement»,
in: Vie des Arts (Montréal), Bd.28, Nr.152, Herbst, S.28–33
Patrick Roegiers, «Donigan Cumming ethnologue iconoclaste»,
in: Art Press, Nr.176, Jan., S.38–41
Patrick Roegiers, «La singularité est-elle indécente? : A propos de
Diane Arbus et Donigan Cumming», La photographie inquiète de ses
marges, Le Triangle, Rennes
1994 Guy Bellavance,» Donigan Cumming: Centre international
d'art contemporain de Montréal», in: Parachute,
Nr.73, Jan./Feb./März, S.42–44

Texte des Künstlers (Auswahl)
Texts by the Artist (selection) / *Textes de l'artiste (sélection)*

1991 «The Stage», Maquam Press, Montréal

John Massey

Geboren 1950 in Toronto
Born in 1947 in Toronto
Né en 1947 à Toronto

Lebt und arbeitet in Toronto
Lives and works in Toronto
Vit et travaille à Toronto

Einzelausstellungen (Auswahl)
Solo Exhibitions (selection) / *Expositions individuelles (sélection)*

1979   «A Directed View (The First Two Rooms)»,
Mercer Union, Toronto
1980   «Room 202 (A Model for Johnny)», Institute for Art and
Urban Resources, P.S.1, Long Island City
1981   «I Smell the Blood of an Englishman»,
Galerie France Morin, Montréal
1983   «Body and Soul (A Cinematic Stasis)»,
Galerie France Morin, Montréal
1984   «As the Hammer Strikes», The Funnel, Toronto
1986   The Ydessa Gallery, Toronto
1988   «Twilight's Last Gleaming», Ruimte Morguen, Antwerpen
The Mattress Factory, Pittsburgh
1989   Galerie Chantal Boulanger, Montréal
Open Studio, Toronto
1990   Canadian Cultural Centre, Paris
1992   Olga Korper Gallery, Toronto
1994   Olga Korper Gallery, Toronto
Hamilton Art Gallery , Hamilton, Ontario

Gruppenausstellungen (Auswahl)
Group Exhibitions (selection) / *Expositions de groupe (sélection)*

1979   «Confrontations», Vancouver Art Gallery, Vancouver
1980   «Hier et Après / Yesterday and Today»,
Musée des Beaux Arts, Montréal;
Biennale, Paris
1981   «Spring Hurlbut, Ron Martin, John Massey, Becky
Singleton», Art Gallery of Ontario, Toronto
1982   «O Kanada», Akademie der Künste, Berlin
1983   Musée des Beaux Arts, Montréal
«Künstler aus Kanada», Württembergischer Kunstverein, Stuttgart
1984   «Canada/New York», 49th Parallel, New York
«Reflections: Contemporary Art Since 1964»,
National Gallery of Canada, Ottawa
1985   «Alles und noch viel mehr. Das poetische ABC»,
Kunstmuseum Bern, Bern
«Subjects and Subject Matter», London Regional Art
Gallery, London, Ontario; Ontario Art Gallery at Harbourfront,
Toronto; Laurentian University Art Centre, Sudbury,
Ontario; Mendel Art Gallery, Sakatoon, Saskatchewan
«Aurora Borealis», Centre international d'art
contemporain de Montréal, Montréal
«The Dog Show», Ontario Art Gallery at Harbourfront, Toronto

1986   «Focus – Canadian Art 1960–1985», Art Cologne, Köln
1987   «Toronto: A Play of History (Jeu d'histoire)»,
The Power Plant, Toronto
«From Sea to Shining Sea», The Power Plant, Toronto
1989   «Fictions», Mirabel International Airport, Montréal
Parachute Benefit Show, Galerie Chantal Boulanger und
Galerie René Blouin, Montréal
«Selections from the Ann and Marshall Webb Collection»,
Art Gallery of York University, Toronto
1990   «Photographic Inscription: Kunst aus Toronto», Institut
für Auslandsbeziehungen, Stuttgart
«Passages de l'Image», Centre George Pompidou, Paris
1991   «Arden, Doherty, Garnell, Horsfield, Massey, Struth»,
Galerie Giovanna Minelli, Paris
«Das Goldene Zeitalter», Württembergischer Kunstverein,
Stuttgart
«Practicing Beauty», Hamilton Art Gallery, Hamilton, Ontario
«Passages de l'Image», Caixa de Pensions, Barcelona;
Wexner Art Center, Columbus, Ohio
1992   «Xmostra da Gravura», Museu da Gravura, Curitiba, Brasilien
«Beau», Canadian Museum of Contemporary Photography,
Ottawa; Centre Culturel Canadien, Paris
«Passages de l'Image», Museum of Modern Art,
San Francisco
1993   «Canada: Une nouvelle génération», Musée de l'Abbaye
Sainte-Croix, Les Sables-d'Olonne & FRAC Franche-Comté,
Dôle, Frankreich

Bibliographie (Auswahl)
Bibliography (selection) / *Bibliographie (sélection)*

1980   Normand Theriault, «Hier et Aprés/Yesterday and After»,
Katalog des Musée des Beaux Arts, Montréal
1981   Roald Nasgaard, «Spring Hurlbut, Ron Martin, John Massey,
Becky Singleton», Katalog der Art Gallery of Ontario,
Toronto
Peggy Gale, «John Massey's Essential Realities»,
in: Parachute, Nr.24, Herbst
Philip Monk, «Spring Hurlbut, Ron Martin, John Massey,
Becky Singleton», in: Parachute, Nr.24, Herbst
1982   Pierre Théberge, «O Kanada», Katalog der Akademie der
Künste, Berlin
1983   Bruce Ferguson, «Artists from Canada», in: Artmagazine,
Nr. 63/64, Sommer
David Burnett/Marilyn Schiff, «Contemporary Canadian Art»,
Edmonton, Alberta
Robert Bringhurst, «Visions: Contemporary Art in Canada», Vancouver
«Künstler aus Kanada», Katalog des Württembergischen
Kunstvereins, Stuttgart, S.9, 15–16, 84–89
1985   Elio Grazioli, «Aurora Borealis», in: Flash Art, Okt./Nov.
G.J. Lischka, in: «Alles und noch viel mehr. Das poetische ABC»,
Katalog des Kunstmuseum Bern, Bern
1986   William Wood, «Saint Jack», in: C Magazine, Nr.9, Frühjahr
Dot Tuer, «John Massey at the Ydessa Gallery»,
in: Vanguard, Jg.15, Nr.2, April/Mai
Elke Town, «John Massey at the Ydessa Gallery»,
in: Parachute, Nr.43, Sommer
1987   «From Sea to Shining Sea», Katalog The Power Plant, Toronto
1989   Peggy Gale, «Art as Embodied Conditions», in:
Parachute, Nr.56, Herbst
1990   Philip Monk, «Photographic Inscription: Kunst aus Toronto»,
Katalog des Instituts für Auslandsbeziehungen, Stuttgart
Catherine David, «Passages de l'image», Katalog des Centre
Georges Pompidou, Paris
Gordon Lebredt, «Some Thoughts on Twilight's Last Gleaming»,
in: C Magazine, Herbst
Ihor Holubizky, «Practicing Beauty», Katalog der Hamilton
Art Gallery, Hamilton, Ontario

Texte des Künstlers (Auswahl)
Texts by the Artist (selection) / *Textes de l'artiste (sélection)*

1979   «Confrontations», Katalog der Vanvouver Art Gallery,
       Vancouver
1982   «The House that Jack Built» (24 Seiten)
1987   «A Play of History/Jeu d'histoire», Katalog
       The Power Plant, Toronto

Nell Tenhaaf

Geboren 1951 in Oshawa, Ontario
Born in 1951 in Oshawa, Ontario
Né en 1951 à Oshawa, Ontario

Lebt und arbeitet in Montréal
Lives and works in Montréal
Vit et travaille à Montréal

Einzelausstellungen (Auswahl)
Solo Exhibitions (selection) / *Expositions individuelles (sélection)*

1985   «Silence is a Monument», Galerie Powerhouse,
       Montréal
1987   «Believable if not always true...», Galerie J. Yahouda-Meir,
       Montréal
1988   «Gramatica», Galerie Oboro, Montréal
1990/91 «Horror autotoxicus», Western Front Gallery, Vancouver
1992   «Horror autotoxicus», Axe Néo-Sept, Hull, Québec
1993   Galerie Lallouz + Watterson, Montréal

Gruppenausstellungen (Auswahl)
Group Exhibitions (selection) / *Expositions de groupe (sélection)*

1985   «Art is Communications», A Space Gallery, Toronto;
       Centre for Art Tapes, Halifax, Nova Scotia
1987   «Siting Technology», The Walter Phillips Gallery, Banff,
       Alberta; Mackenzie Art Gallery, Regina, Saskatchewan
1989   «Machinations», Galerie Christiane Chassay, Montréal
1989/91 «Legitimation», Galerie Powerhouse, Montréal;
       Contemporary Art Gallery, Vancouver; The Nickle Arts
       Museum, Calgary, Alberta; Regional Art Gallery,
       London, Ontario; Galerie Vu, Québec
1991/92 «Other Frontiers», Third Eye Centre, Glasgow; Canada
       House, London; Centre Culturel Canadien, Paris
1992   «Horror autotoxicus», Les Cent Jours d'art contemporain, Montréal
1993   «Le bénéfice du doute», Optica, Montréal
1994   Glendon Gallery, Toronto
       «Arte Virtual: 12 Propuestas de Arte Reactivo», Madrid

Bibliographie (Auswahl)
Bibliography (selection) / *Bibliographie (sélection)*

1982   Thérèse Saint-Gelais, «Remarques sur l'art féminin et
       l'art féministe», Katalog zur Ausstellung «Art et féminisme»
       des Musée d'art contemporain, Montréal, S.147–153
1987   Reesa Greenberg, «Sacred Cows», in: C Magazine, Sommer, S.58–59
1988   Daina Augaitis, «Siting Technology», Katalog der Walter
       Phillips Gallery, The Banff Centre, Banff, Alberta, S.18–24
       Jane Young, «Picturing Language», in: Vanguard, Sept., S.35
1989   Louise Poissant, «Machinations», Katalog der Galerie
       Christiane Chassay, Montréal, S.3–9, 92–99
       Renée Baert, «Légitimation», Katalog der Galerie
       Powerhouse, Montréal, S.4–5, 22–27

1991   Kitty Scott, «Other Frontiers», Katalog des Third Eye
        Centre, Glasgow, S.12–21
        Johanne Lamoureux, «French Kiss from a No Man's Land»,
        in: Arts Magazine, Febr., S.48–54
        Mireille Perron, «Légitimation», in: C Magazine,
        Frühjahr, S.52–53
        Johanne Lamoureux, «Horror autotoxicus», Katalog der
        Western Front Gallery, Vancouver
        Janice Andreae, «Légitimation», in: Parachute, Nr.61, S.67–68
1992   Johanne Sloan, «In Vitro», in: Parachute, Herbst, S.63–64
1994   Johanne Sloan, «Blair Robins, Nell Tenhaaf», Katalog der
        Glendon Gallery, Toronto

Texte der Künstlerin (Auswahl)
Texts by the Artist (selection) / *Textes de l'artiste (sélection)*

1984   «The Trough of the Wave: Sexism and Feminism»,
        in: Vanguard, Sept., S.15–18
1985   «Defying the Death Machine», Interview mit Nancy Spero,
        gemeinsam mit Nicole Jolicoeur, in: Parachute, Nr.39, S.50–55
1990   «A History, or a Way of Knowing», in: Instabili:
        la question du sujet, Galerie Powerhouse und Artexte,
        Montréal, S.77–84
1991   «Virtual Seminar on the Bioapparatus», gemeinsam mit
        Catherine Richards, Banff Centre for the Arts,
        Banff, Alberta, S.5–120
1992   «Of Monitors and Men and Other Unsolved Feminist
        Mysteries: Video Technology and the Feminine», in:
        Parallélogramme, Bd.18, Nr.3, S.24–37
        «Mutational Cravings», in: C Magazine, Nr.36,
        Winter, S.42–51
1993   «Simorg Culture», in: Parachute, Nr.72, Okt/Nov/Dez, S.41–43
1994   «Mysteries of the Bioapparatus», in: Immersed in
        Technology: Art, Culture and Virtual Environments,
        The Banff Centre und MIT Press, Boston

Christine Davis

Geboren 1962 in Vancouver
Born in 1962 in Vancouver
Né en 1962 à Vancouver

Lebt und arbeitet in Toronto
Lives and works in Toronto
Vit et travaille à Toronto

Einzelausstellungen (Auswahl)
Solo Exhibitions (selection) / *Expositions individuelles (sélection)*

1985   «Exquisite Positions», A Space Gallery, Toronto
1986   «Corpus Delectus», Pages, Toronto
1987   «Cleave», YYZ Gallery, Toronto
1988   «Passion», Artspeak Gallery, Vancouver
        «Cleave», Galerie Powerhouse, Montréal
1989   «Unanimous Horizon», S.L. Simpson Gallery, Toronto
        «Passion», Galerie Dazibao, Montréal
1991   «Logos», S.L. Simpson Gallery, Toronto
1992   «Le dictionnaire des inquisiteurs», Olga Korper
        Gallery, Toronto
1993   Macdonald Stewart Art Centre, Guelph, Ontario
        CREDAC, Centre d'art contemporain, Ivry-sur-Seine
1994   Indianapolis Museum of Art, Indianapolis
        Mackenzie Art Gallery, Regina, Saskatchewan

Gruppenausstellungen (Auswahl)
Group Exhibitions (selection) / *Expositions de groupe (sélection)*

1990   «Collectif Generation. Livres d'Artistes»,
        Victoria and Albert Museum, London
1991   «Embodying Faith», The New Museum of Contemporary Art,
        New York
        «Practicing Beauty», Hamilton Art Gallery,
        Hamilton, Ontario
        «The Embodied Viewer», Glenbow Museum, Calgary, Alberta
        «Das Sibyllinische Auge», Galerie Barbara Gross und Foto e.V.,
        München
1992   «Beau», Canadian Museum of Contemporary Photography, Ottawa
1993   «A Discourse on the Emotions», Galerie Volker Diehl, Berlin
        «Prospect 93», Frankfurter Kunstverein, Frankfurt/M.
        «Embodied Spaces», le mois de la photo, Montréal
        «Le Bestiaire», Parachute Benefit Exhibition, Montréal
        «Visual Evidence», Dunlop Art Gallery, Regina, Saskatchewan
        «Eros c'est la vie», Comfort Moderne, Poitiers

Bibliographie (Auswahl)
Bibliography (selection) / *Bibliographie (sélection)*

1985 Dot Tuer, «Exquisite Positions», in: Vanguard,
       Jg.14, Nr.8, Okt.
1986 Monika Gagnon, «The Body of Knowledge», in: C Magazine,
       Nr.8 , Winter
1988 Robert Fones, «Cleave», in: Vanguard, Jg.17, Nr.1, März
       Andrew Payne, «Cleave», in: Parachute, Nr.50, März-Mai
       Mereille Perrot, «Cleave», in: Etc., Nr.6, Winter
1989 Monika Gagnon, «Beauté Convulsive», Katalog zur Ausstellung
       «Passion», Artspeak Gallery, Vancouver
       Nancy Shaw, «The Delicate Double», in: Vanguard, Jg.18, Nr.2, April/Mai
1991 Vera Lemecha, «The Embodied Viewer», Katalog des
       Glenbow Museum, Calgary, Alberta
       Amy Gogarty, «The Embodied Viewer», in: Parachute, Nr.63
       Justin Hoffmann, «Interview mit Christine Davis»,
       in: Artis, April, S.48–51
       Alice Yang, «Embodying Faith», Katalog des New Museum of
       Contemporary Art, New York
       Baker Lang, «What Angels Saw: On the Photography of
       Christine Davis», in: Parachute, Nr.64, Okt.-Dez.
       Ihor Holubizky, «Practicing Beauty», Katalog der Hamilton
       Art Gallery, Hamilton, Ontario
       Pia Lanzinger und Isabelle Graw, «Das Sibyllinische Auge»,
       Katalog der Galerie Barbara Gross und Foto e.V., München
1993 Janine Marchessault, «Le dictionnaire des inquisiteurs»,
       in: Parachute, Nr.69, Jan.-März
       Allen Weiss, «Le dictionnaire des inquisiteurs», in:
       Art + Text, Nr.44, Jan.
       Will Straw, «Le dictionnaire des inquisiteurs», in:
       C Magazine, Nr.37, Frühjahr, S.44–45
       Christine Bernier, «Embodied Space», Katalog zur Ausstellung
       «Le mois de la photo», Montréal
       Christine Buci-Glucksmann, «La forme du Regard», Katalog
       zur Ausstellung «Christine Davis», Macdonald Stewart Art
       Center, Guelph, Ontario und CREADAC, Ivry-sur-Seine, S.47–53
       Chantal Pontbriand, «De la violence et du langage», Katalog
       zur Ausstellung «Christine Davis», Macdonald Stewart Art
       Center, Guelph, Ontario und CREADAC, Ivry-sur-Seine, S.63–67
       Ingrid Jenkner, «Critical Fictions», Katalog zur Ausstellung
       «Visual Evidence», Dunlop Art Gallery, Regina, Saskatchewan

Texte der Künstlerin (Auswahl)
Texts by the Artist (selection) / *Textes de l'artiste (sélection)*

1988 «Immaculate Gap», in: Provincial Essays, Bd.6
       «Cleave», New City Fiction, in: Impulse, Jg.14, Nr.2/3
1989 «A Text», in: Writing, Nr.23/24, Herbst/Winter
1991 «Hyperbole», in: Texts, Nr.6, Herbst
1992 «Hyphen Machine», in: C Magazine, Nr.33, Frühjahr
       «Insert», Talking Pictures, in: Tessera, Nr.13, Winter
1993 «Sacred Technologies» (Hrsg. Christine Davis),
       Public Nr.7, Winter

Eldon Garnet

Geboren 1946 in Toronto
Born in 1946 in Toronto
Né en 1946 à Toronto

Lebt und arbeitet in Toronto
Lives and works in Toronto
Vit et travaille à Toronto

Einzelausstellungen (Auswahl)
Solo Exhibitions (selection) / *Expositions individuelles (sélection)*

1975 «All Dulled Out in Tartarus», A Space Gallery , Toronto
1977 Isaacs Gallery, Toronto
       La Mamelle, San Francisco
1980 Isaacs Gallery, Toronto
1981 «Cultural Connections», Canadian Centre of
       Photography, Toronto
1982 «Privacy», Cameron Public House, Toronto
1983 «Caves», Zona, Florenz
       «Cultural Connections», Musée d'art contemporain,
       Montréal
       «In Trouble and Caves», CEPA, Buffalo, New York
1984 «Caves», PS 1, New York; ArtCulture Resource Centre,
       Toronto
1985 «Emblems of Circumstance», ArtCulture Resource
       Centre, Toronto
1987 «Heavy Industry», Cold City Gallery, Toronto
1989 «The First Edition Bronze Sculptures», Cold City
       Gallery, Toronto
1990 «Emblems of Circumstance and The First Editions»,
       Torch Gallery, Amsterdam
       «Trembling and The First Edition», Galerie
       Martina Detterer, Frankfurt/M.
       «Trembling», Cold City Gallery, Toronto
1992 «Vanitas», Cold City Gallery, Toronto
       «The Narrative Body», Torch Gallery, Amsterdam
1993 «When?», The Power Plant, Toronto
1994 «Promise», Genereux Grunwald Gallery, Toronto

Gruppenausstellungen (Auswahl)
Group Exhibitions (selection) / *Expositions de groupe (sélection)*

1974 «The Poet Machine», Isaacs Gallery, Toronto
1978 «Studies in Time and Motion», Harbourfront Art Gallery, Toronto
1979 «JFM 232», CEPA, Buffalo, New York
       «Learning a Perceptual Motor Skill»,
       A Space Gallery, Toronto
1983 «New Canadian Photography», The Canadian Centre of
       Photography, Toronto
       «New Holography», A Space Gallery, Toronto
       «Caves», Centre International d'art contemporain, Paris
       «Chromaliving», Chromazone, Toronto

1984 303 Park South, New York
      «Canadian Holography Now», Museum of Holography, Brüssel
1985 «Double/Doppleganger», Amsterdam
      «Interior Rites», ArtCulture Resource Centre, Toronto
1986 «Arte e Scienza», Biennale, Venedig
      «Lumiéres: Perception – Projection», Centre International
      d'art contemporain de Montréal, Montréal
      «I Shot Mussolini», A Space Gallery, Toronto
1988 «Images in Time and Space», Cold City Gallery, Toronto
      «Lunatic of One Idea», Public Access, Toronto
1989 «The Zone of Conventional Practice», Optica, Montréal;
      Presentation House, Vancouver; American Fine Art,
      New York
      «Prospect 89», Frankfurter Kunstverein, Frankfurt/M.
      «150 Ans Après la Photographie», Musée de la civilisation,
      Québec, Québec
1990 «The Zone of Conventional Practice», Mendel Art Gallery,
      Saskatoon, Saskatchewan; Photographers Workshop, Toronto
      «Today Tonight Tomorrow», National Library, Ottawa
1992 «Beau», Canadian Museum of Contemporary Photography,
      Ottawa

Bibliographie (Auswahl)
Bibliography (selection) / *Bibliographie (sélection)*

1982 Shelley Rice, «Nots and lots of knots», in: Afterimage, Sommer
      Gary Michael Dault, «Here Between Towers. Photographic
      Environments of Eldon Garnet», in: Vanguard, Jg.11, Nr.7
1984 Donna Lypchuk, «Caves», in: C Magazine, Nr.2, Sommer, S.57–59
1985 Gary Michael Dault, in: Vanguard, Jg.14, Bd.10, Dez./Jan.86
1986 Bruce Grenville, in: Parachute, März/April/Mai
1987 Earl Miller, «Undimensional man», in: Vanguard, Jg.16, Bd.2, S.39
1988 Donna Lypchuk, «Time Frames: Eldon Garnet monitors everyman's
      private journey through contemporary history», in: Canadian Art,
      Winter, S.58–65
1989 Peter Weiermair, Katalog zur «Prospect Photographie»,
      Frankfurter Kunstverein, Frankfurt/M.
      Cheryl Simon (Hrsg.), «The Zone of Conventional Practice and
      Other Real Stories», Montréal
1992 Linda Genereux, in: Artforum, Sept., S.106
      «When», Interview mit Richard Rhodes, Power Plant, Toronto
      Martha Langford, «Beau», Katalog des Canadian Museum of
      Contemporary Photography, Ottawa, o.S.

Texte des Künstlers (Auswahl)
Texts by the Artist (selection) / *Textes de l'artiste (sélection)*

1971 «Angel», Press Porcepic, Toronto
1973 «Asparagus», Missinglink Press, Toronto
      «The Last Adventure», Oberon, Ottawa
1974 «(W)Here? Other Canadian Poetry», Press Porcepic, Toronto
1977 «Brebeuf, A Martyrdom of Jean de», Press Porcepic,
      Toronto
1978 «Einstein's Joke», Impulse (Microfiche), Toronto
1979 «Spiraling/JFM 232», 1W1 Communications, Toronto
1982 «Cultural Connections», Image Nation, Toronto
1984 «Caves», ArtCulture Resource Centre, Toronto
1987 «I Shot Mussolini», limited edition, Toronto
1989 «Today Tonight Tomorrow», limited edition, Toronto
      «I Shot Mussolini», Summerhill Press, Toronto
1992 «The Narrative Body», Autonomedia, New York und
      Torch Books, Amsterdam
1993 «When?», The Power Plant, Toronto

Chuck Samuels

Geboren 1956 in Montréal
Born in 1956 in Montréal
Né en 1956 à Montréal

Lebt und arbeitet in Montréal
Lives and works in Montréal
Vit et travaille à Montréal

Einzelausstellungen (Auswahl)
Solo Exhibitions (selection) / *Expositions individuelles (sélection)*

1980 «Portraits», Critical Eye Gallery, Hatley, Québec
1981 «Portraits», Galerie Dazibao, Montréal
1985 «Nudes», Latitude 53 Gallery, Edmonton, Alberta
1986 «Extended Portraits», Galerie Bourget, Montréal
1988 «Memory Works», Harbourfront Gallery, Toronto
      «Extended Portraits» & «The Mission of Photography...»,
      Axe Néo-Sept, Hull, Québec
      «Extended Portraits», Center Eye Gallery, Calgary,
      Alberta; Galerie Vu, Québec, Québec
1989 «Extended Portraits», Nova Scotia Photo Co-op,
      Halifax, Nova Scotia
1990 «Easy Targets», XChanges, Victoria, British Columbia;
      Neutral Ground, Regina, Saskatchewan;
      Galerie 101 Gallery, Ottawa
1991 «Easy Targets», Latitude 53 Gallery, Edmonton, Alberta;
      Floating Gallery, Winnipeg, Manitoba
1992 «Before the Camera», Galerie 101 Gallery, Ottawa
      «After the Masters», Houston Center for Photography,
      Houston, Texas
      «Easy Targets», Hamilton Artists Inc., Hamilton, Ontario
      «Cibles Faciles», Galerie Vu, Québec, Québec
1993 «Before the Camera», Artspeak Gallery, Vancouver
1994 «Before the Camera», Canadian Museum of Contemporary
      Photography, Ottawa

Gruppenausstellungen (Auswahl)
Group Exhibitions (selection) / *Expositions de groupe (sélection)*

1981 «End of Tale,» Galerie Yvon Lavoie, Montréal
1983 «Le Portrait», Espace OVO, Montréal
1984 «Le Portrait», Consejo Méxicano de Fotografía,
      Tehuantepec, Mexiko
1985 «Nudité et Sexualité en Photographie»,
      Galerie Dazibao, Montréal
      «Portraits», Galerie Articule, Montréal
1987 «Latent Images», Gallery 44, Toronto
1988 «The Mission of Photography ...», Galerie Dazibao,
      Montréal
1989 «Canadian Photographers», HNF Galerie, Budapest

1992 «Phototropism», New Works Gallery, Chicago
      «Politics of Gender», Niagara Artists Centre,
      St. Catherines, Ontario
      «Body Takes», Gallery TPW, Toronto
      «Rated X», Neikrug Photographica, New York
1993 «The Pressing of Flesh», Floating Gallery,
      Winnipeg, Manitoba
      «Interior Dialogues», Pyramid Art Center, Rochester,
      New York

Bibliographie (Auswahl)
Bibliography (selection) / *Bibliographie (sélection)*

1993 Monika Gagnon,"Body Takes", in: C Magazine,
      Nr.36, Winter, S.60–61

Texte des Künstlers (Auswahl)
Texts by the Artist (selection) / *Textes de l'artiste (sélection)*

1985 «Supportive, Exploitative, Appropriative?
      Five Male Photographers Approach 'Women's Issues'»,
      in: Fuse, Bd.8, Nr.6, Frühjahr, S.29–34
1987 «Men, Women & Photography», in: Women and Men:
      Interdisciplinary Readings on Gender,
      Toronto, S.454–469

Jean-Jacques Ringuette

Geboren 1961 in Trois-Rivières, Québec
Born in 1961 in Trois-Rivières, Québec
Né en 1961 à Trois-Rivières, Québec

Lebt und arbeitet in Montréal
Lives and works in Montréal
Vit et travaille à Montréal

Einzelausstellungen (Auswahl)
Solo Exhibitions (selection) / *Expositions individuelles (sélection)*

1988 Axe Néo-Sept, Hull, Québec
1989 Galerie Art 8, Trois-Rivières, Québec
1991 Alliance française d'Ottawa-Hull, Ottawa
1993 Galerie Vu, Québec, Québec

Gruppenausstellungen (Auswahl)
Group Exhibitions (selection) / *Expositions de groupe (sélection)*

1991 «L'appel aux jeunes photographes», Le mois de la photo à Montréal,
      Maison de la culture Marie Uguay, Montréal

Bibliographie
Bibliography / *Bibliographie*

1991 «Le mois de la photo à Montréal», Katalog des Collectif
      Vox Populi, Montréal
1993 Nicole Doucet, «La violence des jardins», Katalog der Galerie Vu,
      Québec, Québec

Brian Piitz

Geboren 1951 in Penetanguishene, Ontario
Born in 1951 in Penetanguishene, Ontario
Né en 1951 à Penetanguishene, Ontario

Lebt und arbeitet in Toronto
Lives and works in Toronto
Vit et travaille à Toronto

Einzelausstellungen (Auswahl)
Solo Exhibitions (selection) / *Expositions individuelles (sélection)*

1989 «Recent Works», Stride Gallery, Calgary, Alberta

Gruppenausstellungen (Auswahl)
Group Exhibitions (selection) / *Expositions de groupe (sélection)*

1984 «Colour Show», Gallery 44, Toronto
1986 «Gesticulation», Ryerson Polytechnical Institute, Toronto
«Works in Progress», Gallery 44, Toronto
1988 «Exposing Myself Will Be The Ruin of My Contrivances»,
Gallery 44, Toronto
1990 «Four Canadians», Canon Image Centre, Amsterdam
1991 «Censoring», Interference Hologram Gallery,Toronto
«Le corps vacant», Musée d'art contemporain, Montréal
1992 «Personal Mythologies», Niagara Artists Centre,
St. Catherines, Ontario
1993 Gallery 76, Toronto
«The Pressing of Flesh», Floating Gallery,
Winnipeg, Manitoba

Bibliographie (Auswahl)
Bibliography (selection) / *Bibliographie (sélection)*

1991 Nicole Gingras, «Le corps vacant», Le mois de la photo,
Katalog des Musée d'art contemporain, Montréal
1992 Jan-Christopher Horak, «Interior Ministries», in:
Afterimage (Rochester, New York), Jan.
1993 Andy Fabo und Janette Plantana, «Ghost», Katalog der
Gallery 76, Toronto
Lisa Mark, «The Pressing of Flesh», Katalog der Floating
Gallery, Winnipeg, Manitoba

Evergon (Alan Elder)

Geboren 1946 in Niagara Falls, Ontario
Born in 1946 in Niagara Falls, Ontario
Né en 1946 à Niagara Falls, Ontario

Lebt und arbeitet in Montréal
Lives and works in Montréal
Vit et travaille à Montréal

Einzelausstellungen (Auswahl)
Solo Exhibitions (selection) / *Expositions individuelles (sélection)*

1970 «Crucifixion Series», Confederation Centre,
Charlottetown, Prince Edward Island, Kanada
1975 «Doris», Colonel By Campus Gallery, Algonquin College,
Ottawa
«Charlie's Opening», Gallery Graphics, Ottawa
1976 «Bondagescapes and Large Format Non-Silver Works»,
The Photographers Gallery, Saskatoon, Saskatchewan
«Large Format Non-Silver Works», Plug In Art Space,
Victoria, British Columbia
«Bondagescapes», The Western Front, Vancouver
1980 «Xerox Works by Evergon», Sandstone Graphics,
Rochester, New York
«Xerotica», SAW Gallery, Ottawa
«Electro Copy Works», Gallery Graphics, Ottawa
1981 Succession Gallery, Victoria, British Columbia
«Rêves de la Mer», Le Centre d'Exposition L'Imagier,
Alymer, Québec
1982 «Interlocking Polaroids», Foto, New York
«From the Same Shoots – Polaroid and Xerox Prints by
Evergon», Ralph Gibson Gallery, Lehigh University,
Bethlehem, Pennsylvania
«Evergon – Interlocking Polaroid Enlargements», Burton
Gallery of Photographic Art, Toronto
«Large Works», Galerie Anne Doran, Ottawa
«Works by Evergon», Galerie Viviane Esders auf der
Photokina, Köln
«Les Gisants de l'Ephémère», Canadian Cultural Centre,
Paris
1983 «Les Gisants de l'Ephémère», Canon Gallery, Amsterdam
«Kunst der Polaroid-Kamera», Kanadische Tage, Stuttgart
«Caucasians in Birdland», Coburg Gallery, Vancouver
«Caucasians in Birdland II», G.O. Centre, Ottawa
«Works by Evergon», Rencontres Internationales de
Montpellier, Montpellier, Frankreich
«Caucasians in Birdland», Galerie Vu, Québec, Québec
«Quadrupeds and Horrifique Portraits», Galerie Anne
Doran, Ottawa

1984 «Evergon – Polaroids 1981–1983», Hamilton Art Gallery,
      Hamilton, Ontario
      «Dress Rehearsals for Bobo Leo», Axe Néo-Sept, Hull, Québec;
      Malmö Konsthall, Malmö
      «Les Gisants de l'Ephémère», Caixa de Pensions,
      Barcelona
      «Evergon: Horrifique Portraits and Quadrupeds», Galerie
      Viviane Esders, Paris
      «Horrifique Portraits», International Museum of
      Photography, George Eastman House, Rochester, New York
      «Dress Rehearsals for Bobo Leo», Gallery 28 Arlington,
      Rochester, New York
      «Evergon: Contemporary Surface», Galerie Convergence,
      Montréal
1985 «Contemporary Surface – 40x80» Colour Polaroid Prints»,
      SAW Gallery, Ottawa
      «Theatre Pieces – Post Rehearsal», Hallway Gallery,
      Moore College, Philadelphia
      «Carte de Visite», External Affairs Building, Ottawa
      «Contemporary Canadian Photography – from the Collection
      of the National Film Board», National Gallery of Canada, Ottawa
      «Dreamscapes – Recent 20x20» Polaroids», Clarence Kennedy
      Gallery, Cambridge, Mass.
1986 «Œuvres de Celluloso Evergonni – Les Géants Polaroids»,
      Galerie Junod, Lausanne
      «Evergon – Large Format Polaroids», Gallery Quan, Toronto
      «Evergon – Polaroids», Gallery Ton Peek, Amsterdam
      «Evergon – Large Format Polaroids», Kunstrai '86,
      Amsterdam
      «Works by Celluloso Evergonni (15x40x80)», The Nickel Arts
      Museum, Calgary, Alberta
      Fondation Cartier pour L'art contemporain, Jouy-en-Josas,
      Frankreich
1987 «Celluloso Evergonni: Large Format Polaroids», Gallery
      Ken Damy, Mailand
      «Works by Celluloso Evergonni (15 40x80)»,
      Norman
      Mackenzie Art Gallery, Regina, Saskatchewan
      «Little Works – Evergon», Galerie L'Imagier,
      Alymer, Québec
      «Works by Celluloso Evergonni», Photographers
      Workshop und Toronto Image Works, Toronto
      «Polaroids – Evergon», Cassina for Designer's Saturdaus,
      Paris
      Triangola Rosa, Turin
1988 Gallery Ton Peek, Amsterdam
      «Evergon – Mythologie personelle», Palazzo Farnese,
      Cortona; Centro di Ausoni, Rom
      «Evergon 1971–1987», Windsor Art Gallery, Windsor,
      Ontario; National Gallery of Canada, Ottawa
      Galerie L'Autre Equivoque, Ottawa
      Art 45, Montréal
      Circa Now, Provincetown, Mass.
      Jack Shainman Gallery, New York
1989 Galerie Séquence, Chicoutimi, Québec
      «Recent Works: Evergon», Glenn/Dash Gallery, Los Angeles
      «Evergon 1971–1987», Owens Art Gallery, Sackville, New
      Brunswick; Beaverbrook Art Gallery, Frederickton, New
      Brunswick; Memorial Art Gallery, St. John's, Neufundland;
      Concordia Art Gallery, Montréal; Mendel Art Gallery,
      Saskatoon, Saskatchewan

1990 Richard Feign Gallery, Chicago
      Art 45, Montréal
      «Evergon: Recent Polaroids», Jack Shainman Gallery, New York
      «Evergon 1971–1987», Edmonton Art Gallery, Edmonton,
      Alberta; The Nickel Arts Museum, Calgary, Alberta;
      Frankfurter Kunstverein, Frankfurt/M.; Canada House
      Cultural Centre, London
      «Le Cirque», Galerie L'Autre Equivoque, Ottawa
1991 «Trilogy of the Rivers … and other Mythologies»,
      Arts Court, Ottawa
      «Evergon 1971–1987», Foto Gallery, Cardiff, Wales;
      The Royal Photographic Society, London
      «The Mythologies of the Rivers», Interference Hologram
      Gallery, Toronto
      Galerie Verticale, Québec, Québec
1992 Galerie L'Autre Equivoque, Ottawa
      Galerie Verticale, Québec, Québec
1993 Genereux Grunwald Gallery, Toronto

Gruppenausstellungen (Auswahl)
Group Exhibitions (selection) / *Expositions de groupe (sélection)*

1972 «Photo Media», Confederation Centre, Charlottetown,
      Prince Edward Island, Kanada
1975 «Selections from the Photograph Collection», National
      Gallery of Canada, Ottawa
      «Area Photographers», Addison Gallery of American Art,
      Phillips Academy, Andover, Mass.
      «Photo Festival '75», National Film Board of Canada,
      Ottawa
1976 «Ten Albums», National Film Board of Canada, Ottawa
      «Imprint '76», Saidye Bronfman Centre, Montréal;
      Art Gallery of Ontario, Toronto
      «Forum '76», Museé des Beaux Arts de Montréal, Montréal
1977 «New Blues», Memorial Union Gallery, Arizona State
      University, Tempe, Arizona
      «Works by Richard Margolis and Evergon», Gallery Graphics,
      Ottawa
1978 «Photography – a Juried Exhibition», Oakville
      Centennial Gallery, Oakville, Ontario
1979 «Alternative Imaging Systems», Everson Museum, Syracuse,
      New York
      «Photographic Surrealism», New Gallery of Contemporary
      Art, Cleveland, Ohio
      «Electroworks», International Museum of Contemporary
      Photography, George Eastman House, Rochester, New York
1980 «Contemporary Canadian Printmakers», Art Academy of
      Cincinnati, Ohio
      «Erotic Works», Davidson Galleries, Seattle, Washington
1981 «Art and Technology», Technical University of Nova Scotia,
      Halifax, Nova Scotia
      «Past Exhibitors», The Photographers' Gallery, Saskatoon,
      Saskatchewan
      «Colour Xerography – Seven Approaches», Quan Gallery, Toronto
1982 «Alternative Processes on Paper», Beaverhouse, Edmonton, Alberta
      «Selections I – Works from the Polaroid International
      Collection», Photokina, Köln
      «FIAC 82 – Espaces Photographie», Le Grand Palais, Paris
      «Works by Gay Men», Centre for Art Tapes, Halifax, Nova Scotia
1983 «Recent Purchases by Polaroid», Clarence Kennedy Gallery,
      Cambridge, Mass.
      «Le nu et l'érotisme dans l'art contemporain canadien»,
      Galerie U.Q.A.M., Montréal

1984 «Ten Ottawa Photographers», SAW Gallery, Ottawa
«Post Machina», Centro Mascarella Arte Ricerca, Bologna
«Fifty Works from the Art Bank's Collection of Photography»,
Presentation House, Vancouver
«Polaroids, Galerie Dazibao, Montréal
«Selections II – Works from the Polaroid International
Collection», Photokina, Stuttgart
«Contemporary Photography», Edmonton Art Gallery,
Edmonton, Alberta
«Immediate Art», Burlington Cultural Centre, Burlington, Ontario
«Polaroid Show», Gallery 44, Toronto
1986 «In Grand Perspective: Large Format Polaroid»,
Presentation House, Vancouver
«Art by Gay Men», Centre for Art Tapes, Halifax,
Nova Scotia
«Le Museé Imaginaire de...», Centre Saidye Bronfman, Montréal
«Selections III – Works from the Polaroid International
Collection», Photokina, Stuttgart
1987 «Evergon; Kepes; Matsubara – Recent 20x24» Polaroids»,
Light Gallery, New York
«New Year – New Works», Ton Peek Gallery, Amsterdam
«Le Delire et l'Instant: Evergon, Linda Lindroth et John
Reuter», Axe-Néo-Sept, Hull, Québec
«Le Corps de l'Object – L'Object du Corps: Evergon»,
Troisième Triennale Internationale de la Photographie,
Charleroi, Belgien
«Contemporary Canadian Photography», Galerie Séquence,
Jonquière, Québec
«Il Nudo Maschile Nella Fotografia del XIX e XX Secolo»,
Pinacoteca Comunale, Logetta Lombardesca, Ravenna
«Blow Up' Zeitgeschichte», Württembergischer Kunstverein,
Stuttgart; Haus am Waldsee, Berlin; Kunstverein in Hamburg, Hamburg;
Frankfurter Kunstverein, Frankfurt/M.; Kunstmuseum Luzern, Luzern;
Rheinisches Landesmuseum, Bonn
1988 «Selections IV – Works from the Polaroid International Collection»,
Photokina, Köln
«The M. Anwar Kamal Collection of Modern and Contemporary Art»,
Cummer Gallery of Art, Jacksonville, Florida
«Estampes Apócrifes», Primavera Fotográfica, Barcelona
«Hommages and Remakes», Rotterdam Triennale of Photography,
Rotterdam
«Splendeurs et Misères du Corps», Triennale Internationale de la
Photographie, Fribourg, Schweiz; Mois de la Photographie, Museé de l'Art
Moderne, Paris
«Behold the Man», Stills Gallery, Edinburgh; Photographers Gallery,
London
«Canada – Mexico Exchange», Mexico City, Mexico; Havanna, Kuba
1989 «Evergon – Oliver Ricon: Recent Photographs», Jack Shainman
Gallery, New York
«Photographies: Pour célebrer le 150 anniversaire de la naissance de la
photographie», Fondation Cartier pour l'art contemporain,
Jouy-en-Josas, Frankreich
«The Photography of Invention: American Pictures of the 80's»,
National Museum of American Art, Washington D.C.
«Atque Ars», Owens Art Gallery, Mount Allison University,
Sackville, New Brunswick
«Prospect 89», Frankfurter Kunstverein, Frankfurt/M.
«Papier», Arts Court, Ottawa
«Les acquisitions de la Fondation Cartier», Fondation Cartier,
pour l'art contemporain, Jouy-en-Josas, Frankreich1

1990 «Andreas Serrano, Evergon...», Andrea Rugieri Gallery, Washington D.C.
«Selections III – Works from the Polaroid International Collection»,
Houston Foto Festival, Houston, Texas
«Selections IV – Works from the Polaroid International Collection»,
Photokina, Stuttgart
«PRET – Collection D'Oeuvres D'art», Musée du Québec, Québec
«Assembled», The University Art Galleries, Wright State University,
Dayton, Ohio
«Photographic Representation in the Eighties»,
National Museum of Modern Art, Kyoto, Japan
1991 «Parallel Allegories», Museum of Holography, New York
«En Hommage à un Cadeau d'Eva Hesse à Sol LeWitt»,
Axe-Néo-Sept, Hull, Québec
«The Photographic Image», 49th Parallel, New York
«Corriger les Lieux, Après la Photographie de Voyage»,
La Maison de la Culture Frontenac, Montréal
«Practicing Beauty», Hamilton Art Gallery, Hamilton, Ontario
«La photographie en miettes I», Centre George Pompidou,
Museé national d'art moderne, Paris
«Group Show», Susan Whitney Gallery, Regina, Saskatchewan
«Les acquisitions récentes», Musée de l'Elysée, Lausanne
1992 «L'Autre Transparence: Œuvres Holographiques»,
Interference Hologram Gallery, Toronto
«Landscape to Gender – Changing Context», Walter Phillips
Gallery, Banff, Alberta
«Opening Show», Genereux Grunwald Gallery, Toronto
1993 «Art Bank Selection for Expo '93», MacDonald Stewart Art
Gallery, Guelph, Ontario
«Trilogy of the Rivers», Montage '93: George Eastman House,
Rochester, New York
«Ramboys», Montage '93: Visual Studies Workshop,
Rochester, New York
«A Taste of the Claridge Collection», Canadian Clay and
1994 «Un Homme et son Image», Galerie Dazibao, Montréal
«Le regard de l'autre», Maison de la culture Côte-des-Neiges, Montréal
«Via Renovatur: North – South», Museo de Arte Contemporáneo,
Santiago de Chile
Glendon Gallery, York University, Toronto

Bibliographie (Auswahl)
Bibliography (selection) / *Bibliographie (sélection)*

1988 Chantal Grande und Cristina Zelich, «Estampes Apócrifes»,
Primavera Fotográfica, Barcelona, S.12–15
Martha Hanna, «Evergon 1971–1987», Canadian Museum of
Contemporary Photography, Ottawa (73 S.)
Linda Genereux, «Fast Forward», in: Canadian Art,
Herbst, S.27, 40
1989 Anthony Calnek, in: Contemporanea, März/April, S.8
Peter Weiermair, «Prospect Photographie», Katalog des
Frankfurter Kunstvereins, Frankfurt/M., S.34–37
Alain Laframboise, «Les Modèles de Evergon», in:
Vanguard, April/Mai, S.10–15
Joshua P. Smith, «The Photography of Invention: American
Pictures of the 80's», Katalog des National Museum of
American Art, Washington D.C., S.86–87

1990 Christie Day, «Evergon: The Wit and Wisdom of a Remarkable
Canadian Artist», in: Canadian Photographer, Nr.1,
Frühjahr, S.22–31
Barry A. Rosenberg, «Assembled», Katalog der University Art
Galleries, Wright State University, Dayton, Ohio, S.40–41
Lisa Wainwright, «Beyond Imagism», in: Art International,
Sommer, S.73–74
Pierre Borhan, «La Photographie à la Croisée des Chemins»,
Editions La Manufacture (Paris), S.103-104, 234
Martin B. Pendersen, in: The International Annual of
Photography, Zürich, S.112
Clive Robertson, «Bad Press, Bad Government, Bad
Strategies?», in: Arts Bulletin, Canadian Conference of
the Arts, Nov., S.2
Patrick Finnegan, «Evergon», Katalog zur Ausstellung
«Photographic Representation in the Eighties», National
Museum of Modern Art, Kyoto, Japan, S.46–48

1991 Louis Cummins, «Pierre Dorion et Evergon. Galerie Jack
Shainman», in: Parachute, Jan.
Jim Graham, «The Evergon Controversy at the Mendel Art
Gallery. The Language of Censorship», in: Parallélogramme,
Bd.16, Nr.4, Frühjahr, S.12–19
Ihor Holubizky, «Adoration of the Body – The Tale of Two
Sebastians», Katalog zur Ausstellung «Practicing Beauty»,
Hamilton Art Gallery, Hamilton, Ontario, S.20–21
Earl Miller, «Accidental Subversives», in: C Magazine,
Toronto, Frühjahr, S.23–27
Peter Day, «'Cheese', One Word Works», in: Impulse
Magazine (Toronto), Bd.16, Nr.1, S.24
Louise Déry, «Un Archipel de Desirs – Les Artistes du
Québec et La Scène Internationale», Katalog des Musée du Québec,
Québec, S.68–69, 141–144

1992 Philippe Boisonnet, «L'Autre Transparence, Œuvres
Holographiques», Katalog der Interference Hologram Gallery,
Toronto, S.19–20
Giandomenico Semeraro, «Evergon: dritto al cuore»,in:
Titolo (Perugia), Jg.3, Nr.10, Herbst, S.20–21

1993 Diane Augaitis, «Frame of Mind: Viewpoints on Photography
in Contemporary Canadian Art», Katalog zur Ausstellung
«The Making of Memory», Walter Phillips Gallery, Banff,
Alberta, S.48–57
Ann Duncan, «Evergon: le mois de la photo à Montréal»,
in: Art News, Dez., S.145
Monique Brunet-Weiman, «La Copiegraphie et ses Connexions»,
Galerie Montcalm, Hull, S.64–65

1994 José Mansilla Miranda, «Via Renovatur: North-South»,
Katalog des Museo de Arte Contemporáneo, Santiago de
Chile, S.10–11

Special thanks to:

The artists and the authors;
Edythe Goodridge, Canada Council; Yves Pépin, External Affairs and International Trade Canada; Pierre Dessureault, CMCP, Ottawa;
Olga Korper, Toronto; Linda Genereux and Fela Grunwald, Toronto; Galerie Lallouz-Waterson, Montréal; Diana Nemiroff and Janice Seline, National Gallery of Canada, Ottawa; Claude Gosselin, Centre International d'Art Contemporain, Montréal; Paulette Gagnon and Gilles Godmer, Musée d'Art Contemporain de Montréal; Chantal Pontbriand, Parachute; Louise Déry, Musée des Beaux-Arts de Montréal; Louise Dompierre, The Power Plant, Toronto; Philip Monk, Art Gallery of Ontario; Nicole Gingras, Montréal; Petra Reimers, Délégation du Québec, Düsseldorf, Astrid Holzamer, Kanadische Botschaft, Bonn; Kirsten Geißelbrecht, Christiane Orywal, Nathalie Herold, Angela Bruning, Volker Karrasch, Peter Renn, Esther Oehrli and Thomas N. Stemmle.

Reproduction copyright by the artists
Text copyright by the authors
English translations from the German by Heather Eastes, Stephen Reader
and John S. Southard
French translations from the German by Christian Daniel
German translations from the English by Elisabeth Brockmann
Art direction and typography by Peter Renn, Teufen, Switzerland
Photolithography by Sota Repro AG, Zurich, Switzerland
Printed and bound by Passavia Druckerei GmbH, Passau, Germany

Cover illustration: Evergon, Rites of Passage II, 1992.

ISBN 3-905514-35-4